悟透哲理再经商

胡雪岩的12堂商道哲学课

古岳 著

时事出版社

图书在版编目(CIP)数据

悟透哲理再经商:胡雪岩的12堂商道哲学课/古岳著.
—北京:时事出版社,2015.1

ISBN 978-7-80232-813-6

Ⅰ.①悟… Ⅱ.①古… Ⅲ.①胡雪岩(1823~1885)-商业经营-经验-通俗读物 Ⅳ.①F715-49

中国版本图书馆CIP数据核字(2014)第303995号

出版发行:时事出版社
地　　址:北京市海淀区万寿寺甲2号
邮　　编:100081
发行热线:(010)88547590　88547591
读者服务部:(010)88547595
传　　真:(010)88547592
电子邮箱:shishichubanshe@sina.com
网　　址:www.shishishe.com
印　　刷:北京建泰印刷有限公司

开本:787×1092　1/16　印张:20　字数:250千字
2015年1月第1版　2015年1月第1次印刷
定价:35.00元
(如有印装质量问题,请与本社发行部联系调换)

前言

好像从来没有哪个时代像现今这样对财富如此狂热，对人的价值完全以金钱占有的多寡来衡量，这就使得人们想发财而去研究富人的行为。过去几年人们研究洛克菲勒家族，因为这个富有的家族掌握着美国的政治，后来又有了卡耐基这个成功学大师为大家讲解成功的秘密。当然，对擅长占有财富的犹太人也没少品评研究，因为他们过去、现在所拥有的财富都让人们羡慕。

其实，在我们这个充满智慧的民族就有很多成功的商人。能代表中国人智慧的商人有吕不韦、范蠡、子贡，还有本书要详细介绍的、被称为“亚商圣”的胡雪岩。吕不韦的投资最是让国人叹服，他用他的投资想要得到一个国家，如果不是受限于中国人传统的王族观念，他是完全可以拥有秦帝国的。范蠡被视为中国“商圣”，他的三散其财更是创造了商业神话。子贡因为是孔圣人的学生，后人没有把他的经商才能放在首位，因为在过去经商不是十分体面的事情，但孔子却是因为他而在各国不受辱的，也正是他商人的头脑使得吴国灭亡了。好像没有一个伟大的商人不和政治有牵连，过去是，现在是，将来还是。而本书主人公胡雪岩的成功和失败最终也是因为政治，当然我们主要是剖析他作为成功商人的秘密。

作为 19 世纪下半叶中国商界的风云人物，胡雪岩有着传奇式的生命历程。他生逢乱世，借助权贵政要之势，赚取了万贯家财。在太平天国运动时，他纳粟助赈，为清朝政府效犬马之劳；洋务运动兴起后，他延洋匠，引设备，颇有功绩；在左宗棠挥戈西征时，他筹粮械，借洋款，功劳不菲。几经周折，他终于从一个钱庄的小伙计暴发成为富甲天下、显赫一时的“红顶商人”。之后，他又从容流转于红顶子、黄马褂、生意经之间，营造了以钱庄、当铺为网点，覆盖全国的金融行当，并兼营了知名品牌药店——“胡庆余堂”。

他创造了一个人的神话。据史料记载：胡光墉（1823～1885年），幼名顺官，字雪岩，湖里村人。光墉幼时家贫，以帮人放牛为生，稍长，由人荐往杭州于姓钱肆当学徒，得肆主赏识，擢为跑街。咸丰十年（1860年），肆主因无后，临终前，以钱庄赠之。乃自开阜康钱庄，并与官场中人往来，成为杭城一大商绅。咸丰十一年（1861年）十一月，太平军攻杭州，光墉从上海、宁波购运军火、粮米接济清军。左宗棠任浙江巡抚，委光墉为总管，主持全省钱粮、军饷，因此阜康钱庄获利颇丰。京内外诸公无不以阜康为外库，寄存无算。他还协助左宗棠开办企业，主持上海采运局，兼管福建船政局，经手购买外商机器、军火及邀聘外国技术人员，从中获得大量回佣。他还操纵江浙商业，专营丝、茶出口，操纵市场，垄断金融。至同治十一年（1872年），阜康钱庄支店达20多处，布及大江南北，资金2000余万两，田地万亩。由于辅助左宗棠有功，他曾授江西候补道，赐穿黄马褂，是一个典型的官商。

胡雪岩经商的原则更是有“五字商训”：天、地、人、神、鬼。“天”为先天之智，经商之本；“地”为后天修为，靠诚信立身；“人”为仁义，懂取舍，讲究“君子爱财，取之有道”；“神”为勇强，遇事果敢，敢闯敢干；“鬼”为心机，手法活络，能“翻手为云，覆手为雨”。

胡氏的“五字商训”言简意赅，字字珠玑，道出了一个大商家的心路历程，同时也显示了一代豪商的非凡魄力。虽是商训，胡雪岩的后裔却将其录入族谱，视为家训，以此激励后人：先做人，后做事。

有专家称“胡雪岩是为了保护中国的民族经济，保护人类的自然经济而倾家荡产的”。其实他是因为政治仇人的陷害和挤兑风潮才被迫退出了历史舞台，以胡的头脑是绝不会固守自然经济法则的。胡雪岩是个商业奇才，他的成就以及影响已经远远超越商业范围，左宗棠曾在奏折中赞道：“胡雪岩，商贾中奇男子也，人虽出于商贾，却有豪侠之慨。”鲁迅则称他为“中国封建社会的最后一位商人”。

我们要理性地看待胡雪岩这个历史人物。他的人生，他的奋斗，他的为人处事，他对商道的独到见解，都可以给当代的商界人士和众多想要实现个人价值的读者以诸多启示。

目录

Contents

第一篇／商道即人道

胡雪岩语录

江湖上做事，说一句算一句，答应人家的事不能反悔，不然叫人家看不起，以后就吃不开。

诚信待人 顶天立地

有一句话是这样说的："你可以在一定时间欺骗一些人，但你不会在所有时间欺骗所有的人，所以永远不要试图去靠欺骗来得一时之利。尤其是作为一个生意人，你一定要长久地取信于人，因为好名声得来不易，失去它却只是一瞬间的事。"诚信难寻，所以才显得珍贵。胡雪岩在生意场上如鱼得水，绝不是仅凭钻营就能做到的，他所倚仗的还有坦诚和守信。

清朝末年有一个大人物叫李鸿章。他认为交朋友要以忠信为本，只有这样才可以纠正自己不对的地方，交的朋友才会更加紧密，这在他看来是一门做人的学问，这一点上他确有乃师风范。他的老师可是大名鼎鼎的曾国藩呢！

同治年间，朝廷命李鸿章接替曾国藩担任直隶总督一职，李鸿章兴冲冲地去见曾国藩。因直隶总督常常要和洋人打交道，所以曾国藩就问他准备用什么方式与洋人打交道。李鸿章说，对付洋人，只要打痞子腔就行了。对此，曾国藩大为不满，他告诫李鸿章，对待洋人一定要诚心，只有以诚心待之，才能立于不败之地。李鸿章虚心听从了曾国藩的教导，到任后与洋人诚心交往，成功地赢得了洋人的信任。所以，李鸿章对"诚"字深有感触，这也正是他为什么会说出“吾学先贵立诚，固合人己而一以贯之者”这句话。

信用、信义是一个人立身成事之本。商场中是讲究信用的，没有信用，坑蒙拐骗，偷奸耍滑，生意最终不可能长久。但是人们往往或基于私心杂念，或出于明哲保身，或纯粹是为了损人利己，从而干出一些阳奉阴违、欺上瞒下的不诚之事。胡雪岩深深地明白这一点，所以他经常说：“做人无非是讲个信义，生意失败，还可以重新来过；做人失败，不但再无复起的机会，而且几十年的名声将付之东流。”其实，做生意与做人在本质上应该是一致的，一个真正成功的商人往往也应该是一个讲信义之人。胡雪岩就可以称得上是一个真正的仗义守信的成功商人，也可以说他的仗义守信，正是他能够比一般人更成功的重要条件。

那是在胡雪岩的钱庄刚刚开业不久，一天他的店中来了个叫罗尚德的六品武官，他在军旅中省吃俭用地苦熬 13 年，积蓄下了一万多两银子，因为马上要上战场，没有可靠的亲眷相托，于是他就拿来打算存入胡雪岩的阜康钱庄。他将银子存入阜康钱庄，既不要利息，也不要存折：一来是因为他的同乡刘二经常在他面前提起胡雪岩，而且只要一提起来就赞不绝口，他因此相信阜康钱庄的信誉；二来是因为自己即将上战场，生死未卜，存折带在身上也是一个累赘。

但胡雪岩知道后仍然执意要按照规矩来办，不但要给他开具折子，而且坚持要在三年期满后付给他五千两利息。

罗尚德最终还是拿上了存折，满怀激动地离开了阜康钱庄。回到军营后，他向周围的战友们讲述了自己在钱庄的经历，使得阜康钱庄的声誉一下子就在军营中传开了，许多军营官兵都把自己多年积蓄的薪饷甘愿“长期无息”地存入阜康钱庄。要知道当时胡雪岩的阜康钱庄刚刚开业，根本没有多少资金流通，可以说军营中官兵的这些存款成了钱庄的“第一桶金”。

后来的事实也充分证明，胡雪岩做人确是仁义尽至，信用讲到了极点。后来罗尚德的两位同乡在没有任何凭据的情况下，来到阜康钱庄办理存款的转移手续，阜康钱庄在证实了他们确是受罗尚德的委托之后，非常痛快地就为他们办理了手续。胡雪岩“人以信立”的人生信条再一次闪现。

当今有些研究者认为，胡雪岩的发迹是他与官家勾结的结果。我们不妨想一下，既然是勾结，为什么那些“近水楼台先得月”的官家子弟却没有发财呢？如果他们想做，岂不是比胡雪岩更容易成功？因此单单的官商勾结并不能称得上是问题的关键，起决定作用的应当是一种智慧，而这种智慧就是舍得。坚守信用这句话挂在嘴上说谁都可以，但真要做起来其实很不易，因为它直击人性中那最阴暗的一面，只有那些真正有智慧的人才知道什么是舍、什么是得。胡雪岩不是一个只见小利之人，他明白自己想要的是什么，那就是“信”，而这个“信”可不是一万两银子能买来的，只有“诚心”地去做才能得到。从后来那些当兵的把钱存在他的钱庄，就可看出他的这一步棋走得高妙。难得的是，胡雪岩作为一个以赢利为目的的商人能做到以信为经营理念，其实也正是这一理念，才使得一些有智之士总是为我们所仰视。

中国传统文化中讲求“信”，人无信不立；讲究“诚”，以诚待人。西方人也把“诚”、“信”列为资本主义商业精神的重要内容。我国当代高明的商人们早已将东西方的经营理念兼容并蓄，在商业交往中运用诚信原则，赢得了客户的好感和满意。

宁波“五金大王”叶澄衷的发迹史就与诚信有着密切的关系，而且还颇具传奇色彩。在叶澄衷传奇的创业历程中，正是坚守诚信的性格让他在穷途末路之际遇到难得的机缘，冲破萧条，昂首前行。因此，在宁波商帮中，一直流传着这样一句话：“做人当如叶澄衷。”

叶澄衷早年在黄浦江上靠摇舢舨卖食品和日用杂货为生。一天，一位英国洋行经理雇他的小舢舨从小东门摆渡到浦东杨家渡。船靠岸后，洋人因事急心慌，匆忙离去，将一只公文包遗失在舢舨上。叶澄衷发现后打开一看，包内装有美金数千元和钻石戒指、手表、支票本等。他没有据为己有，而是急客人之急，在原处等候洋人以便归还。

直到傍晚，那位洋人才在到处寻包未果后懊恼地返回，却没有想到包会落在舢舨上，更没有想到这个船工一直在等着还他包。洋人寻见包后大为感动，打开皮包，发现原物丝毫未动。一个中国穷人竟有如此品德，对外来之财毫不动心，洋人真不敢相信这样的事实。洋人立即抽出一叠美钞塞到叶的手中以示谢意，叶澄衷坚决不收，还包后就要开船离去。这位洋人见状又跳上小船，让叶送他到外滩。一靠岸，洋人拉他到自己的公司，诚恳地邀请他一起做五金生意，这次叶澄衷答应了。从此，叶澄衷走上了经商之路，在其后的经营中，他诚实守信的口碑和精明的商业头脑，很快就让他得到另一个宝贵的商业机会，有人将他推荐给美孚石油公司。当时，美孚正急于扩展火油在中国内地的销售，正寻找新的有能力且值得信任的中国代理商。

美孚给出了每加仑火油 25%的佣金、独家长期经销和结账收款时间 90 天的优惠条件，而美孚给原来的代理商老晋隆洋行的佣金只有 20%。这些优厚条件其实是美孚对叶澄衷良好个人声誉的投资，19 世纪八九十年代，仅火油生意就至少为叶澄衷带来 10 万元的利润。

我们再回到当初，试想如果当时叶澄衷贪那一包之利，那他只能花得一时，而他正是凭着一颗诚信之心，为自己的人生开辟了一个新的前景。由此可见，一个人只有具备优良的品德，才会比其他人更接近成功。在这一点上，叶澄衷是如此，胡雪岩亦是如此，可见其共通性。

在生意场上，不单单做人要讲求诚信，一家企业要想做大做强，也要培养出诚信的品质来，只有这样，企业才会更具有竞争力。台湾的统一企业是食品行业的大户，早在 1985 年就获得过台湾食品类金商标奖冠军，“统一”在中国大陆的市场和影响力更是不用说了。“统一”本着诚信原则，坚持“三好一公道”的经营思想，即“质量好、服务好、信用好、价钱公道”，以这种商业理念来面向顾客、面向市场。他们把蒙骗顾客和对顾客不负责任，都当作自我糟踏和自杀行为来看待。而一家企业诚信理念的建立也一定是从内起始的，这从他们对股东和员工的态度也可略见一斑。一般的公司会认为，员工不过是打工的，股东才是公司的主人。“统一”却不这样看，他们认为股东投入的是资金，很容易收回；而员工投入的是青春和智慧，青春一去不复返。因此他们觉得员工更应该受重视，企业更应该为他们负责，这是一种强势对弱势的诚信守护。

企业以“信”的态度对待员工，那员工就会以“诚”回报企业。从来都是弱者付出他们的心，而强者付出他们的财，两者在合作中得到他们各自想要的。而这一切都是建立在诚信上的，这也是所有成功者坚守的信念。

如果想要成功就要以诚信待人，无论是从事哪种行业都要先做人后做事，一个人如果做人不成功，那他做事也不会成功，因为人们不会给他机会。

胡雪岩语录

我常在心里想，早晚有一天我要自立门户，也开上一家钱庄，闯出一番属于自己的事业来，这样才算得上一个顶天立地的男子汉。

有信则达 尽可施为

这里所说的“达”字，可以是达到目的之意，也可以理解为发达之意。“信”既然作为德行的标准，那就应是修身之要素，行走于世德馨而志达，志达而身显。

我们说胡雪岩的发迹史，就不得不提到他拿所工作钱庄的钱去资助落魄的王有龄一事。本来拿钱庄的钱去做自家的人情是不信之举，可为什么所有人，无论是当时还是现代都对其无恶感呢？

原来当时胡雪岩替老板所收的账是个死账，也就是说这笔钱原是要不回来的，如果能收到，完全是意外收入。世间的一切就是这样的环环相扣，本来这个欠债之人可以说是个无赖，可胡雪岩偏就是个和什么人都能搭上交情的人，而且这个无赖那两天竟也赚了些钱，于是这笔没指望的死账他就给要了回来。可是接下来的事情就不是我们常人所能做到的了。

本来胡雪岩可以不让老板知道这笔钱要回来了，他作为一个曾经的有钱人家的少爷，如今处在这种寄人篱下的地位中，对金钱自然有着比常人更多的渴望。现在看胡雪岩可能觉得他的一生都是在为金钱而奋斗，但细究起来他可能是在为一种家族使命而奋斗。穷人挣钱是为过上好日子，而这对于他却是一种责任。这就为他后来的行事做了注脚，穷人也许会偷偷地留下这笔钱，但他没有，而是把钱投资在了四处求官的王有龄身上。这一做法很像吕不韦把钱投在了子楚身上，很有点奇货可居的意思了。

故事说到这里，大家可能会觉得胡雪岩拿了别人的钱去做自己的“生意”实乃不信之举，但胡雪岩作为后世商人的楷模还有惊人之笔。他让王有龄写了个欠条，并且就拿着这个欠条去向老板交差了，这可是砸自己饭碗的做法啊！如果他不说或许没人知道他要回了这笔钱，但胡雪岩却是一个如此有信之人，也是一个如此有担当的大丈夫！

老板无论对其有多么欣赏，却也不能容忍他自作主张地拿店里的钱去做人情，这不仅仅是损失五百两银子的问题，而是他的这种做法等于给店里的其他伙计树起了一个坏榜样，如果对他的这种行为不严加惩治的话，那将来别的伙计难保不会作出这种可怕的事情来。同行和熟人也不相信精明的胡雪岩会作出这种事情来，因为毕竟这种回报是没法预见的，也许王有龄从此永远不会有出头之日，所以很多人认为这笔钱被胡雪岩私自花掉了，不相信他的坦言相告，认为他可能是狂嫖滥赌掉了。后来的结果是可想而知的，他被开除了，他不仅被他的老板开除了，同时也被这个行业开除了。

失业的困顿使他在杭州的生活日益艰难，他只好背井离乡来到上海找出路。为了填饱肚子，这个曾经穿长衫的人只好去做了苦力，还时常进当铺当东西，受了很多苦，但他还是没办法让自己吃饱。更严重的是，他依旧没有找到实现自己理想的途径，因为当时的胡雪岩，矢志要成为有钱人。现实与理想的巨大反差使他茫然无助。这时唯一还能令他念念不忘的就只有在王有龄身上的那笔投资了，于是他决定还是回到杭州去看看。

可在杭州他是没有办法再干本行了，谁也不会雇一个拿东家钱去乱花的人。好在胡雪岩骨子里是个商人，而不是一个酸腐的文人，他竟托人介绍自己到妓院去工作了。看到这里我们或许都在为他感到悲哀，他因为自己的诚实而被迫去那样的地方工作了，但如果他要是一帆风顺的话，我们还在这里说他做什么呢？

故事就在这时有了奇迹般的发展。我们都知道他的投资也许是无法收回来的，他唯一的希望就是王有龄捐官成功，并且这个王有龄还一定要能记住他，这等于是双重的赌注。

上天似乎总是会特别眷顾一些人。胡雪岩因为这次投资而走了背运，但他的投资却升值了，这个王有龄在天津遇到了自己的同学，又得其资助并向上推荐竟得了个浙江海运局坐办的肥缺。这一职位主要负责管理海上运输某事务，想想这其中的好处吧!而我们是不是可以这样想，这一切都是为胡雪岩而准备的呢？

现在人们之所以一提到识人用人就会想到曾国藩，是因为他有一套识人术，先将人的神、骨、形都研究一遍，然后选择一些能为自己所用之才。历史上对王有龄这个人的长相没有做过太多的记载，但可以想象得出，能让胡雪岩冒着失去工作的风险去帮助的人，一定是气宇不凡的。胡雪岩果然没有看错人！过上了好日子的王有龄没有忘记这个把他拉出苦海的恩人，他派人到钱庄去找胡雪岩未果后，就又派人到处打听胡的下落。故事到了这里就要出现柳暗花明般的转机了，像所有发了财的人一样，这个王有龄也是刚吃饱就开始思淫欲了，他决定到万花丛中去走一走，也正是这次寻花问柳使得两个故人相遇了。

这次的相遇才是胡雪岩传奇人生的真正开始。

整个故事起于一个“信”字。胡雪岩最初只是为了帮老板要回死账，作为伙计他是忠于自己的职责的，完成得很好。他资助王有龄虽是出于商人的考虑，但也有同是不得志之人的惺惺相惜之情在里面。但他把这件本可不为人知的事对老板坦言相告，这种不失信于人的德行才是他成功的关键，也是他一生行事的根本。上天没放弃这个守信的商人，让他一步步走向了辉煌。

不可否认，胡雪岩以他的诚信品行创造了一个小小的奇迹，这种做法在后世得到了延续。在我国的香港，就有这样的一位商人，他同样以他诚信的品格为自己的发展开辟了一段坦途，他就是李嘉诚，一个在东西方文化双重熏陶下的商人。

20 世纪 50 年代中期，香港工业化形成热潮，港产工业品源源不断地输入国际市场，愈发引起国际商界的重视。1957 年岁尾，李嘉诚的长江塑胶改名为长江工业有限公司，公司总部由新莆岗搬到北角，李嘉诚任董事长兼总经理。工厂分为两处，一处仍生产塑胶玩具，另一处生产塑胶花。李嘉诚把塑胶花作为重点产品。

李嘉诚非常渴望将自己的产品打入欧美市场，因为他通过《塑胶》杂志得知，香港生产的塑胶花正风靡欧美市场。但生产塑胶花需要大量的资金，而李嘉诚这个公司是如此的小，根本就不敢奢望有银行会贷款给自己。这时，有个欧洲批发商看到李嘉诚的产品后很满意，但为保证合同的如期完成，他要求李嘉诚找个担保人。可是，谁会为这样小的公司做担保呢？但李嘉诚不是一个容易放弃的人，他要用行动来证明自己企业的实力。

其实在李嘉诚的内心，太想做成这笔生意了。这个批发商的销售网遍及西欧、北欧，那是欧洲最主要的市场。李嘉诚若不能找到担保人，往下还有什么好说的呢？不！故事没有结束，他坚信只要给人足够的诚信，那么世上就会有奇迹。

他和设计师连夜赶出9款样品，期望用样品打动批发商。若他能产生浓厚的兴趣，看看能否宽容一点，双方寻找变通方法；若不成，就送给他做留念，争取下一次合作。9款样品，每3款一组：一组花朵，一组水果，一组草木。第二天一早，他们就把这些样品拿给这个批发商看。批发商足足看了10多分钟，尤其对那串紫红色的葡萄爱不释手。李嘉诚绷紧的神经慢慢松驰下来，他知道批发商对样品还是很满意的。

批发商的目光落在李嘉诚熬得通红的双眼上，猜想这个年轻人大概通宵未眠。他太满意这些样品了，同时更欣赏这位年轻人的办事风格及效率——不到一天时间，就拿出9款别具一格的极佳样品。他记得当时只表露出想订购3种产品的意向，结果李嘉诚把每一种产品都设计了3款样式。

批发商欣赏地说："李先生，这9款样品是我所见到过的最好的，我简直挑不出任何毛病。李先生，我们可以谈生意了。"

这时李嘉诚非常坦率地告诉批发商，自己虽然非常希望能与对方做生意，但找不到担保人，很是遗憾。

李嘉诚看到批发商并没有表现出失望的样子，就诚恳地说："请相信我的信誉和能力，我是一个白手起家的小业主，在同行和关系企业中有着较好的信誉。我是靠自己的不懈努力和同仁朋友的帮助，才发展到现在这个规模的。因此，我真诚地希望我们能够建立合作关系，并且能够长期合作。尽管目前本公司的生产规模还满足不了您的要求，但我会尽最大的努力扩大生产规模。至于价格，我保证会是香港最优惠的，我的原则是做长期生意，做大生意，薄利多销，互利互惠。"

李嘉诚的诚恳执著深深地打动了批发商，他们很快签订了第一批购销合同。而且，他诚恳的态度使得对方很相信他，对方竟提前一次性付清货款，这使得李嘉诚的资金短缺问题得到了解决。李嘉诚做成了这笔常人看来没有可能的生意，而这次长期性的合作，对他后来的发展可以说奠定了坚实的基础。

从上述两则故事中我们可以看到，作为商人的胡雪岩和李嘉诚，对诚信理念的理解是惊人的相似的，他们都深刻地知道一个人、一家企业若想要成功，首先就要做到诚而有信，只有这样，方能立而通达！这发生在李嘉诚身上并不让人奇怪，毕竟他生存于现在这样一个社会，但胡雪岩能在那个时代就有这样的思想，则不能不说是种进步。常人都说无奸不商，但有一点我们应该认识到，一个真正的商人，一个想要做大做强的商人一定是最讲信用的。胡雪岩为了一个“信”字失去了在钱庄的工作，也正是因为一个“信”字，他又回到了钱庄，并最终拥有了钱庄。而李嘉诚同样凭一个“信”字赢得了别人的信任，让对方知道了自己的诚信之心，并告之自己的不足，其实有时实话比浮华的语言更能打动人，所以李嘉诚成功了。他创造的神话还在继续。

胡雪岩语录

有德则昌 人以信立

做人无非是讲个信义！

正所谓“国有国法，家有家规”，一个圈子有一个圈子的游戏规则，永远不要试图打乱一个既定的规矩。无礼是对人最大的冒犯，这等于给自己树起了敌人，你一旦破坏了共有规则，那就会在这个圈子失去行动的自由。西方有谚语曰：没有什么比自找的痛苦更让人痛苦的了。

讲究“贾道”，这是胡雪岩成功的根本。他曾一再强调：“做生意一定要按照规矩来。”表面看来，他总是把自己的生意做得风光热闹，甚至有些天马行空，但细一琢磨，几乎他的每一桩生意的具体运作过程，都大体遵守了应当遵守的商业规则，因此他在同行中间有着极好的口碑。而能做到这一点完全是因为胡雪岩对人性有着深切的感悟，他当初拿了钱庄的钱给王有龄，说到底人们可以认为他是为了一个“义”字，可正是因为这个“义”字不被人理解，还找不到工作而跑到妓院去当差呢。这可以说给了胡雪岩一个人生警示，那就是永远也不要破坏一个行业的规矩。从那以后，胡雪岩的心中就对规则有了一个明确的概念。

比如军官罗尚德在上战场之前，将自己的银子存入胡雪岩的阜康钱庄，一方面他相信阜康的信用，另一方面他马上就要去打仗，生死未卜，不知道还能不能活着回来，因此坚决不要存折。但胡雪岩一定要出具存折，哪怕这个存折并不具备什么实际意义，但开具存折的手续也不能省略，因为客户存入款项，钱庄就必须开具存折，这是照规矩来。

再比如，他与古应春、尤五、郁四等人合作做蚕丝销“洋庄”赚了十八万多两银子，但这赚头只不过是账面上的“虚好看”。将生意过程之中的各项费用除掉，加上必要的各处打点，与尤五、古应春等生意合伙人分过红利之后，这笔赚头不仅分文不剩，甚至还有一万多两银子的 “宕账”。虽然既是合作伙伴又是朋友的古应春主动提出不要这份红利，但是胡雪岩宁可自己分文不剩，也坚持该分的照分。因为既然是合作伙伴，红利就必须均沾，这就是规矩。

就像盗亦有道一样，作为一个以赢利为目的的商人，胡雪岩坚决不和太平军做生意，这是他坚守的一条绝不逾越的大原则。他的钱庄从不向太平军放款，甚至不向与太平军有联系的商人放款；他也不在太平军据守的地区做其他生意，比如粮食、军火都绝不运往被太平军占领的地方。太平军攻下杭州之后，曾邀他回杭州帮助“善后”，他的生意根基本就在杭州，而且当时他的老母妻女也都陷在杭州，以一般生意人的眼光，这样既可照顾自己的生意，又可保护老母妻女，何乐而不为？毕竟商人只求利，管他谁是皇帝老子。但胡雪岩坚持不去，因为无论如何当时天下仍然是大清的天下，与太平军做生意就是违犯朝廷王法。通融方便可以，但违犯王法不可以，这在他来说更是照规矩来。也许他的这些做法在当时会被有些人不理解，但是现代一些成功商人在树立其经营理念时，都不约而同地将遵守行业规矩放到了很重要的位置，这就是对胡雪岩做法的最大肯定。

做生意要按照规矩来，商业运作有其自身的规则，参与商业活动的人必须遵守。比如必要的手续，无论繁简，该办的就一定要办；签订了合同，无论难易，当履行的就一定要履行；生意中如果涉及到政府的法规法令，要遵守的就一定要遵守。按照规矩进行商业活动是保证其正常运行的基础。胡雪岩早年吃过一亏，却长了一大智。

从生意人本身的角度来说，照规矩做生意还有两个重要的作用：

第一是求得安全。比如，犯法的生意不做，做了既破坏了规矩，也非常容易给自己带来灾祸；关系再好的合伙人，与生意相关的文件该签的就一定要签，更要按照规矩去签。因为只有按照规矩签订的具有法律效力的合同，才可以有效地约束合作者双方，才能有效地保护各自的利益。生意场上是不能用感情代替规矩的。

第二是建立信誉。良好信誉的建立，与经营者能够坚持按照规矩办事有着极为密切的关系。我们常说，经营者的信誉是靠着货真价实的公平交易、童叟无欺的老实诚信、实实在在的依约而行建立起来的。说到底，这些能够帮助建立信誉的举措，实际上就是照着规矩办事。只有规规矩矩按照大家都知道的、都遵守的规矩办事，才能使人信服，才能建立起信誉。没有人会相信做事不按章法、不依规矩的人。

胡雪岩经常说："做人无非是讲个信义。"其实做生意与做人在本质上应该是一致的，一个真正成功的商人往往也是个信义之人。胡雪岩的这一说法与阿拉伯商人所奉行的信条不谋而合，这也是阿拉伯商人奉行的最重要信条。他们认为"诚实"是对行规的守护，欺骗不仅违反道德传统，而且必将有损于商业利益。阿拉伯商人是非常重视自身的修养和人格的完善的。

20 世纪 20 年代，在吉达港，阿里雷扎家族的阿卜杜勒和尤苏夫以及他们雇佣的印度职员是仅有的几位懂英语的商人，其他商人收到英文电报都要拿到阿里雷扎公司，请几位印度职员翻译。阿卜杜勒和尤苏夫从来不去窥探这些商情电报，反而命令手下的职员必须为来求助的商人忠实服务，绝对不准泄密。

诚实是伊斯兰教的基石。事实上人们都爱和一些有宗教信仰的人做生意，因为有信仰就会有所畏惧，信仰的底线就是他们牢不可破的规矩。

对于阿拉伯商人来说，所谓诚实和信誉就是货真价实，就是提供优质的商品和优良的服务。阿里雷扎家族的希卡赫·穆罕默德成功的秘诀就是："信誉并不是源于你的货比别人便宜一美分，而在于消费者最终发现你货物的质量优于其他的竞争对手。"

托威尔公司的总裁苏尔坦每天早晨都要巡视公司总部，指导年轻人工作。他认为，一个年轻人一踏进商界，就必须时刻保持诚实的态度。他反复训导："诚实的品格将建立起别人对你的信任，并会使别人在任何时候都伸手帮你，银行对你的态度也主要取决于你的信誉。"

柳传志曾这样总结道，"小企业做事，大企业做人"。因为小的公司，其首要问题是生存与发展的问题，一个单子能否拿下来，对于公司而言是非常重要的。而大公司不存在眼前的生存问题，主要是着眼于未来的发展。所以，公司拥有的人才数量和质量将决定其能否长久地生存和壮大下去。

"企业始于人，企业也止于人。"松下幸之助也曾经说过，"松下先塑人，后生产电器。"而盛田昭夫则说得更加直接明了："使企业成功的，既不是什么理论，更不是什么计划，而是人！"凡是知名的大企业无不是把"做人"放在企业的第一位。

可见无论是过去还是现在，各行各业都有自己的经营理念和原则，而正是因为有这些企业文化，一些企业在强手如林的市场竞争中才能立稳做强。

现在中国经济已经和世界接轨，这就要求我们也要遵守同一游戏规则。过去我们不懂这些，结果我们的经济落后于他国。现在为什么一些新锐企业家能做得好，就是因为他们知道如何守住一种行业规则。一种规则不仅仅是一种限制，更是一种保护。

胡雪岩语录

江湖上做事，说一句算一句，答应人家的事不能反悔，不然叫人家看不起，以后就吃不开了。

思诚神钦 绝处逢生

在《说文解字》中，信是会意字，从人，从言。信的本意是真心诚意、专一不移。人的言论应当是诚实的、真实的、不虚伪的。如果一个人言不由衷、说假话，就不会有好的口碑，那人们就不会喜欢与之交往，他的人生要想有作为也就难了。

我国古时就有“一言既出，驷马难追”之语，西方也有“永远不要给人以承诺”的谚语。承诺就是一种责任，而只有那些能控制自己意志的人才可能将这种责任（即承诺）很好地完成，可是有时我们的热情会引导我们去做另外的事，非常容易使我们忘掉曾经的承诺。因而要想记得自己的承诺，就要将“信”这一理念作为一种信仰来崇奉。

现实中，我们喜欢和某个人打交道，有很大一部分原因是这个人是一个有德之人，所以不要说中国人没有信仰，因为中国人是信“德”的。一个有信仰的人是令人尊敬的，一些成功人士更是把对“信”的践行看作比生命还重要的事情。在他们看来，只要一次失信于人，那失去的也许不是一个人的信任，而是大多数人的信任，一旦失去大家的信任，那么几乎就等同于踏入了人生的绝境。这就要求人们在面对一件事的时候，如果办不到那就是办不到，与其失信于人，还不如向别人承认自己的无能。作为中国“亚商圣”的胡雪岩，他在做人、做事、做生意的任何一方面都以“信”字为基本，虽然他是一个以取利为目的的商人，但当利与信有冲突时，他绝对是先取信的。他相信只有抱着一颗“信”心去处世，才能在绝境中留有一丝希望，而这丝希望就是他翻身的倚仗。

一次，胡雪岩在上海购买了一批洋枪，需要松江漕帮协助运到浙江地面。可是货到松江时，他们却发现麻烦来了。原来松江漕帮中的要人魏老头子的旧好俞武成已经和太平军方面的赖汉英接上关系，一切布置停当，只等这批军火从海上起运，一入内河就动手劫取，而这个魏老头子也答应到时有所照应。胡雪岩得知这一情况后，发觉处境十分尴尬：如果俞武成不是他的“同参弟兄”，那事情就好办，或者这批军火不是落到太平军手里，那事情也好办。当时的处境真是令他左右为难。

就在这时，松江漕帮得悉这批货原来是胡雪岩的，魏老头子果断决定断了与俞武成的交情，反过来帮助胡雪岩，阻止俞武成动手，事情就这样柳暗花明了。但胡雪岩却不想因自己而让松江漕帮多个敌人，同时也使自己多了个对手，这时他突然想到一个两全的解决方案。

胡雪岩决定请俞武成六十岁的老娘俞三婆婆出面干预这件事，让她硬压俞武成让步。因为在江湖上行走的人最看重“孝”字，他向俞老太陈述了事情的厉害：虽然江湖以“义”字为重，但这时的太平军属于乱党，以自己和官方的关系只是不愿意动用官兵护送罢了。如果真是动起武来，只是怕伤了双方的和气。这样说只是好听点罢了，实际上是暗示如果真由官兵护卫，那俞武成就是抢劫军械，这是比抢劫更重的罪名，认真起来，灭门有余。俞老太听罢立即明白了事情可能造成的严重后果，决定训斥自己的儿子，告诉他不得为难胡雪岩。

但胡雪岩也要照顾到俞武成在兄弟中的威信，因为他们这次来抢这批军火会得到很多好处，就此让他罢手，他手下的弟兄也许会心生怨言。作为一个通晓人性的商人，胡雪岩当然不会不了解这一点。因此，他先请示官府，在得到保证不惩处俞武成一伙人的承诺后，又拿出一万两银子送予俞武成作为补偿。

这样既保证了自己生意的不受损，同时也保住了别人的颜面。虽然他损失了一笔钱财，但却保住了价值更高的货物。在这件事上起到决定性作用的，无疑是松江漕帮的“临阵倒戈”，而之所以会发生这样的情况，是因为之前胡雪岩曾使漕帮少受了一大笔损失。

原来早年胡雪岩在帮助王有龄解决解运漕米难题的时候，经过一番努力，曾与松江漕帮达成协议，先由松江漕帮在上海的通裕米行垫付十几万担大米，解浙江海运局漕米解运难以按时完成之困，待下一步浙江漕米解运到上海，再以等量大米归还松江漕帮。这是王有龄一上任就遇到的关系其前途的问题，胡雪岩却凭着在人们心中的地位使这个问题得到了解决。

可王有龄这时却突然听到一个内部消息，原来洪秀全已经开国称王，定都南京，自立国号为太平天国，大有北上取幽燕之势。为此，朝廷已经派出大批兵马围剿。

时局的这一变化，意味着朝廷与太平军之间将有一场决定胜败的大战，而且在王有龄看来，局势会向着有利于朝廷的方向发展，关键就看朝廷的练兵和粮饷办得如何。朝廷与太平军之间战事在即，便意味着做粮食生意将大有可为，因为不管哪一朝哪一代，只要一动刀兵，粮食一定涨价。于是王有龄就与胡雪岩商量，想将松江漕帮那批大米改垫付为直接收购。

可当胡雪岩听到要起兵事的消息时，他感到的却是一阵兴奋，因为在他看来，由漕帮垫付漕米，到时以等量大米归还，真的是送了漕帮一个大人情。

而王有龄想到的却是与其让别人赚，不如让自己赚。他要改变原来商定的办法，即准备将那批议定将来还给漕帮的大米囤积起来，等战事一起，自己卖出去赚钱，他甚至想借漕帮的通裕米行来囤积这批粮食。

胡雪岩明白了王有龄的意图，立即表示反对。他对王有龄正色说道："主意倒是好主意，不过我们做不得。江湖上做事说一句算一句，答应人家的事不能反悔，不然叫人家看不起，以后就吃不开了。"

正是因为这件事，漕帮才对胡雪岩心存感激，才会让他的那批军火生意得以顺利完成。世间本就没有随便的成功，所有的结果在前面一定是有原因的。胡雪岩对"信"字的执着种下了一个因，后来才收到了果。这种"信"是一种对得起自己良心的"信"，对于胡雪岩来说，并不是所有钱他都会去赚的。

古人云："以诚感人者，人亦诚而应。"这是一句非常有道理的话。美国凯特皮纳公司就是以"信"字来处理与客人的关系的。该公司承诺："凡是购买了我公司产品的用户，不论在世界任何角落，只要是需要更换零配件，我公司都将保证在 48 小时内送达。否则，我公司的产品就白送。"他们以自己的行动实践了承诺。有时为了往边远地区送一件价值 50 美元的零件，就要花掉一两千美元的运输费；有时因故无法在 48 小时送到，他们就真的免费赠送。正是因为这种守信的态度，他们的业务才经久不衰。这就说明"信"作为一种道德标准，在古今中外都是为人所看重的。李鸿章就曾在其书中说道："以忠信为主而取友，改过益严矣。夫忠信为百行之原，而友所以辅忠信，过所以累忠信者也。以是为主而取友改过，固因之益密耳。且吾学先贵立诚，固合人己而一以贯之者也。"

戒骄戒躁 谦和待人

千万要沉住气。今日之果，昨日之因，没想过去，只看将来。今日之下如何，不要去管它，你只想着我今日做了什么，该做些什么就是了。

子曰：“君子食无求饱，居无求安，敏于事而慎于言，就有道而正焉，可谓好学也已。”这句话是说做学问不是读死书，而应该注重现实生活中的为人处世。也就是说，人生在世无论你想做什么，首先要在为人处世上下功夫，只有把人际关系处好了，才可以安心去做其他的事情。历来盛气凌人者都很难成事，唯有不骄不躁、谦谦待人，方为为人立世之根本。

中国人历来把不骄不躁、谦谦待人作为人生立命之本。房龙在其书中曾写道：“我从未到过中国，但这并不意味着我从未见到过中国人。我不但见过，我发现那些比较贫困的人们在他们的勤劳和保持愉快的心境方面很值得敬佩。我听说当他们学坏时，他们坏得也很潇洒。但我所熟悉的那些人，通常都拥有某些忍耐和勤勉的品质，这使得他们比起他们的白色、棕色、黑色邻居们，尤其是白人们，要高人一等。至于那些受过教育的人，他们在各方面都远胜过我，这一点让我觉得很惭愧。”

“普通的中国人（除非被白人和基督教环境宠坏了）受到一种生活哲学而非宗教体制的影响，这种哲学使得他们能够比我一直与之一起生活的其他种族的成员，更能从自身的世俗存在中汲取更多的满意和知足。”

这就是外人眼中的中国人，而在我们的印象中，一个真正的中国人一定都是这样的，否则就是异类。而关于这一切的形成，房龙认为是受孔子儒家思想的影响。这种理解其实并不全面，孔子的先祖说过这样的话：“一命而偻，二命而伛，三命循墙走。”试想有谁能做到这点呢？但所有的中国人都学到了点皮毛，而就这点皮毛就已经让中国人受用无穷了，所以在中国有一种奇怪的现象，就是越是成功者，反而越谦谦待人，而又因这种为人的方式越发地成功。

胡雪岩把这种智慧发挥到了极致，这也是他成功的重要原因。首先他明白自己是什么人，当他还是个学徒时，就懂得要谦和做人，而这也是一个学徒必须做到的。虽然他有很高的志向，但这并不影响他学习向人“点头哈腰”。这段在钱庄的学徒生活，为胡雪岩的经商生涯奠定了重要的行事基础。

而当胡雪岩的事业发展到顶峰的时候，他仍然秉持着谦和为人、不骄不躁的行事风格。因为他知道自己一旦因事业成功而骄躁起来，那么落败就会近在眼前了。作为一个利益集团的领导者，胡雪岩深知自己身上的责任重大，一旦迷失在骄傲与浮躁中，将会造成不可估量的影响。只有摆正心态，脚踏实地，以谦和的态度对待周围的一切，事业才能长久。

因此，胡雪岩做生意向来把人缘放在第一位。所谓“人缘”，对内是指员工对企业忠心耿耿、一心不二；对外则指同行相互扶持、相互关照。胡雪岩常对帮他做事的人说：“天下的饭，一个人是吃不完的。只有联络同行，要他们跟着自己走，才能行得通。所以，捡现成的要看看，于人无损的现成好捡，不然就是抢人家的好处。要将心比心，设身处地为别人想一想。”胡雪岩是这么说的，更是这么做的，他的商德之所以为人称道，很重要的一条就是把同行的情谊看得高于眼前利益，在以赢利为目的的商业社会里，做到了一般商人难以做到的。很少有人不因自己的成就而飘飘然，胡雪岩做到了，所以他成功了。

当胡雪岩告诉信和钱庄的张胖子“自己弄了个号子”的时候，张胖子虽然嘴上说着“好啊”，但声音中明显地带有做作出来的高兴。为什么呢？因为在胡雪岩帮王有龄办漕米这件事上，信和钱庄之所以全力垫款帮忙，就是想拉拢海运局这个大客户，现在胡雪岩自己要开钱庄，张胖子自然会担心丢掉海运局的生意。胡雪岩是何等人，他明确表态：“你放心！‘兔子不吃窝边草’，要有这个心思，我也不会第一个就来告诉你。海运局的生意，照常归信和，我另开路子。”

既然胡雪岩的钱庄不和自己抢生意，那信和钱庄便不是多了一个对手，而是多了一个朋友，自然疑虑顿消，转而真心实意地支持阜康钱庄。张胖子很坦率地对胡雪岩说：“你的为人我信得过。你肯让一步，我承你的情，有需要帮忙的，只要我办得到，一定尽心尽力！”在胡雪岩以后的经商生涯中，信和钱庄给了他很大的帮助，这都要归功于他当初没有倚仗与王有龄的关系而抢了信和的生意，以及他保住了张胖子的面子。

甚至对于利润极高的军火生意，胡雪岩都抱着“宁可抛却银子，绝不得罪同行”的准则。军火生意利润大，风险也大，要想吃这碗饭并不是一件容易的事，但胡雪岩凭借着已有的官场势力和商业基础，同时依靠自身在漕帮的势力，很快便在这一行业打开了门路，走上了正轨，着实做了几笔大生意。这样，胡雪岩在军火界也成了一个头面人物。有一次，胡雪岩打听到一个消息，说是外商运进了一批性能先进、制作精良的武器，胡雪岩知道这又是一笔好生意，做成一定会大有赚头。他马上找到外商联系，凭借着老道的经验、高明的手腕，以及他在军火界的良好信誉和声望，这批军火生意很快就搞定了。

然而，正当胡雪岩春风得意之时，他听商界的朋友说，有人指责他做生意“不地道”。原来外商此前已把这批军火以低于胡雪岩给出的价格，拟定卖给军火界的另一位同行，只是在那位同行还没有付款提货前，又把这批军火以较高的价格卖给了他。

胡雪岩了解到这些后，对自己的贸然行事感到惭愧。他随即找到那位同行，商量着如何处理这件事。那位同行自然知道胡雪岩在军火界的影响，很担心他在以后的生意中与自己为难，所以不敢开列什么条件，只是推脱说这笔生意既然让胡老板做成了就算了，只希望以后留碗饭给自己吃。

但胡雪岩可不是乘人之隙的小人，他主动要求那位同行把这批军火以自己与外商谈好的价格“卖”给他，这样那位同行就吃了个差价，而不需出钱，更不用担任何风险。事情一谈妥，胡雪岩马上把差价补贴给了那位同行，胡雪岩的这一做法不仅令那位同行甚为佩服，就连其他同行也非常钦佩。

以当时胡雪岩的经济实力来说，多赚这点钱和少赚这点钱是无关紧要的，重要的是他为自己打了个仁义的广告，而这让他以后的生意更加红火。生意做大之后，他并没有忘乎所以、仗势欺人，而是一直秉持着谦和待人的处世观，与人为善。这是他生意平稳发展的动力，因为他清楚自己是谁，清楚什么事情是该做的，什么事情是不该做的。

现在我们已听不到“绿丹兰”这个名字了，但在20世纪90年代初，它可是个家喻户晓的品牌。绿丹兰公司是靠生产化妆品起家的，1995年，进入鼎盛时期的绿丹兰在总裁李贵辉的带领下，光国内就建立了69个分公司、6大生产基地、18家合资合作企业，同时在法国、美国、新加坡等地设立了6个分支机构或合营公司，集团总资产达36.6亿元人民币。

在这样的形势下，公司总裁李贵辉为了脸上更有光彩、地位更加荣耀，开始了新的经营战略——向服装、皮具、儿童娱乐、银行、保险、房地产、酒店旅馆等8个与日用化妆品没有任何关联的行业进军。截至1997年底，绿丹兰先后投入10亿巨资进行多元化的盲目扩张。

在这期间也有有识之士提出：与其把摊子摆大了，导致人力物力供给不足，倒不如加大化妆品的销售力度，使其能够占领国际市场，别的等以后再说。

可李贵辉根本就将这些意见当成了耳边风，已经骄傲得忘乎所以。什么时候最能检验一个人？那就是有钱的时候。他自以为是地认为，自身实力已经非常雄厚，只有增加经营的项目，才能挣到大钱，如果只停留在一个方面，肯定没有发展前途，而且也显不出大气魄。

他不但把别人的劝告当作耳边风，还固执地认为："战略发展问题，你们懂什么？我走过的桥，比你们走过的路还多！照我说的做就行了，出了问题我负责！"然而，让他想不到的是，由于业务范围扩展到过于庞大的规模，他鞭长莫及。

最后更是由于资金问题，他的拳头产品——化妆品不能投入充足资金进行广告宣传，加上人员的流失，最终被市场无情地淘汰了。我们知道他过去的企业帝国是被挤兑风潮弄垮的，而现今的一些企业却是被自己弄垮的。因此，无论做人还是做生意，骄傲张狂都足以毁掉一切。

胡雪岩语录

世上什么事情都有两面，这一面占了便宜，那一面就会吃亏。做生意更是如此，买卖双方，一进一出，天生是敌对的，有时候买进便宜，有时候卖出便宜。涨到差不多了，卖出；跌到差不多了，买进。

有过就改 善莫大焉

有智语曰：在同一个地方跌倒两次的人是愚蠢的。这就是在告诫我们，一个人犯错误并不可怕，失败也不可怕，关键是在某一问题上失败之后，是否能总结经验，吸取教训，从而避免类似的事件再次发生。孔子对过失是这样总结的：“过而不改，是谓过矣！”如果他说“过而不改，是为蠢也”可能会更经典吧。

子贡曰：“君子之过也，如日月之食焉。过也，人皆见之；更也，人皆仰之。”一定要记住这句话，这不仅因为子贡是孔子的弟子，更重要的是因为他是一个伟大的商人。这句话的意思是说：君子的过错就像日食月食一样。他犯了错误，人们都看得见；但他把错误改正后，人们依然敬仰他。

这就给我们提了个醒，如果你是聪明人，那你是可以犯错误的，因为太阳终归是太阳，但可别因为自己是太阳而不承认有黑子。作为一个商人，更是可能会犯各种错误而损失大量金钱，只有不停地自我反思才会找到问题的症结，进而积累经验，这样才会对以后的事业有所帮助。常思才会发现人生中的暗礁，常思考的人才能稳住神，沉住气，才能有所成。胡雪岩明白人生多险恶，所以始终把“沉住气”作为生活的准则，无论身处何种境地，都能保持一颗平常心，冷静处理问题。

王有龄在得到胡雪岩的资助后，进京捐了个官。由于有了何桂清一纸荐书，他回到杭州后立即就补上了海运局坐办的空缺，随后又在胡雪岩的竭力相助下，解决了困扰抚台大人的漕米北运难题，因此深受抚台器重。

恰逢此时，湖州知府出缺，于是王有龄和胡雪岩四处活动，再加上王成功处理了漕运问题，在杭州官场有“能员”之称，因而很轻易地得到了湖州知府的肥差，而且抚台还让他兼领海运局坐办。

一日，一名自称姓曹的丝商找上门来，宾主落座后，此人递上了一张一万两的银票，并一再声称这是湖州丝商孝敬知府大人的，希望王有龄笑纳。这种情况在当时的官场上是很平常的事情，王有龄刚当上官自是心动，可还没等他客套，胡雪岩就先代其婉言谢绝了。送走客人后，王有龄心里很是不快，这可不是一点小财呀。胡雪岩看出了他的心思，便道出其中的原委：这个人来路不明，不知其根底，送礼必有所求，但此人似乎没有说求什么，如果贸然收下银子，以后可能会有麻烦。胡雪岩深知“木秀于林，风必摧之”的道理，当初他在钱庄就是因为太优秀，所以擅用公款资助王有龄后，本来老板还没想开除他，那些看他眼红的伙计却把他给逼走了，这让胡雪岩深深明白了要么就做大到别人无法比，要么就夹着尾巴做人的道理。而王有龄这次官运太顺了，一定会招来不少嫉恨，这时一定要格外小心。果然没过多久，胡雪岩就查到此人是杭州抚台的表亲周道台派来陷害王有龄的，因为如果不是王有龄，这个湖州知府就是他的了。

得知这一切后，王有龄惊出了一身冷汗，同时又庆幸自己身边有胡雪岩这样精明谨慎的人。这多亏了胡雪岩之前吃过这样的亏，知道了人心的险恶，这种对人性的认识让他处处设防又处处为人。

但胡雪岩唯一没能记住的是俭能持家这个道理，他在发达后娶了好多老婆，忽视了这样会招来更大势力的嫉恨。“勤以立业，俭以持家”，胡雪岩一生的成败也可以说是这句话的写照。他晚年生意失利固然是左宗棠、李鸿章两党政治势力斗争所致，但和他生活上的奢靡也有很大关系。

因为经历过贫困的生活，所以很多人一旦有了钱就会大肆挥霍，过去没见过，今生一定要享用到。

胡雪岩一生除了元配夫人外，还娶了十二房姨太太，号称“东楼十二钗”。他娶的这些姨太太个个年轻貌美，但大多贪图的是他的钱势。她们嫁到胡家后更是挥金如土，过着纸醉金迷的日子。后来胡雪岩的事业遭受打击而垮台，虽然和这些姨太太没有直接关系，但如果胡雪岩没有把精力分散在她们身上，而是更多地投入到生意上，那么他也许就不会那么早衰败了。

为了给“东楼十二钗”提供一个更大的住所，他在罗四太太的建议下，斥巨资修了一座新楼。为了建这幢新楼，胡雪岩可是费了一番心机，他请来当时杭州最有名的能工巧匠，让他们设计一个气势磅礴的宅院，好与自己的名声相匹配。这些工匠们凑在一起苦思了几日，拿出了一套方案：由于胡府临街，毗邻铺面较多，因此可以将靠向胡府院墙的住宅全部买下，那样会使整个胡府增大许多，而且又避免了将老宅卖掉的尴尬。

收买街坊后，胡雪岩立即遣人着手建造新宅，并一再嘱咐工程人员用料一定要用最好的，不要在乎价钱。就这样，胡雪岩用别人造三个宅院的钱造了胡家大院。

胡氏宅院落成后，引来众人围观，可见胡府气势恢宏、金碧辉煌。其大门前有两只巨大的石狮子，龇牙咧嘴好不威风。据野史记载，胡氏宅院占地百亩，耗资以百万计，是当时杭州城内最大的宅院，其恢宏雄伟的气势连巡抚衙门也只能望其项背。胡雪岩的奢靡可见一斑。

他不但舍得在娇妾身上耗费钱财，对自己的女儿更是娇宠不已。每个女儿出嫁时，他不但陪送大量嫁妆，而且连续举行一周的大宴。无论是不是他的朋友，只要到场就有酒可饮、有菜可吃，很多人都为能看到这样盛大的场面而骄傲不已，因此胡氏嫁女成了杭州居民的一大谈资。

胡雪岩对待妻女如此，对于钱财更是没有数量的概念。他每到一处做生意，必定会去那里最有名的“堂子”吃“花酒”，虽然这些是经商必不可少的应酬，但他往往一掷千金，遇到自己中意的姑娘更是恨不得倾囊相待。中国有句古话叫物极必反，对于胡雪岩来说，这句话说得真是一针见血。的确，胡雪岩做得太过了，按理说像他这样大的家业不可能只有一代的，但他却没有能传下来。

古人云：出纳不问几何，其家必败。这大概就是胡雪岩事业失败的一个重要原因吧。而现代商人最可怕的弱点同样是有点钱就大肆铺张，这在何学林的著作中有很好的阐述。

何学林认为，中国民营企业家大多以事业为目的，而不是以赚钱为目的，表现形式就是投资欲望膨胀：想干的事太多，赚到的钱太少，赚钱的速度总也赶不上“事业心”膨胀的速度，左手的钱还没赚进来，右手早已有N个更大的投资项目等着用钱了。十个坛子九个盖，铺摊子、干事业、追求产值、销量，结果导致产值很大，存货很多；销量很大，钱都在外面；资产规模很大，现金很少甚至奇缺；上游那里赊着，下游那里欠着，向左邻右舍借着，银行里贷着，向国家有关部门伸手要着。企业总是处于缺钱的饥饿状态，企业家一天到晚在找钱融资、贷款等等。企业难以形成良性循环，企业家反而成了社会中最缺钱的一个群体。所以中国老板往往资产一大堆，大得不得了，可真让他拿钱，他还真拿不出来！而一旦企业经营链条中的某个环节突然断裂，整个企业就会全军覆没，企业家立刻就会变得一无所有，更有甚者，还会倒欠一屁股债。这也是中国企业为什么长不大，平均寿命不足3–5年的一个重要原因。大量的中国企业并不是在赚钱的良性轨道上运行，企业家是在拼命干事业，而不是在努力赚钱。这听起来似乎很荒唐，却是不争的事实。

他这种论点几乎指出了中国企业家的通病，赚钱赚到最后就不再以赚钱为目的了，而是想捞点政治资本或弄个名人当当。当一个人的表现欲大于实干时，那就离败亡不远了。让我们看看世界家族史上的奇迹——孔氏家族，他们现在依然有钱，但你能在媒体上看到关于这个家族的报道吗？没有，因为他们有自己的族训，这种传承几乎是从幼时就根植于这个家族血脉里的，而这也是这个家族传到现在依然枝繁叶茂的原因。所以，做生意到最后就不仅仅是做生意，而是做文化了。

第二篇／锐意进取　智计百出

胡雪岩语录

根据他人的才干，授予他适当的事情，则不会失败。根据他人的能力，让他做力所能及的事情，则能少犯错误。客商把货物交给中间人，把资本托付给合伙人，要事先观察他的为人，看他们的能力磨练到了何种程度。所用之人的才干与所做的事情不相称，必会导致钱财的丧失、生意的失败。所用之人的能力不能担当所托付的重任，必然导致事业的倾覆。

机里藏机：巧设计谋拉拢人才

事业从来不是一个人就能做成的，刘备有蜀是因为有诸葛亮，刘邦有汉是因为有萧何。我们不禁要问，一个真正成功的人到底需要具备什么品质呢？其实，只要具备能让那些优秀人物为其服务的品质就可以了。可要想得到有些人的辅佐是要费番心思的，不然关羽为什么永远不能为曹操所用呢？但这事到胡雪岩这儿就好办了，他的用人原则是，能得到的要得到，不能得到的，创造条件也要得到。

用人是一门学问。越有本事的人越要会用人，越要用能人。否则，就算做老板的生出三头六臂来，也不可能干完所有的事。

胡雪岩作为一名优秀的经营者，对人才是十分看重的，他非常重视人才的开发与培养，这首先源于他对人才独特的要求。商场如战场，一位优秀的统帅身边如果没有精兵强将，肯定敌不过敌人。同样，优秀的管理者手下也必须要有优秀的人才，这样才能促进企业的生产经营。前面说到一个优秀的商人要有容人之量，而胡雪岩做得更是到位，他竟然把和自己作对的人从对方的店里挖来，仅仅是因为对方是可用之才。胡雪岩完全不计较以前的冲突，只要人才能为自己所用就可以了。

有个叫李治鱼的人，身世与胡雪岩十分相似。他自幼家贫，无钱读书，年纪很小时就进钱庄做学徒，从小厮、伙计、挡手一步步被提拔起来，对钱庄业务十分熟悉。他尤其精于算术，口算神速，曾有同行用算盘同他比试，对方看着账本劈里啪拉尚未拨完珠子，他已提前报出数字，且毫厘不差，故而人们惊叹地称他为“神算李”。“神算李”过目不忘，记忆力惊人，钱庄积年老账高齐屋梁，老板倘要查看，不劳动手，只需问“神算李”年月期号，他便一口报出，清楚明白，从无谬错。“神算李”在钱庄是块宝，与胡雪岩并称“钱庄双璧”，同行提起“永康李，信和胡”，无不啧啧叹服。

虽然表面上两人互相谁也不服气谁，但胡雪岩却十分渴望把“神算李”这块宝从永康钱庄挖过来为已所用。但是此事非常不易办到，因为永康钱庄老板有意把自己的独生娇女许配给他，招赘为婿，那样李治鱼实际上就成了永康钱庄老板，岂有离开的道理。

胡雪岩考虑到这些，几乎丧失了信心。可他是个说干就干，认准了目的就绝不放弃的主儿。他的直觉告诉他，若想干大事业，非要挖来李治鱼不可，否则将来李治鱼成了老板，与自己分庭抗礼，那时后悔也来不及了。主意打定，胡雪岩思考着从何处入手。蓦然，他脑子里跳出一个人来——马二姑！

马二姑常周旋于达官贵人、太太小姐之间，拉纤说媒，撮合姻缘。胡雪岩让马二姑去给永康钱庄的小姐提亲，而男方竟是杭州巡抚黄大人。

两人商议已定，胡雪岩便马不停蹄地直奔抚台衙门。门子通报进来，黄巡抚立刻传见，听后眉开眼笑道：“果如老弟其言，本大人立刻补你实缺。”胡雪岩叩谢再三，待胡雪岩离去后，黄大人立马吩咐管家开五百两银票做聘金，交给马二姑前去说媒。

马二姑有巡抚大人做主，脚下生风，飞快来到永康钱庄说明来意，两口子听后都傻眼了。本来为笼络“神算李”，延续钱庄生意，他们早就放出口风，谢绝媒人说媒。没想到巡抚黄大人竟钟意小女，欲娶为妾，白花花五百两聘银耀眼夺目，这事绝非儿戏。

“神算李”再好也是个伙计，出身低微，而巡抚黄大人乃一省高官，圣眷正隆，权势熏天，十个钱庄也抵不过。俗话说“人往高处走，水往低处流”，“不攀高枝就蒿草”，此乃傻瓜才干的事。这“神算李”算是倒霉了，而胡雪岩帮巡抚大人娶得美人归，自是被奉为上宾。

黄大人这边大做着巫山好梦，可怜“神算李”一场入赘美梦顷刻间成了泡影。胡雪岩看在眼里，喜在心头，他的妙棋已走对了一半，不怕“神算李”跳出他的手掌心了。

有一天，藩司陈师爷前来永康钱庄存钱，临收银票时直嚷数目不对，少了八百两的票子。李治鱼再三申辩已全数付给，陈师爷就是不依，吵闹起来，惊动了赵老板。他一看不是小数目，忙核查账目、对证银票，希望找出纰漏之处。不知怎地，“神算李”此时却失了方寸，结结巴巴答不出账目。赵老板查不到原因，只好自认晦气，补足陈师爷银票，心痛了好些天。

又有一次，一个风尘仆仆、行商打扮的外地人来到永康钱庄，点名找“神算李”。恰巧“神算李”因公外出，赵老板留在店里，来人说他和李治鱼合伙做药材生意，因为获利，故特来送上利银，打开包袱一看，足足有上千两雪花银。伙计私下做生意，为钱庄行业大忌，说明伙计对主人不忠，有借钱庄发财的嫌疑。李治鱼回来自是拒不承认。

后来一场大火又烧了钱庄的票据，这又给人们一种李治鱼毁灭证据的错觉。一个用心如此险恶，本事又很大的档手，恐怕走遍天下钱庄也没人敢用的。杭州城是混不下去了，李治鱼只好回乡下讨生活。明眼人看到这里肯定不难发现，这一切都是胡雪岩的“功劳”。

在回乡下的路上，疲惫的他跌倒在地，这时“总导演”胡雪岩出现了，自是装出悲天悯人的样子，问道：“身怀绝技的人回乡下又有什么用武之地呢？”“神算李”自是说出了苦衷——没人再敢用他这个人了，更是对东家一通抱怨。这时胡雪岩慷慨地伸出了援手，邀请“神算李”去自己的钱庄，这让“神算李”感恩不尽。接着胡雪岩又掏出一个二千两的折子给他，说：“从现在起，师兄便是阜康钱庄的档手，每月定饷十两，年底另有花红。这折子拿去随取随用，定房子、雇伙计、购什物，任你支派，不够再说一声，我随时补上。”

胡雪岩慷慨大度的安排、真心实意的言语令李治鱼心悦诚服、信心尽复。他大声说道：“雪岩老弟不必多虑，只看咱‘神算李’的本事！”

胡雪岩道：“从此以后，咱弟兄俩如同一根线上的蚂蚱，同呼吸共命运，吃香喝辣都在一块儿。”他内心明白：在钱庄事业上，他找到了一块无价之宝。

这件事是胡雪岩发迹史上唯一的阴暗点，可在他看来，天下女人多的是，男人就应该立事业。而且，如果女方真爱李治鱼，也就不会同意他介绍的婚事，而自己是不会亏待李治鱼的，只是他完全忽略了李治鱼的感受。

现今的商业社会，人们为得到人才更是不遗余力。胡雪岩使用的离间计在克莱斯勒公司也得到了一次应用，可见天下人求贤若渴的心都是一样的，无论是什么人种。

福特公司是汽车业的元老，几度辉煌，艾柯卡任总裁时又把公司推向了另一个销售高峰。然而，福特自己却一时沉不住气，被嫉妒冲昏了头脑，中了克莱斯勒公司的离间计，解雇了艾柯卡。事情是这样的：

1978年，一则令美国经济界和企业界震惊的新闻出现了：美国最大的汽车制造公司——福特汽车公司的“太上皇”福特，忍受不了熊熊妒火的煎熬，解除了为公司立下汗马功劳的艾柯卡的总裁职务。而当一年后艾柯卡就任克莱斯勒汽车公司总裁时，人们才明白是怎么回事。福特汽车公司和克莱斯勒汽车公司是美国汽车制造界的老大，两家企业从20世纪70年代初就开始较劲，并且投入了巨大的财力、物力，意欲在汽车市场上一决胜负。一场斗智斗勇的较量，以艾柯卡挂帅的福特汽车公司采取卓有成效的促销策略一举击败克莱斯勒汽车公司而告终。克莱斯勒公司则元气大伤，从此一蹶不振，亏损日益严重。虽然艾柯卡使克莱斯勒汽车公司陷入了泥潭，但艾柯卡那准确的判断、超人的胆略和多谋善断的决策，使爱才惜才的克莱斯勒先生为之倾倒，他决心不惜一切手段把艾柯卡请过来。

他多次召开专门会议研究分析，终于找到了突破口，那就是福特先生是一个心胸狭窄、缺乏大企业家气度的人。艾柯卡在经营管理方面表现出来的才华反衬出福特的平庸无能，这让福特很是不爽。

克莱斯勒汽车公司迅速制订了详细的离间计划：组织专门人员吹捧艾柯卡，同时还指桑骂槐地贬低福特。

果然，艾柯卡在福特心目中的地位大不如前。就在这时，世界经济预测会议召开了，克莱斯勒又抓住这个千载难逢的机会，精心策划，给艾柯卡罩上了一道光环，使福特黯然无光。

巨大的成绩、空前的赞誉使艾柯卡踌躇满志，他决心大干一场。然而此时，福特已是妒火冲天。

福特先是散布艾柯卡与黑手党有染，继而对他的业务活动和个人生活进行调查，随后又采取削权的办法，组成主管经理办公室，以取代董事长和总经理主管的组织形式，使艾柯卡在公司的地位从第二位降到了第四位。最后，福特终于在 1978 年将艾柯卡解雇了。

克莱斯勒先生听闻后兴奋不已，亲自请来了艾柯卡。艾柯卡的到来，使得濒临倒闭的克莱斯勒汽车公司很快走出了困境，重新成为福特汽车公司的强劲对手，也彻底奠定了克莱斯勒汽车公司在美国汽车界的地位。

从上述事例中我们不难发现，任何一个人或者企业要想取得成功，都离不开对人才的信任、重视。而在对人才的追逐中，手段的使用是可以多样化的，这也就是所谓的成大事者不拘小节。

胡雪岩语录

手里拿着现银比不知道时机强许多，守着货物偏偏不肯卖出去，最后往往把自己给耽误了。货物运到要出售的地方，终究必须卖出去，如果有人肯出现金购买，卖主却一定要加价，非常固执，或者听信旁人的意见，白白错过了这大好机会，最后导致货物搁置，后悔都来不及。

果断敢为 有勇有谋

性格果敢的商人，都相信这样一条准则——冒风险才能获大利，因此他们敢做别人之不敢做。所谓“敢”与“不敢”，其实质乃是胆识与谋略的有无。“敢”是因为有勇有谋、有胆识，“不敢”是因为无勇无谋、无胆识。而在这“敢”与“不敢”之间进行抉择，产生的结局也会截然相反：一个是胜，一个是败。胡雪岩之所以能在商场上迅速扩展势力，常常立于不败之地，就是因为他“敢”字当头，有勇有谋，有胆识，敢于冒风险，敢为天下先。他做的每一件事都让人叹服，虽然开始不为人理解，但在事情成功时，人们才发现原来一切都在他的掌握中。

有一次，胡雪岩得知青帮要替太平军护送从上海购来的一批军火。当时战火纷起，军火买卖利润十分巨大，回扣也不菲。胡雪岩早就垂涎军火生意，只是苦于无处着手，这就像一个好吃之人，知道什么好吃，但却苦于无处吃到一样。如今知道了这条消息，他决定要虎口夺食，夺到这块“肥肉”。

这事放在一般人那里，是绝对不敢去冒这种大风险的，胡雪岩却当机立断，决定大干一场。想罢，事不宜迟，他立刻赶往王有龄府宅。王有龄听完他的述说后，高兴地说道："真是踏破铁鞋无觅处，得来全不费功夫。刚才抚台黄大人召见我，商议要海运局拨一笔款子购置五百条毛瑟枪，加强浙江绿营兵的装备，我正愁差谁去经办，你若有兴趣可应承下来。"

胡雪岩心里斟酌道：毛瑟枪每支约五十两银子，五百支需二万五千两银子，若一分利以上的回扣，起码可获利三千两银子，是一笔好买卖。当下他立刻应允，请王有龄开了一张三万两银子的官票，预备到上海夺取"肥肉"。然后他收拾行装，雇了一只小火轮，连夜奔赴上海。之所以这样匆忙，是因为他深知商场如战场，稍有懈怠便坐失良机。胡雪岩算定太平军购军火不会很快，因为洋商必定讨价还价，延宕时日，把太平军逼到最后关头，好卖出一个好价钱。而且这批军火数量巨大，洋商不可能有现货，待从外国运来，时间又过去一个月了。故而胡雪岩满怀信心要把这批军火半道易手，为已所用。其后的发展果然如同胡雪岩预料的一般，成竹在胸的他就这样做成了这笔生意。从中我们可以看出，正是因为胡雪岩有胆识，敢冒常人不敢冒的风险去做生意；也正是因为胡雪岩常常"敢"字当头，智谋保驾，他的生意才一直红火。

胆量就是一种自信，没有自信就不可能从容。要知道只有把钱花出去，并花到有用的地方，才可以脱离底层。如果只知时刻捂紧口袋，并对富人充满怨气，那就会很狭隘地生活在自己的圈子里，这样的心态别说投资，就是日常理财都很难做好。任何投资说到底都是一种赌博，赌的就是将来的收益会大于现在的投入。

但是，穷人穷怕了，每天都在为柴米油盐操心，而且周围也都是穷人，习惯了在每一个细节上算计。比如，卖菜的小贩要短他的秤，游荡的小偷要瞄准他的钱包，他每天都在挨宰，都在和别人一起唉声叹气，他已经习惯了怀疑一切，你让他怎样去相信十年以后的美好前景，去对他的投资充满信心?

投资是件风险极大的事，钱一投出就由不得自己。穷人是个弱势群体，从来就没有把握过局势，很多时候连自己也不能支配，更不用说影响别人。穷人是被动的，对于一个经受了太多骗局，承受了太多苦痛，而又对自己的未来难以控制的人来说，你要让他去投资，确实很难。

所以，穷人投资，缺的不仅仅是钱，而是信心，是行动的勇气。穷人之所以穷，很多时候不是因为没有梦想，而是没有把梦想变成现实的经验，但经验是在实践中积累的，不亲自去干，永远都不会知道究竟是怎么回事。很多人想创业，却总是怕失败，总想等到“条件成熟”再干。其实，条件并不是等成熟的，而是在行动中逐渐成熟的，在干的过程中完善，让不成熟的东西逐渐成熟。

照理说穷人一无所有，应该无所畏惧、勇往直前，但事实上穷人手里只有一个鸡蛋，这一个鸡蛋就是他全部的希望，他没法分别放在几个篮子里，只能小心翼翼地攥着，生怕落到地上打烂了，他必须为这一个鸡蛋负责。

穷人往往是胆小谨慎的，这就像一个怪圈，越穷越怕，越怕越穷，直到连最后那个鸡蛋都打烂了，他才敢迈出一步，尝试着去过新的生活。而这时很多机会已经被先行的人占去了，他自己的能力也在长久的等待中弱化，要想在激烈的竞争中占有一席之地，谈何容易。

一个人安贫要看他在什么情况下安贫，陶渊明安贫，但他还有几分薄田，而且他是个名士。但是真正的穷人不行，你要不行动那就会被人永远踩在脚下。可如何才能离开最底层呢？那就要有梦想，而且要有实现梦想的创新能力，要有发现财富的眼睛。

在商场上，如果总是人云亦云、随大流，那么永远也不可能成大气；相反，成大业者往往只是少数人，因为他们有自己独到的眼光，能看到别人看不到的机会，可以把握市场和行情的发展趋势，在最适当的时刻全力出击，夺别人所不能夺，赢别人所不能赢。

我们都知道旅店大王希尔顿，他能有今天的成就，最重要的就是其在公司董事全体反对的情况下，独自购进了股份悬跌、面临破产的“皇帝”旅馆。

华尔道夫旅馆的那些优雅的大房间里曾经住过许多皇族，当别人打电话过来找“国王”的时候，华尔道夫的电话接线生一定要问“请问找哪一位国王”，但是这家旅馆却破产了。1942年，华尔道夫的股票暴跌。

希尔顿决定要买下华尔道夫。当他把这个决定向希尔顿董事会宣布的时候，有人惊叫起来：“你是不是疯了？花钱去买这个赔大钱的累赘！”然而希尔顿向来相信自己的商业直觉和眼光，他说：“如果你仅仅只看到它现在的艰难困境，而不能看得更远一点就去拒绝它，那只能说明你是一个商业上的短视者。”但是无论他怎样阐述自己的观点，希尔顿董事会的理事们都不像他一样有信心，他们不相信华尔道夫这个落到如此境地的旅馆还会东山再起。

虽然希尔顿是旅馆公司的董事长，但没有理事们的同意，他也不能以公司的名义买下华尔道夫。希尔顿没有因此而退却，因为他相信拥有这样一家旅馆，将会给他带来想象不到的收获。他想：“我可以像30年代得克萨斯州西斯柯那样自己买下来，然后再把我的看法灌输给那些能够接受我的意见的人。”

于是他开始行动了。他首先打电话给华尔街上拥有华尔道夫股票的最大股东，而股东们正为拿着一大把廉价的股票抛不出去而大伤脑筋，如今听说希尔顿要以12元一股的高价购买，他们欣喜若狂，终于可以甩掉这个“烂包袱”了。

“我今天就能给出报价，”希尔顿说，“我什么时候可以过去呢？”当天下午，他走进那位大股东的办公室，买下了 249042 股——这是控制股的数目，并给了一张 10 万美元的支票当押金。

几天后，华尔道夫旅馆便更名为“希尔顿”。以后的日子，华尔道夫究竟给希尔顿带来了多少荣誉和财富，不用去揣测，看看希尔顿头上那顶“世界旅店大王”的桂冠便再清楚不过了。

当然，大胆的出手往往会面临巨大的风险，这需要魄力，需要眼光，更需要平时一刻不放松的努力。因此，从现在开始就应该处处留心，多多调查，有意识地训练自己，开阔自己的眼界，这样你才能看到别人看不到的机会，并且比别人看得更远、更准，出手更迅速，比别人做得更出色。

如果你是穷人，又不甘于这份贫穷，你就要早立志，那样才会在有生之年得到快乐。

能预料货价的升涨、跌落，这样的人可以称为内；能预知市场流通变化的人，可以称为智慧之人。不论是作为中间商还是作为客商，能够预料到货物是畅销还是滞销，能够预见货价将要升涨还是下跌，从而提前有了确定的看法和相应的策略，这样的人就是真正成熟的行家。

和而不同 突破局限

现在的“和而不同”已不是孔子所说的那个君子和小人的同不同的意义了。做生意当然是要以和为贵，但如果只是人云亦云，那就如同大家在一个泳池中游泳，和倒是和了，却令一池水变得混浊，最后把良好的开始弄成了糟糕的结局。人活世上自是要与人和气，经商更是要讲和气生财，但还要记住，只有那些有创新思维的人才会取得成功。

商业经营中，常有宝贵的商机出现，等待人们发掘，然而机遇同时也伴随着风险，机遇越好，风险越大。商机稍纵即逝，到底要不要抓住机会，同时承担风险，这就要求决策者具有当机立断的勇气。如果只是一味地追求和、追求同，那你就会是所有泥鳅中的一条。当然谁也不能说泥鳅不是鱼，可是王子只有一个，奴隶却有千万，你到底想成为什么呢？

实际上，平庸者缺乏的就是决断，对广大商人来说，关键时刻的一念之差，造成的结果却出入甚大。所以，是否敢在关键时刻拍板定夺，决定着一笔生意的成败。尤其是大部分资金积压于一处时，一旦调度不当，常遭倾家荡产之灾。商人多虑，若不能佐以多勇，犹豫辗转，且不说劳心劳力，贻误时机，单是这种工作方式，也会让雇员、合作者甚至其本人大为担心。商人的勇毅不存，商业上开拓的锐气就会折杀，局面也就可能徘徊不前。一种选择就是一种命运，如果你喜欢大同，那就不要去羡慕别人的荣华。

只有不同才能广开财源，罗素说参差不齐才见趣味，而只有走不同的路才会赢得成功。精明的生意人要能看得准、看得远，同时还要眼界开阔，头脑灵活。所谓眼界开阔，头脑灵活，简单地说，就是不要死守住自己熟悉的行当，而要善于在其他行当中发现自己可以开发的财源，说到底，也就是要时刻想着去不断地寻找新的投资方向，不断地扩大投资经营范围。如果不能拓展生意，那人们会因为某种行业赚钱而同时挤进来，这就会使一个行业的寿命缩短。

因此，做生意一定不能被个体所局限。做生意要活络应该有两层意思：一是不要死守一方天地，要能根据具体情况作出灵活应变；二是反应要迅速，想到了就立即着手去做，不要放过任何一个机会。

胡雪岩的生意经就是灵活机动，四下出击，他是什么钱都想赚。

胡雪岩为自己的蚕丝生意和王有龄湖州官府的公事，几下湖州，结识了当地颇有势力的民间把头——当时的湖州“户房”书办郁四。胡雪岩为人仗义、识见广博，曾帮助郁四妥善处理了家事，而郁四也是知恩图报之人，知道胡雪岩爱美女，于是就把名为芙蓉的姑娘说给他当了外室。

芙蓉姑娘的娘家本来也是生意人，祖上开了一家很大的药店，店号“刘敬德堂”。“刘敬德堂”传至芙蓉姑娘父亲一辈时还有些规模，但其父不幸遇难，叔叔好赌，家业不到一年就无法维持，家道自此中落。但她这个叔叔还有那么一点骨气，自己潦倒到了极点，却死活不同意侄女芙蓉给人做“偏房”。还有，他无论多穷也不肯押出自己手上那几张祖传的秘方，认为只要秘方还在，“家底”就还在，心里总想着有一天能重振家业。

胡雪岩娶了芙蓉姑娘，可这位叔叔刘不才也不能不管。按郁四的想法，送刘不才一笔银子，不再与他发生任何关系也就是了；按芙蓉的想法，由自己劝动刘不才拿出那几张祖传秘方，胡雪岩帮忙卖它个万把银子，让他自己去过活便是。

可胡雪岩却不这样想，他在刘不才身上又看到了商机，他要借刘不才开一家自己的药店。乱世当口，他凭着自己的眼光，一下子就看出药材生意将是一个相当不错的财源；其一，军队行军打仗，转战奔波，一定需要防疫药；其二，大战过后定有大疫，逃难的人生病之后需要救命药。因此只要货真价实，创下牌子，药店生意就不会有错。而且开药店还有活人济世、行善积德的好名声，容易得到官府的支持，在为自己赚钱的同时，还能为自己挣得好名声，何乐而不为？自己不懂这行生意不要紧，刘不才懂，只要能够将他收服，就可以当起大用，而且他手上的那几张祖传秘方也正好可以派上用场。于是，胡雪岩摆了一桌“认亲”宴，同时在这认亲宴上与刘不才谈妥了药店开办的地点、规模、资金等事项。

胡雪岩的“胡庆余堂”就这样创立了起来。在其后的几十年中，“胡庆余堂”成为名闻天下的老字号药店，不仅成为胡雪岩的一个稳定财源，也为他挣来了“胡大善人”的好名声，对他的其他生意带来了极好的影响。

他本是一个钱庄老板，在本业之外还做着蚕丝生意销“洋庄”，后来又从外室身上想起开药店。胡雪岩这四面出击，不断为自己广开财源的灵活性，确实不能不让人叹服。事实上，做生意最没出息的大概就是死守着一方天地：一笔生意再大，也只能有一次赚头；一个行当再赚钱，也只是一条财路。显然，想要广开财源，死守着一方天地是绝对不行的。有一个乞丐说过一句经典的话，那就是“要向所有人讨饭吃”。这用在做生意上也是一样的，就是要在所有行业赚钱。

要想四面出击，就要明白行业的发展趋势。生意是相通的，真正的生意人要能做到见微知著，就好像胡雪岩见到朱福年就想开典当行一样。

英特尔公司董事长葛鲁夫，为公司在计算机业界奠定领袖地位作出了极大的贡献。他对计算机发展的成功预见，使英特尔公司的产品左右着信息产业的发展。他曾经谈过他的预见妙法：要想预见今后 10 年会发生什么，就要回顾过去 10 年中发生的事情。

1985 年，由于当时日本众多公司密集“轰炸”般地倾销，葛鲁夫毅然放弃了已经非常成熟的存储器市场，转而发展微处理器。正所谓物极必反，既然已饱和，那就不如另辟蹊径。

此后，英特尔发展极为迅速，并在 1992 年一举超越日本的 NEC，成为全球最大的半导体公司。计算机领域内的信息瞬息万变，要判断其发展趋势非常困难。20 世纪 80 年代中期，葛鲁夫把英特尔从存储器的泥潭中拽出来，进入微处理器领域，这次转变被葛鲁夫本人称为“战略转折点”。“穿越战略转折点为我们设下的‘死亡之谷’，是一个企业组织所必须经历的最大磨难。”葛鲁夫如是说。

1990 年，葛鲁夫开始推动英特尔从计算机制造商的角色进入该行业的领导者角色。葛鲁夫不仅在微处理领域里推动着英特尔遥遥走在世界前列，还努力保持着这个世界对他的微处理器永远不断的需求。网卡的推出、对数字成像的投资、对系统集成的投资、对众多小公司的投资等，都大大刺激了对运算能力的市场需求。

英特尔公司由 30 年前的一个小公司，发展到今天在全球拥有 6.5 万名员工、销售收入达到 251 亿美元的大企业，其成功秘诀在于公司的领导者，如摩尔、葛鲁夫等人善于把握计算机发展的趋势，在不同的时期根据市场需求及时调整发展方向，因而取得了非凡的成功。如今，它在全球微处理器领域里占据着高达85%的市场份额，其股票每年返还给投资者的回报率平均在44%以上。它的发展引领着信息产业的发展方向，对我们这个社会的推动作出了极为重要的贡献。

在这个故事中，我们同样看到了选择与放弃、发展与创新的重要性，任何企业或个人要想发展，就必须有自己的创见，不走寻常路。胡雪岩因为不走常人路有了自己辉煌的事业，英特尔公司因不走寻常路有了属于自己的帝国。你是一个渴望成功的人，你准备好了吗？

胡雪岩语录

快速决断　兵贵神速

什么事都要讲机会。明明一定可以办得到的事，阴差阳错，叫你不能如愿。

军事家孙子认为兵贵神速，行军作战肯定是以取胜为目的的，如果只是小心，只是犹豫，那取得胜利的可能性就微乎其微了。在现代商战中更是如此，时间就是金钱，只有把握先机才可能赚钱。机会对于一个企业来说常常是腾飞的转折点，是成功的钥匙。只有抓住时机，企业在竞争中才能获胜，否则将败下阵来。当然，兵贵神速的前提是必须要看准时机。

我们都知道一句话：机会只会光顾你一次，剩下来的只是邻居来敲门。这就足见机会是多么的难得，而把握机会更是需要敏锐的商业头脑和足够的胆量。

“凡事总要动脑筋。说到理财，到处都是财源。一句话，不管是做官的对老百姓，做生意的对主顾，如果你想要人家腰包里的钱，就要把人家伺候得舒服，人家才肯心甘情愿地掏腰包。”这就是胡雪岩的生意经。要想真正把握住机会，就必须行动迅速，敢想敢干，因为机会稍纵即逝。

有利态势对于生意人来说就是商机，但它稍纵即逝，因此有利态势的形成对于生意人来说尤为可贵，它直接决定着成功来临的步伐。“势未成，不可轻动；势已成，不可错过。”许多在别人看起来很难办的大事，居然都被胡雪岩顺顺当当地办成了，这都是因为他灵活变通地掌握了官商之道中的乘势技巧。胡雪岩说，会做生意的人，除了精通取势用势外，还要特别善于发现机会，只有很好地把握和利用机会，才能把机会变成实实在在的银子。归根结底，机会只有对于那些善于发现并且能够很好地抓住和利用的人，才能称其为机会。

机会是靠眼光和胆气的，靠眼光牢牢抓住机会，靠胆气把一个个被发现或遇到的机会变成实际的金钱。因此，胡雪岩才会说："做生意要有机会，更要靠过硬的本事。"

胡雪岩刚开始做生丝生意的时候，正是西方资本主义工业化生产，特别是纺织工业大发展的时期，丝绸纺织需要的原料大幅增加，洋人就需要从中国大量进口蚕丝，因而无论是做内贸还是销"洋庄"，都能赚大钱。这期间胡雪岩认识了懂丝的阿珠和她娘，又认识了和洋人打交道的古应春，当时胡雪岩只知这两位有用，但还没有具体的用人计划。

机会再次光顾了他。在成功处理漕米北运难题后，王有龄调任湖州知府，而湖州又是蚕丝的主要产地，这一切使胡雪岩这个完全不懂蚕丝生意的门外汉，顺利地做起了蚕丝生意，进而做起了蚕丝"外贸"。这一切看似是胡雪岩的"运气"，可如果在这些"运气"面前，胡雪岩没有看出蚕丝生意大有可为的眼光，或者看到了却不懂得利用眼前的有利条件呢？再比如，如果胡雪岩没有那种当机立断、说干就干的胆识和气魄，或者虽然知道要干，但却没有合理调配人力、资金的能力呢？

要知道这种机会可不是只摆在胡雪岩一个人的面前，信和钱庄的张胖子与胡雪岩同样行商于杭州、上海一带，甚至比胡雪岩更熟悉江浙一带的蚕丝经营。而且当时的信和还是杭州城里最大的钱庄之一，资本比胡雪岩要雄厚得多，但他就是没有想到去做这一注定能发大财的生意。再者，胡雪岩经营蚕丝生意，无论是历史的长短、经验的多寡，还是实力的薄厚，都不如作为丝商户头的庞二，但他一上手就想到联合同行业控制市场，操纵价格，在销“洋庄”的生意中迫使洋人就范，而庞二做了那么长时间的生丝销“洋庄”，却没有想到如此去做。

实际上，机会对于所有的人都是均等的，关键是人要有本事去把握，否则这机会就不能称其为机会。胡雪岩能牢牢把握住一个又一个机会，这就是他的本事。所有的机会都不是天上的馅饼，都会伴有风险，如果不能承受那种压力，那就最好甘于平淡。我们都知道胡雪岩冒的最大风险，就是吸纳太平军的钱财来充实自己的钱庄，这可是要冒杀头风险的，但他成功了。

有一句最能说明人生境遇的话：要想看到彩虹就得容忍雨。每一次的成功都是惊心动魄的。

众所周知，在华尔街发展为世界金融中心的过程中，摩根家族发挥了很大的作用。J.P.摩根曾被誉为华尔街的基石，他的经营思想和冒险精神为摩根家族带来了难以计数的财富，他大胆的投机行动刺激着无数投资者向华尔街涌来。

看准时机就要大胆下注，全力出击，这是摩根成功的一个重要因素。这种把握时机的能力，摩根从年轻时就已经具备了，只是后来在金融搏击中运用得越来越熟练而已。

1857年，J.P.摩根从德国格廷根大学毕业，进入邓肯商行工作。年轻人过硬的素质和自身独特的气质，使他干得有声有色。不过他大胆的行动和冒险精神，常常让总裁邓肯先生心惊肉跳。

一次，摩根去古巴采购鱼虾海鲜归来，中途在新奥尔良码头停泊时，一位陌生人气喘嘘嘘地敲开了他的房门：“先生，你要咖啡吗？上等的咖啡，我们可以半价出售！”“上等咖啡？半价出售？”摩根疑惑地盯着这个陌生人，陌生人马上自我介绍道：“我是这艘巴西货船的船长，为一位美国商人运来一船咖啡，货到了，可是那商人却破产了，我的货船只好在此抛锚。先生，您如果买，等于帮了我一个大忙，我可以半价出售。但有一条，必须现金交易。”

摩根一看咖啡的成色不错，价钱又便宜，就自作主张，以邓肯商行的名义买下了这船咖啡，然后他给邓肯发去了电报。

邓肯得到消息后又惊又怒，因为过去商行在咖啡生意上已经上了几次当了，而今摩根竟连招呼也不打一声，便自作主张，如果其中有诈……邓肯生气地回了电报：“你这样做是在拿邓肯商行开玩笑！立刻撤销交易，损失自己赔！”

摩根见电报后，只好求助于在伦敦的父亲，这位伟大的父亲回电同意他用自己在伦敦公司的户头偿还邓肯商行的欠款。摩根非常高兴，索性放手大干，在巴西船长的引见下，他又买了其他船上的咖啡。

摩根初出茅庐就弄出如此大的手笔，不能说不是一种冒险。但机会就是这样的，你抓住了线头，顺着它的牵引，那结果就会出来。这次摩根是押对宝了，就在他买下这批咖啡没多久，巴西就出现了高寒天气，咖啡大减产，价格一下子暴涨两三倍。不用说，摩根大赚了一笔钱，不仅令他父亲大为高兴，连邓肯也对他刮目相看了。

这次咖啡生意成功后，摩根坚信对于看准的事就要迅速大胆地放手去做。在以后的商海生涯中，这种信念一直伴随着他，使他成为华尔街的风云人物。

当然，在决策前一定要仔细分析一下自己的胜算有多大，问问自己是否输得起，谨防因一次失误而元气大伤、一蹶不振。摩根购买咖啡，就算之后咖啡价格没有暴涨，由于他购进时的价格大大低于市场价，他仍然有钱可赚，至少不会赔本。他看准的正是这个时机，所以才大胆出手，而且他又富有冒险精神，因而从中获取了巨大的利润。

胡雪岩语录

抓住机会 敢闯敢为

发财一要抓住时机，二要敢想敢干。换句话说，要靠机会，更要靠本事。

有人曾说过这样一句话：“机会是上帝的别名。”社会不是按照“辛勤者胜”的规律运行的，社会的内涵复杂得很，事实上不仅辛勤者中间有着胜负之别，在成功的辛勤者之间也有巨大的差别，这就是一部分表面上并不辛勤的人，却能成功地拥有万贯家财的原因。社会内涵之所以不那么单纯，正是源自那些差异的存在。机会正是使社会面貌发生变化的一个至关重要的因素。

机会到底是什么呢？它是一种开放的、有利的环境因素，能使有限的资源发挥无限的作用，使之更有效地创造利益。具体地说，在一定的时间空间下，如果各方面因素以最佳的方式组合在一起，就是开放的、有利的条件，谁能最快发现并使用这些最佳组合，优化手上的人力、物力从事投资，谁就可以更快、更准地获得更大的成功，赚取更多的财富，这些有利条件就叫机会。无论是哪一个商业领袖的成功故事，你都会发现故事的主人公都是懂得把握机会的人。他们的命运并非一帆风顺，而是充满着挑战，并被浓厚的传奇色彩包围着的。在人生的各个阶段中，对磨难的承受力最强的阶段，就是精力充沛、对世界充满好奇又没有家计之累的年轻时代。这个阶段若错过了，年纪再大一点时也许就没有那份勇气和胆量了。不是曾有那样一句话吗，

“如果你在二十岁不美丽、三十岁不富有、四十岁不睿智，那你终生都别想拥有这些了”。

对于致富者来说，利益主要是指金钱收入，当然还包括名誉的提升，以及形象的树立或改善，而建立声誉和改善形象的最终目的也是带来财富。对于机遇，我们应该牢记，当机遇不在时，就要去寻找机遇；当机遇来临时，就要善于把握机遇，这是追求成功的人应该拥有的基本本领。机遇有时披着险恶的外衣，如果你不能用头脑来分析这外衣下到底是什么，那你将永远不会有机会。

李嘉诚曾经这样说：“机遇只钟爱那些有准备头脑的人。”“有准备头脑”涵盖很多内容，而见识和胆略是其中最重要的内容。有见识和胆略的人才有抓住机遇的可能，而缺乏见识和胆略的人即使机遇频频地在他面前跳跃，他也会视而不见，就算看见了也不会把握。

善于利用机遇的人拥有敏锐的目光，机遇一出现，他就会迅速出手。因而，清醒的人是机遇的宠儿，对于那些昏睡的人来说，他只有在回忆时才会发现机会曾经来过。

胡雪岩在没发达以前就时刻想着要拥有自己的钱庄，为了这一天他下了太大的投资，如果不是因为想让自己的人生变得辉煌，他只要安分地工作就可以生活得很好，但他毕竟不是池中物啊！为了克服钱庄刚开业时资金不足的困难，他连太平军的钱也敢收纳进来，那可是要掉脑袋的，但胡雪岩不怕。后来是王有龄被逼死在杭州城，他独对左宗棠的质问，一样化险为夷。胡雪岩的一生可谓是险象环生，但又柳暗花明。

机遇一向是为有准备的人提供服务的。机遇稍纵即逝，因而机会总是偏爱有所准备的人，他们总是不畏险阻，抓住机遇。尤其是在商场上，机遇是一种决定胜负的关键因素，善于抓住商机的人就能不断地创造成功，成功者总是富于冒险精神。这里所说的冒险不同于头脑简单者的鲁莽，也不同于利欲熏心者的投机，这里所提倡的是商品经济社会的一种时代精神。

在商品经济时代，人们面临的是一个千变万化的市场。对商品生产者来说，他的每一项决策、每一次行动，既有成功的希望，也有失败的可能。正如马克思所说："交换不成功，摔坏的不是商品本身，就是商品生产者。"如果生产者不敢冒险，那他不仅失去了成功的希望，也免不了失败的结局。

商品经济就是一种竞争经济，"逆水行舟，不进则退"、"无险不足以言勇"。要走出平庸，活出风采，就要敢于冒险。当然，这里说的冒险并不是像赌徒那样，完全把宝押在"运气"上。冒险不是靠碰运气，而是靠智慧。倘若一点可能性也没有就轻率地干起来，这就不是冒险，而是盲动，或者说是一种自杀行为。

冒险要建立在科学分析、理智思考和周密准备的基础之上，有70%以上的把握就应当机立断，大胆地去行动。

中国广汇企业集团的孙广信不仅谋略过人，而且敢于冒风险，在关键时刻不失时机地发动"三大经济战役"，赚得了巨额财富。

一个偶然的机会，孙广信得知乌鲁木齐一家以经营粤菜为主的"广东酒家"因经营不善倒闭。孙广信立刻意识到这是一个机会，立即找到老板商谈转让事宜。经过一夜的分析测算，他最后举债67万元盘下了广东酒家。在这之前，吃惯了羊肉、牛肉的新疆人，看到那些活蟹、活蛇、鲜虾之类的都躲得远远的，谁也不愿花高价就餐，导致广东酒家开业4个月就亏损17万元。于是，孙广信亲任前堂经理，采取猛烈的宣传攻势，印刷了大量精美的宣传品，派人送到各大部门和公司。这一广告攻势十分成功，一时间广东酒家门前车水马龙，能否在广东酒家就餐竟成了身份的象征。不到半年，67万元的债款如数还清。

接着，广汇公司又创办了档次较高、具有代表性的“迪斯尼乐园”、“香港美食城”、“阳光大酒店”、“凯旋门娱乐城”等8个实体，取得了第一个战役的全面胜利，拉开了广汇公司经济大发展的序幕。

新疆石油行业每年都有几十个亿的内外贸易要做，因此引来大量海内外客商。孙广信心里暗暗想，这些中外客商离新疆如此遥远，我们就守在家门口，为什么不能近水楼台赚他一笔呢？于是在朋友的帮助下，他开始做起了石油生意。第一笔生意是进口一批石油钻井零配件。接单后，孙广信单枪匹马地跑了几趟北京，仅用了3个多月的时间就做成了90多万元的生意，纯利润23万元。

小试身手后，孙广信迅速确定了“第二经济战役”的方向，抓住新疆石油贸易大发展的契机，努力跻身于国际大贸易圈。

孙广信的广汇公司与内地两家有进出口权的大公司——中国陆地石油科技开发公司和中国电子进出口公司结成合作伙伴，成为它们在新疆的“分公司”。两年来，广汇企业的石油贸易成交额达1个亿，为企业的再发展奠定了雄厚的资金基础。

我们都知道，20世纪90年代初期房地产业骤然兴起，新疆出现了100多家房地产公司。可半年后，房地产业受政策影响全面滑坡，就是在这种状况下，孙广信却以超人的胆识将资金投向房地产，展开了广汇公司“第三个经济战役”。他们打破常规，在西北五省首先实行5万平方米商品房跨年度分期付款的销售办法，还豁出血本在区内外各大媒体做宣传，仅房地产方面的广告费就达400多万元。而就是这种不怕死的冒险精神，使广汇公司成为新疆房地产业的巨子。

人们还未回过神儿来，他们又将企业集团从第三产业向第二产业全面推进，着手建设亚洲最大的花岗岩石材加工中心。

搏击商海险峰常在，只有敢于攀登、敢于冒险的创业者，才能达到光辉的顶点。成功与失败往往仅一步之遥，但财富一定属于那些善于抓住时机、敢于冒险的人。

但凡成功者大多是乐于并善于冒险的人，他们常常去冒常人不敢冒之险，这种第一个“吃螃蟹”的精神正是他们取得成功的秘诀。勇敢是世界上任何领域的一流好手都必须具备的优秀品质之一，只有勇敢，他们才能坦然地面对危险和困难，才能出人头地。

胡雪岩语录

八个坛子七个盖，盖来盖去不穿帮，就是会做生意。

八坛七盖 翻转钱眼

“混水摸鱼”是“三十六计”中的一计，其中所说的混水大多是被当事人故意搅混的，只有这样，搅水的人才能得到好处。如果一个人没有冷静的头脑，看不清形势，本来是混水好网鱼，但却白白丧失了大好机会。

胡雪岩说过：“犯法的事，我们不能做，不过，朝廷的王法是有板有眼的东西，他怎么说，我们就怎么做，这就是守法。他没有说，我们就可以照我们自己的意思做。”

《孙子兵法》中曾说：“践墨随敌，以决战事。”意思是说，在对敌作战时，敌变我变，灵活地决定自己的作战计划，不能墨守事先定好的计划一成不变。兵家没有亘古不变的胜战之法，商家同样如此，不可能有通用不变的经营之道，必须具体问题具体分析、具体对待，应时而变。一味墨守成规，则必将失败。唯有审时度势，以变制变，才能在商海中快速发展并且长立不倒。

因此，胡雪岩才说：“店规不是死的，有些事不能通融，有些事则不必墨守成规。世界日日在变，做生意贵乎随机应变。”由此可见，胡雪岩灵活变通的官商之道中最需要把握的技巧，就是他魔术般的“变通”术。“我们做生意一定要做得活络，移东补西不穿帮就是本事。你要晓得，所谓‘调度’，调就是调动，度就是预算，预算什么时候款子进来，预先拿它调动，这样做生意，就会走在人家的前面。”

这就是告诉我们不要死守自己熟悉的一方天地，要能根据具体情况作出灵活应变，而且应变还要迅速，想到了就立即着手去做，不放过任何一个机会。胡雪岩不仅是这样说的，更是这么做的。他在一步步走向鼎盛的官商之途中，灵活机动，四下出击，真可谓一步一个点子，一路一趟拳脚，一动一套招式，而招招式式都能为自己演化出一条新的财路。所谓混水摸鱼，如果摸不好，会连自己也赔进去，但胡雪岩总是能够使险招，挣险钱。

比如他在还没有钱的情况下就准备开钱庄，虽然王有龄已回浙江任海运局坐办，但这除了让胡雪岩有了一点极其微弱的官场势力之外，在银钱方面对他几乎没有什么帮助。事实上，此时胡雪岩还要设法为王有龄筹措海运局漕米解运等公事运作所需的经费。但胡雪岩认为，眼前只要弄几千两银子，能把场面撑起来就行，钱庄的运作不成问题。胡雪岩之所以有如此把握，是因为他心中相信，只要走通了官场的门路，不愁钱财不滚滚而来。

当初，王有龄一上任，就遇到了解运漕米的麻烦，要顺利完成这一桩公事，需要二十万两银子。胡雪岩向王有龄建议，不如让信和先垫上这二十万两，具体事务由自己去与信和相商。

向海运局贷款，信和自然是求之不得。信和正希望与海运局接上关系，这一方面是因为浙江海运局主管浙江漕米转运，是粮账公款使用的大户。乾隆年间，朝廷开始着手改漕运为海运，由此海运局也就接管了原来由各省粮道料理的漕运事宜。浙江每年向京城供漕粮和专门用于二品以上官员俸禄和宫廷使用的白粳、白糯近百万石，全由海运局承运。对于信和钱庄来说，能为海运局代理公款往来，必有大赚。另一方面也是最重要的，海运局是官方机构，能够代理海运局公款汇划，在上海的同行中必然会被刮目相看。声誉信用就是票号钱庄的资本，偶尔一笔生意能不能赚钱倒在其次了。有这两条，向信和商议借款，自是一谈就成。本来海运局借支这二十万两只是短期应急，但胡雪岩却要办成长期借款，他准备移花接木，用信和的本钱，当然也是公家的借款，开自己的钱庄。这事放在今天是什么？就是犯罪，当然在那时也是，只是王有龄当时还能罩得住。

胡雪岩利用官场助钱庄的第二个渠道，那就是借助王有龄在浙江官场逐渐加强的势力，代理公库。这给人的感觉是，王有龄当官，胡雪岩掌权。胡雪岩料定王有龄不久一定会外放州县，各级政府机构之间自然有钱税征收、灾害赈济等各种名目的公款往来，而公款往来自然要有代理，胡雪岩要先一步将钱庄办起来，到时候就可以顺理成章地代理王有龄所任州县的公库了。道库、县库公款往来不必计付利息，而款入钱庄，只要不误解送期限，自然就可由钱庄自由支配。州县公款往来自然不是小数，只要在汇划到账的时限之内周转那么一次两次，就可以赚来大笔的利润，这等于白借公家的银子开自己的钱庄。就这样，胡雪岩先借王有龄的关系，从海运局公款中挪借了五千两银子，在与王有龄商量开钱庄事宜的第二天，他就开始招聘人才，租买铺面，把自己的钱庄轰轰烈烈地开起来了。当然，我们并不提倡他的做法，只是鼓励大家学习他的变通及应变之术。

钱就是这样被胡雪岩在倒来倒去中变成了利润，进了他的腰包。在国外也有这样的例子，而且外国人好像格外会借贷生钱。

在委内瑞拉的石油和航运业中，有一位知名度很高的企业家，名叫拉菲尔·杜德拉。他原来是一位普通的职员，是个赤手空拳的无产者，但经过 20 年的奋斗，已成为一个拥有 10 亿美元以上资产的大富豪。他是如何做到这一点的呢？

20世纪60年代中期，杜德拉在一次偶然的机会中得知，阿根廷打算从国际市场上采购价值2000万美元的丁烷气。他决定前往阿根廷考察，看看此信息是否属实，到了那里一打听，果然有此事。当时杜德拉只是位小商人，没有什么知名度，他知道这是一宗大买卖，要想做成这笔买卖就如蛇吞象，难度是非常大的，但他还是决定尽量争取到这笔生意，如果成功，这将是他事业的转折点。

杜德拉当时是个玻璃制造小业主，从未接触过石油业，可以说在该行业没有半点经验，而且经过调查他发现，这宗生意已有两位非常强大的竞争者，一个是英国石油公司，一个是壳牌石油公司。这两个公司均财雄势大，有着丰富的石油经营经验。他想，如果从正面与这两大竞争对手较量，无疑是以卵击石。于是，他从侧面进攻，用连环战术参与这2000万美元买卖的竞争战。

杜德拉又对阿根廷市场做了深入的调查研究，结果发现这里的牛肉过剩，急于寻找出路。他反复思考，认为可以在这个问题上大做文章，如果自己能帮阿根廷推销过剩的牛肉，就可以创造出阿根廷购买自己丁烷气的条件。有了这个条件，自己的竞争力就会胜于英国石油公司和壳牌石油公司。

于是，杜德拉接着开始了对牛肉市场的调查和推销工作。他对阿根廷政府说："如果你们向我购买2000万美元丁烷气，我便向你们订购2000万美元的牛肉。"阿根廷政府觉得杜德拉开出的条件优于其他竞争者，能解自己的燃眉之急，便决定给予他采购丁烷气的投标机会，使他一下有了强大的进攻力量。

在四面出击的推销中，杜德拉发现西班牙当时有一家大船厂，这家工厂的制造能力很强，而这时正好缺少订单，工厂处于半停工状态，这引起西班牙政府的强烈关注。杜德拉认为这是一个很好的机遇，于是前往该国的有关政府部门开展工作，他表示："假如你们向我买2000万美元的牛肉，我便向你们的船厂订制一条价值2000万美元的超级油轮。"

这一条件对于西班牙政府来说是有吸引力的，毕竟平时他们也要进口牛肉。看看杜德拉是如何做生意的，他在什么也没有的情况下，只是捕捉到了几个信息，又把这几个信息成功地串在了一起，最重要的是他成功地从市场中分得一杯羹。如果当时阿根廷政府出面能推销掉自己的牛肉，那就没杜德拉什么事了，但他就是在巧借力量，运用连环手法，把本是别人口里的肥肉给夺来了。

成功者的头脑里没有"不可能"这样的概念，他只是向着自己想的方向去做，做到最后就会功到自然成。

第三篇／决定成败靠思谋

左右逢源：策略清晰地行事

胡雪岩语录

势利，势利，利与势是分不开的，有势就有利，所以现在先不要求利，要取势。

胡雪岩是一个真正代表中国精神的商人，他想要得到更好的生活，他懂得去关注那些有前途、有抱负的人，他懂得放远眼光，争取每一个可能对自己有帮助的人。

对于商人而言，胡雪岩生活的时代是特殊的，表现在旧制受到冲击，社会发生变乱，而当时的旧制十分影响商人的发展。在封建社会中，商人在社会中处于最末流，士农工商的等级十分分明，官吏对商人的影响无疑是十分巨大的，一个极小的守门吏都可以以其职位特权轻易影响一个小商贩的生意，较大的官吏就更不用说了，他们可以以各种莫须有的理由强行征税，或者宣布该生意为不合法。

面对这样一种社会环境，商人要想把生意进行下去，就必须找到合适的策略。一些商人会设法避开官吏，但这是一种消极的策略，作用并不十分明显；于是就有商人另想策略，设法与官吏阶层沟通，以争取他们的保护。很明显，所争取到的官吏职位越高，能给商人提供的活动范围就越大。

中国封建官僚制度发育周期甚长，内部形成了一整套完备的升迁制度与习惯。尤其是在不成文的习惯部分，依恃大官僚而使自己升迁顺利，已经是一件世人皆知的事情，所谓“官官相护”或者“朝中有人好做官”，讲的就是这一习惯。胡雪岩长期做跑街，与一帮挖空心思捐钱升官的人打交道，自然深谙这一习惯。他很明白，有一个坚强的官场做后盾，就意味着有更多的机会和更少的风险。

正是基于这种认识，胡雪岩才非常用心地去积累人脉，编织他的官场关系网。当他遇到王有龄时，听说他是准备捐盐官，进一步交往之后又了解到王的为人，他就毫不犹豫地把东家的钱给了王。王有龄因为胡雪岩这一帮助，才得到机会补了实缺，于是便也就有了胡雪岩后来的发迹。

在王有龄的帮助下，粮食的购办与转运、地方团练经费与军火费用、地方厘捐、丝业，各个方面的钱都涌进了胡雪岩所办的钱庄。胡雪岩一边经营，一边回头反思，终于彻底明白了，要想在特殊时代取得商业大发展，就必须寻求官场保护的因应之道。

之后他又帮了何桂清，因为有了王有龄的例子，胡雪岩对何桂清更是不惜血本。为了他的升迁，一次可以放出一万五千两银子；为了他的欢心，胡雪岩不惜把自己的爱妾转赠于他。

胡雪岩还利用自己旁观者清的优势，替这些有前途之人出谋划策。胡雪岩明白，帮助这些人办团练、漕米改海运、征厘捐、购军火、借师助剿，所有这些应时之办法，虽然是绕了一道弯，是在代他人操劳，但是到了最后，无非是帮助这些人得到朝廷赏识，让自己在商场上的势力更加强大稳固。何桂清在苏浙之日很是为朝廷卖命，所以在这一带的影响日盛，正是这个缘故，胡雪岩的商业策划也有了市场，他的生意也有了依托。他个人在经营中逐渐冲破了先前钱庄的经营观念，开始在以官府为后盾的前提下向外扩张。此时的胡雪岩，因为尝到了在官僚阶层中扩充势力的甜头，他是再也不会回到旧有的经营观念中去了。

后来他又靠上了左宗棠，胡雪岩为其筹粮筹饷、购置枪支弹药、购买西式大炮、购运机器、兴办船务、筹借洋款，这些事耗去了他大部分精力，甚至连自己的生意都耽搁了。但是胡雪岩乐此不疲，第一是因为这些事本身就是商事，他可以从中赢利；第二是因为左宗棠必须拥有这些东西，才能安心平捻剿回，兴办洋务，成就功名大业，而左宗棠在朝廷的地位日益巩固，胡雪岩就愈加踏实 。他之所以仰赖官府，为的就是减少风险，增加安全感。

现在有了左宗棠这样一个大员做后盾，有了朝廷赏戴的红顶子、赏穿的黄马褂，天下人莫不视胡雪岩为天下第一等商人，莫不视胡雪岩的阜康钱庄为金字招牌。

胡雪岩的发迹史，就是一部公关史，这观点直到现在才被真正认可。

除了结交王有龄、巴结左宗棠，胡雪岩还通过钱庄业务与京中大官奕䜣、文煜等人接上了关系。当然，多一个朋友多一条路，对于官阶和名气小的胥吏僚属辈以及士大夫文人，胡雪岩也极力拉拢，这更是胡的高明之处，因为谁也不知谁未来会发达。

事实证明，胡雪岩为结交官府所做的努力是绝对值得的，他后来所得的巨大财富，绝大多数是倚靠官府而来的。现代商业经营更是讲究人脉，别人也许就是你前进的阶梯。经营企业，决战商海，不仅要靠智慧，更要靠雄心和壮志联合同行，才能形成更为强大的实力。现代商业奇人李嘉诚更是在赚钱的同时也为自己赚了很多人情。当他在已经成功地控有了九龙仓近 20% 的股票时，为了避免损失和引起庄家反击，李嘉诚明智地暂缓吸纳。此时，九龙仓集团也已察觉是李嘉诚挑起的战火。

于是，九龙仓的老板马上实行反收购，到市面上高价收购散户所持的九龙仓股，以增强其对九龙仓的控股能力。但当时怡和的现金储备也不足以增购到绝对安全的水平，最后怡和走投无路，为保江山不失，只好打出最后一张王牌，求助于英资财团的大靠山——汇丰银行，汇丰大班沈弼亲自出马斡旋，奉劝李嘉诚放弃收购九龙仓。开始时李嘉诚甚感为难，到嘴的肥肉哪有吐出之理？但审时度势之后李嘉诚认识到，如果不给汇丰这个面子，等于是同时树立了怡和、汇丰两个强敌，而日后长江的发展，还期望获得汇丰的支持。不谈长远，就说眼前，如果拂了汇丰的面子，汇丰必然贷款支持怡和，汇丰要是与怡和联盟，李嘉诚收购九龙仓肯定落空，倒不如卖一个人情给汇丰。李嘉诚决定鸣金收兵，不再收购。

虽然李嘉诚答应不再收购，但是他也不会将到嘴的肥肉白白吐出。当时，李嘉诚知道正欲“弃船登陆”的船王包玉刚也在收购九龙仓股票，并且志在必得。李嘉诚权衡得失，决定把球传给包玉刚，让包玉刚射门——直捣九龙仓。这样做既避免了与九龙仓关系密切的汇丰银行的正面冲突，又使包玉刚领导的华资财团能够顺利取得九龙仓的控制权。

于是，李嘉诚约见包玉刚，开门见山地向他表达了想把手中拥有的九龙仓1000万股股票转让给他的意思。包玉刚求之不得，自然喜出望外。这两位华人商界泰斗经过一番秘密协商，达成以下共识：李嘉诚把手中的1000万股九龙仓股票，以3亿多港元的价钱转让给包玉刚；包玉刚则协助李嘉诚从汇丰银行承接和记黄埔的9000万股股票。李嘉诚把手头剩余的九龙仓股全部转让给包玉刚，包玉刚因此得到了吞噬九龙仓的绝对优势，而李嘉诚这一进一出，也获利5000多万港元，而且还赚到了包玉刚的人情。后来他还帮助荣智健借壳上市，令中信泰富迅速扩张，李嘉诚与荣智健的联手合作，成为股市佳话。“与人方便，自己方便。”不但让朋友挣了钱，自己也有的赚，这样的事，李嘉诚最乐意做，也经常做。这一方面衬映出其仁人之心，另一方面也折射出李嘉诚通晓大义、长袖善舞、料机运谋、长久发达的深谋远虑，而且从长远上来讲也是在为自己编织一张强有力的关系网。

从胡雪岩及李嘉诚的身上，能够反映出中国商人在生意场上左右逢源、机智经营的优秀品质，也使我们更加明确了生意场上一张良好关系网的重要性。时值今日，这些经验对于在竞争日益激烈的市场中求生存、谋发展的当代商人来说，仍具有较强的借鉴意义。

胡雪岩语录

春风育物：掌握一套用人之策略

人与人在表面上看来都一样，无法从表面去辨别一人是贪心的还是清廉的。心与心不大相同，但也难以判断它是真实的还是虚伪的。

一个胸襟宽广的人会包容一切，在他那里没有什么人是不可救药的。他如果总能在每个人身上发现闪光点，那就可以让每个人那一点光为自己所用。就如古人言：念头宽厚的，如春风煦雨，万物遭之而生；念头忌克的，如朔雪阴凝，万物遭之而死。一个杰出人物最大的特点就是能调动起他人内在的所有能力，并让每个人都为其忠心服务。

佛家自我修炼的法门众多，但却可以化繁为简，概括为《佛经》里的一句话就是“诸法无我”。在佛家的法眼看来，芸芸众生因为不懂“无我”的智慧，执著地在“我”字上下功夫，于是，名利、宠辱、贫富、得失便成为千万条缰绳铁索，把自我捆缚得严严实实，没有了一丝的灵性。而“无我”是借脑的智慧，如果一个人能做到无我之境界，那天下人的智慧就可为他所用了。有“无我”之境界才能原谅他人之过失，不记他人之过，那就会使他人有受恩之心。

做到让别人死心塌地替你出力，这确实是一种功夫。胡雪岩怎么做的？很简单，那就是对你敞开胸怀！

话说有个叫朱福年的伙计做事不地道，不仅在胡雪岩与庞二联手销洋货的事情上作梗，还拿了东家的银子去做自己的小生意，也就是俗称的“做小货”，他的东家庞二自然不能容忍。按庞二的想法，他是一定要清查朱福年的问题，狠狠整他一下让他滚蛋的。但胡雪岩觉得不妥，他说：“一发现这个人不对头，就彻底清查后让他走人，这是普通人的做法，最好是不下手则已，一下手就叫他晓得厉害，心生佩服。要像诸葛亮‘七擒孟获’那样使人心服口服，‘火烧藤甲兵’不足为奇，要烧得他服帖，死心塌地替你出力，这才算本事。”

胡雪岩的做法是：先通过关系，摸清了朱福年自己开户头，将丝行的资金私自“做小货”的底细，然后再到丝行查账，在账目上点出朱福年的漏洞。可他也只是点到为止，不点破朱福年“做小货”的真相，也不再深究，让朱福年感到自己似乎已经被抓到了“把柄”，让他心生惊惧。同时，他还给出时间，让朱福年检点账目，弥补过失，等于有意放他一条生路。最后，则明确告诉朱福年，只要尽力，他仍然会得到重用。这一下子朱福年真就感激不尽，彻底服帖了。从此，朱福年彻底断了自己谋私的念头，只为感恩而卖命了。

胡雪岩的这一套做法，实际是从嵇鹤龄讲的一个故事中得到的启发：苏州有一家极大的南北货行，叫“方裕和”。“方裕和”从两年以前就开始发生货物失窃走漏的事情，而且丢失的都是鱼翅、燕窝、干贝之类的贵重海货。方老板不动声色，明察暗访，很长时间才弄清楚，原来是他最信任的一个伙计，也是自己的同宗亲戚与漕帮中的人相互勾结，将店中贵重海货绑扎在店里出售的火把中偷出去，再运到外埠脱手，难怪他在本城同行、饭店中都没有查到吃黑货的蛛丝马迹。

在方老板的逼问下，这个伙计承认了自己的偷窃行为。按规矩，也是照常人的做法，自然要让他滚蛋。但方老板并没有采取普通人的做法，他认为这个伙计能够做到两年之久不被发觉，一定有相当的本事，再说同伙勾结，闹出去要开除一批熟手，还有损信誉，所以决定不仅不要这个伙计“走路”，还加他的薪水，重用他。这样一来，那伙计感恩图报，自然不会再干偷货走私的事情。如果这个伙计的事传出去，他想讨生活就不易了，前面说到的那个李治鱼，不就是因为恶名传出而不能在杭州城混了吗？一个人的信誉在一个行业没了，那他在任何行业都别想吃得开了。

故事中的这个做法，胡雪岩觉得也算是相当漂亮了，但他认为还差一点，他在听嵇鹤龄讲完这个故事之后说：“照我的做法，只要暗中查明了，根本不说破就升他的职，加他薪水，叫他专管察偷漏。”胡雪岩的理由是，做贼是不能拆穿的，一拆穿就留下痕迹。既然他是个人才，自己又能容留他，就不必拆穿他，只让他感恩就行了。

胡雪岩对朱福年的做法正是不拆穿，只是给对方一点警示。

胡雪岩的做法确实更加高明，也更加有效。俗话说，“人怕破脸，树怕剥皮”。人做了坏事，既已被老板揭穿，虽然不给处罚，他也心存感激，但终归落下痕迹而无法相处。对于他本人来说，怕老板不再信任，满怀愧意侍奉老板，做事必不能放开手脚；而对于老板来说，则总想着避开对方的痛处与他相处，心里不免留着疙瘩。如此一来，自然无法再做下去。从这个角度看，既然还当他是个人才，同时还有不能请他走路了事的想法，那还不如给他留个面子，同时又让他心存感激，这样既达到堵漏补缺的目的，还等于救下了一个人，于已于人都是会有好处的。

当然，这种办法只对那种有本事、又有良心的人才奏效，而对那些根本不知道义是什么、唯利是图的人最好让他离开，如果能让他永不得翻身才好呢，这种人如果有翻身的机会，会反身恶咬的。

从延揽人才的角度来看，当然最好是能够有像胡雪岩所说的“眼光手腕两俱到家”的全面人才。腿脚勤快，办事扎实，交待的事情可以为你很稳妥地办好的帮手好找，而既能够稳妥地办事，又能够创造性地办事的将才难求。一个希望有大作为的生意人，在识别人才时，眼睛一定要“盯”在这样的人才身上，一旦遇到，便要不惜代价，使其乐为己用。

然而，“金无足赤，人无完人”，生活中也确实很少有面面都强的全能人才。有魄力的人，可能粗枝大叶；心细的人，可能手脚放不开；老实肯干的人，脑袋瓜子可能不灵活，算盘珠子似的拨一下动一下；脑袋瓜子灵活的，又可能偷巧卖乖，办起事来让人不放心；甚至于有一些人还有特殊的本领，但在其他方面却完全一无是处。

在择人任势上，白璧无瑕、文武全才者固然是最为理想的人选，但现实生活中往往会出现鱼和熊掌不可兼得的情况。这个时候，到底用“有瑕玉”还是“无瑕石’，就看用人者的眼光了。

春秋初期，颍上（颍水之滨）人管仲是古代名相，但他既非完人，也非全才。他曾与少年时代就结识的朋友鲍叔牙一同做生意，管仲因家中拮据，分利时常要多占。后来，他参军打仗，又顾念家有高堂老母，三次临阵脱逃。但是鲍叔牙看出管仲有治国的雄才大略，并不因管仲有某些缺点而全盘否定，当齐桓公姜小白要鲍叔牙担任太宰时，他力荐管仲，管仲先被拜为上卿，后来为宰相。

管仲在桓公手下一干就是40年，他大胆推行改革措施，减少劳役，保护耕畜，使齐国国力大增，并帮助桓公大会诸侯，成为春秋第一个霸主。这个例子说明：“生材贵适用，慎勿多苛求”，用人要做到德看主流、才重一技。

无论在哪个领域，要想有所发展，必定要启用一些非常之人，以其非常之手段推陈出新，否则便会老是在原地踏步，而停步不前就等于后退，势必遭到淘汰。能不为世俗的成见所拘束，吸纳形形色色的各种人才为自己所用，这样才能人才济济。有了人才，事业才能发展，而且在延揽人才的时候，特别要注意那些遭人非议的人，因为“木秀于林，风必摧之；行出于众，人必非之”，越是某方面才能出众的人，他的其他方面的弱点就越容易被人攻击。

国际著名管理专家杜拉克说过：“倘要所用的人没有短处，其结果至多只是一个平平凡凡的现职。”所谓“样样都可以”，其必然是一无高处，才干越高的人，其缺点往往越明显，有高山必有深谷，谁也不可能十项全能。美国南北战争时，北军的格兰特将军是一个嗜酒如命的人，当林肯决定委以他重任时，遭到了大家强烈反对，林肯则力排众议，果断启用，任命这个有瑕疵的人为北军统帅，最终取得了南北战争的胜利。

在企业管理中，常常会碰到一些令人左右为难的事，比如当一个职位出现空缺，需要物色一个理想的人选时，只因不能容人之短而扼杀了人的特定才能，最后的结果必定是平庸的人当选。在这种情况下，我们就应该学习胡雪岩的做法，不拘一格，大胆起用人才。

胡雪岩语录

庸人敛财 智者生财

我有了钱，不是拿银票糊墙壁，看看过瘾就完事。

只有真正懂得钱的妙处的人才会挣到钱。一掷千金的人很多，但不认为这是一种浪费的人却很少。那是因为没有这个能力的人，是不会知道一掷千金所带来的好处的。一掷可能是为人情，也可能是为包装自己，你没有一掷千金的能力、气魄，也就享受不到一掷千金的快乐。

如果你不是很达观，那你一定在夜深人静时问过自己一个问题："我为什么是穷人?"对，你为什么是穷人，因为你每天都在过着麻木的日子，像穷人一样思考。当富人喝着蓝山咖啡时，你不要觉得那个不好，其实富人也不一定就真爱喝，但因为喝它能体现出身份。作为一个穷人为什么不可以这样想：我一定要喝那又苦又贵的东西，我要过那样的生活。这样就会激发起赚钱的动力，富不一定好，但穷一定不好，穷至少显出了一个人是无能的。不要说你在安贫乐道，若是那样你就不会在夜里问自己这个问题了。现在早已经不是陶渊明"采菊东篱下"的年代，如何摆脱贫穷，是每个穷人都在日夜思考的课题。

俗话说偷鸡也要舍把米，当做引诱鸡的本钱。做生意亦是如此，谁敢和没有本钱的人做生意?

由于个人资金有限，最简单的办法便是找亲戚合伙，这就是家族企业盛行的原因。等到有了一些信用，就把朋友的资金也吸引进来，直到做到企业公开上市。买股票的人才不会去管和你认不认识，从事哪一种行业，钱的来路如何，只要你的股票被看好，那么资金就会像潮水一般向你涌来。小本生意自己投资，大本生意必须善用他人的资金，借力使力，力量才会大，原来有钱人是用别人的钱，或许就是我们穷人的钱在发财啊！但不要以为每个人都有发财的机会，那还要看你是否具备那种能力和气魄。如果你还在为谁付吃饭的钱斤斤计较时，那你还是安于本分吧。想当初胡雪岩开办钱庄时，手上没有什么本钱，但他仍然成功地开起了阜康钱庄，这就显示出了他具有不同于一般人的商业头脑以及经营手腕。

据清朝史料记载，到 19 世纪中叶，当时京城已遍布银钱汇兑、金融往来的银号、钱铺、票号、金店，另外，烟蜡铺、布店、酒馆也有兼做银钱储蓄、兑换并发行银票的。当时京城金融业以主管银钱存储的恒和、恒肇等四大恒银号和专理往来汇兑的山西票号最著名，京城“居人行使银票”以持四大恒者“为体面”，而山西票号“交游布官，最为阔绰”。当时金融业的兴旺，由此可见一斑。

胡雪岩生活的时代，虽内忧外患、战乱不断，但由于外国资本主义的经济侵略，也刺激了中国资本主义生产关系的进一步发展，是中国小农经济向近代城市商品经济转型的时期，更何况当时的东南沿海正是商品经济发达的地区。

据史料记载，在已经成为旧中国金融中心的上海，虽然 18 世纪中后期已经有了英、法、美、日等国开设的银行数十家，但钱庄生意仍然是上海金融、贸易的支柱之一，每年在市面上流通的钱庄银票都在 20 亿两以上。

胡雪岩以上海阜康为龙头，在全国各埠广设分号，周转银两“其出入皆以4万计”。

1882年四月，胡雪岩的阜康钱庄因周转不灵倒闭，引发了一场波及全国的金融危机，也对上海乃至东南地区的工业、贸易发展造成严重打击。1883年，英国驻沪领事在发回伦敦的贸易报告中说道：“1883年贸易普遍受损的一个直接原因，是本地钱庄数量的减少。”

无论如何，胡雪岩事业的发展都证明了他的商业眼光准确，他的钱庄从一开张就显出极旺的势头。王有龄在海运局工作不久后外放湖州知府，这让胡雪岩如愿以偿地得到了代理官库的权力。从此他的钱庄也飞速地发展起来，最终成为他驰骋商界，东突西进，建立自己庞大经贸“帝国”的基础。

胡雪岩不是为了有钱而喜欢钱，而是为了用钱而喜欢钱。他认为世界上最痛快的事，是遇到穷途末路的人时，掏出钱来递给他们说：“拿去！”

他从借助王有龄的权势开办钱庄开始，以官商起家，驰骋商场，纵横商海，一步步走向辉煌。他灵活机动，四面出击，做蚕丝生意销“洋庄”，开办药店“胡庆余堂”，贩军火，甚至与洋人做生意，不断为自己广开财路，最后家资巨富，获得巨大成功。

胡雪岩具有亦官亦商的双重身份，但还是以商为主，以官助商，并不高坐衙门，而是始终以经商为本位，借助职衔、封典来抬高身价，增强在商业中的竞争力，获得从商的实惠。也就是说，胡雪岩用红顶子、黄马褂来服务于他的生意，这在中国以儒家文化为主导思想的环境中，实在是难能可贵的。

犹太人之所以能够成为世界上最富有的民族，会赚钱无疑是一个非常重要的原因。他们的价值标准即是金钱，犹太人所谓的“了不起的人物”，是指每天晚上能用银盘子享用豪华晚餐的人。他们认为，那些甘心过贫穷日子而不思奋斗进取的人，既不是伟人，更不值得尊敬。他们认为《圣经》会投放光明，金钱才会投放温暖。

因此，当其他民族还在憎恶金钱时，犹太人已经完成了对金钱文化划时代的超越。于是，在犹太民族中，人与人之间的交往越来越多地发生在市场氛围中，市场经济中的钱取代了自然经济条件下的神。犹太人说的神就是钱，这种观念对资本的积累和增值都起着重要的作用，犹太人自然就成了进军资本主义的急先锋。

正是犹太人的金钱观，激发了他们对金钱的执著追求，使他们成为“专职”的商人，并在人类商业活动中占据了不可替代的位置。

在胡雪岩所处的时代，商人的社会地位是极其低下的，但是胡雪岩不但取得了商业上的成功，而且还以一个商人的身份，获得了朝廷的器重，当上了官，穿上了黄马褂。纵观我国历史上的著名商人，范蠡是先从政，而后经商；子贡自始至终都是一个商人，只不过跟着孔子“混”。可以说胡雪岩是唯一一个超越阶级局限的商人，要知道他所处的时代可是封建社会，虽然是末期，但是阶级观念依然可以称得上是根深蒂固，所以胡雪岩所取得的成就，是令人侧目的。时过境迁，现在的人们已经能理解金钱，并知道金钱是衡量一个人能力的尺子，这就让很多有能之人有机会展现自己。

希望饲料的广为人知正说明了该集团及其业主刘氏兄弟的巨大成功。刘氏兄弟的希望集团在美国《福布斯》杂志举办的2001年度中国大陆私营企业排行榜上名列第一，拥有83亿人民币的净资产。弟弟刘永好还担任了全国工商联副主席的职务，中共中央政治局常委吴邦国为“希望城”题写城名，这些都代表了刘氏兄弟金钱荣誉外的社会地位和影响力。

可以说刘氏兄弟都受过良好的教育，在创业之前都有一个稳固的“铁饭碗”，但那也只是一个“铁饭碗”，他们想要的是一只“金饭碗”！一开始，刘氏兄弟是从育雏鸡、养鹌鹑做起的。当刘氏兄弟创办第一家饲养鹌鹑的公司时，他们全部的资产仅有1000元人民币，可他们就是用这1000块钱创造了辉煌。精明的刘氏兄弟找到了一条健康循环的经营生态链：用鹌鹑的粪便去喂猪，再用猪的粪便去喂鱼，用鱼沙去喂鹌鹑，并用计算机控制生物链。他们这种合理利用资源，加快产业循环的科学经营理念，推动着他们的企业脱颖而出，在很短的时间内发展成为了私营企业中的佼佼者。

庸人做生意，手中的钱只会越变越少，而且他们也只能眼睁睁地看着却束手无策；只有真正的智者，才会通过用心而巧妙的经营，让手中的钱发挥出最大能量，以钱生钱。这是少数人与多数人的最大区别，千万不要小看了这批少数人，因为正是他们在主导着经济的发展。

胡雪岩语录

取舍之间 别有天地

不得志的时候，自觉埋没英才，满腹牢骚，倘或机缘凑巧，大令其发，却又更坏！

一种选择就是一种命运。当一个人充满信心地选择了一条可能成功的道路时，决定成败的就是他前进的决心以及耐力了。当然选择不应是盲目的跟进，更要有独创性和预见性，而不能只凭一时冲动。

坚定性是指为实现某一目标或某一目的而不屈不挠、坚持不懈地克服困难的意志品质。具有坚定性品质的人，能够按照客观规律进行活动，不为暂时的挫折所击败。他们有顽强的毅力，总是充满信心，以充沛精力为其确立的目标奋斗；他们善于总结经验，不为不符合实际的愿望所驱使，也不为被实践检验过的无效方法所束缚。

与坚定性相违背的意志品质是执拗和动摇性。执拗的人对自己行为目标的重要性和正确性缺乏认识，尽管事实已证明了自己的行动是错误的，但仍然坚持己见，所谓“我行我素”就是指这种人。动摇性的表现是在学习、工作和生活中没有韧性，一遇困难就垂头丧气，动摇妥协，轻易改变或放弃计划，这种人做事往往是半途而废。执拗和动摇性都是不利于事情成功的消极的意志品质，这就像孔子说的，“暴虎冯河，死而无悔”，这种人是永远不可能成功的。

那些有所成就的人总是为自己定下远大的目标，就像刘邦见秦王出巡就要取而代之一样，他一生也就是为这个目标奋斗的。而小伙计出身的胡雪岩梦想的就是要有自己的钱庄，要成为有钱人，他一生也是为了这个目标而活的，即使是在他可以当官的情况下，他也没有放弃经商，因为他喜欢钱胜过顶戴。

当初的胡雪岩踌躇满志，一心想要踏足商界，成就一番事业。他首先深刻地思索了为什么有的人能够成功，而有的人却失败了。他认为这些人之所以失败，很重要的一个原因就是他们没有一个远大的抱负，没有找到适合自己的位置。因此，胡雪岩要做的第一件事就是自立门户，要开创属于自己的一片天地。树立自立门户做老板的意识，其实也是一种强烈的自主意识，这种自主意识体现出一种不肯甘居人后的强烈的进取精神，也体现了一个人敢于冒险开拓的超人魄力。这种自主意识，也正是成功商人必不可少的素质。

但是光有这种想法与魄力还是不足以成事的。话说胡雪岩幼年即入钱庄，从倒便壶提马桶做起，仗着脑袋灵光，机敏能干，没几年就爬到“档手”位置，少年得志、风流倜傥，日子过得十分安逸。那时的他胸襟开阔，手笔恢弘，胆识过人。要是他也和其他钱庄档手般目光短浅，胸无大志，恐怕下半辈子也不过是继续在钱庄里打工，成为钱庄的一个好伙计罢了。但是胡雪岩与他们不同，他还有一个无比强大的内在动力，那就是开创一片属于自己的天地，成为一流的大商贾。

胡雪岩幼年亡父，家贫如洗，很小就到钱庄当学徒，由于他勤快聪明，熬到满师便成了信和的一名伙计，专理跑街收账。当他看到王有龄时就知道这是一“奇货”了，与在他身上投资相比，自己眼前这份看似不错的钱庄工作，简直就是不值一提，因此他毫不犹豫地把钱给了这个落魄的公子。因此一举，他不仅丢掉了钱庄的差事，还使自己在同行中“坏”了名声，再没有钱庄敢雇佣他，最后只能是打零工糊口。但是胡雪岩这次的投资很快有了回报，王有龄得到胡雪岩资助后进京捐官，很快便得了浙江海运局坐办的肥缺。王有龄知恩思报，一回到杭州就四下里寻访胡雪岩的下落。

重逢王有龄，这时的胡雪岩面临着两个选择：一是留在王有龄身边，此时的王有龄需要帮手，王有龄也特别希望胡雪岩能够留在衙门里帮帮自己。而且在适当的时候，胡雪岩还可以捐个功名，以他的能力，在官场中肯定会有腾达的时候。另一个选择是回信和钱庄，信和“大伙”张胖子收到王有龄还回的五百两银子之后，为了拉拢有官场靠山的胡雪岩，准备让出自己“大伙”的位子，他到胡雪岩的家里，恳请胡雪岩重回信和，甚至将胡雪岩离开信和期间的薪水都给他带去了。这也可以看出他们多么不了解胡雪岩，如果他只是想当个钱庄的二老板，他当初干嘛要冒这样大的风险去帮助王有龄呢？以他的能力，只要有耐心，等上两年也就当上了，可是胡雪岩有他自己的打算啊！

上面这两条路胡雪岩都没有走。混迹官场本就不是胡雪岩的兴趣所在，他肯定不会走前一条路，帮王有龄他自然不会推辞，但最终还是要干出一番属于自己的事业；而回到信和也就是胡雪岩说的“回汤豆腐”，这“回汤豆腐”做得再好也不过做到“大伙”为止，总归是一个“二老板”，并不能事事由自己做主。

“自己做不得自己的主，算得了什么好汉?”胡雪岩要自己做主，开办自己的钱庄。事实上这时的胡雪岩身无分文，不过他料定王有龄会外放州县，他计划着，先筹措几千两银子把钱庄的架子撑起来，到时候就可以代理官库银钱往来，只有那样才会发达。

这就是气魄，一种强烈地要在商场上自立门户、纵横捭阖、开疆拓土、驰骋一方的气魄。当然一个人还是要清楚自己有多大的能力，如果只看人家发达就依样学样，那也是不行的。而这种自知更是一种能力，那就是懂得取舍，明确的知道什么东西对于自己来说才是最重要的。

做企业同做人的道理是一样的，也必须明确取舍，只有非常清晰地知道自己能做什么，不能做什么，才不会对企业的发展造成阻碍。要知道，有时候一个错误决策是能毁掉一个企业的。

美国的山德斯联合公司是美国新泽西州最大的工业企业，在精密国防电子装备、商用电脑绘图方面均居领先地位，但是他们在投资商用电脑终端机时却遭到了失败。

20 世纪 60 年代末，山德斯联合公司决定生产用于预约业务及账务系统的商用电脑终端机。这一新的投资项目与原来已经成功的雷达、电子组件及反潜战系统等业务大不相同，它需要在消费者面前与 IBM 之类的大公司进行竞争。但该公司长于为国防方面买主提供精致细密的高级产品，可是商用品的买主并不重视精密细致，而是重视使用的方便与否，这就注定了山德斯联合公司的失败。后来山德斯公司又发展了电脑辅助设计和电脑辅助制造系统的终端机，结果也都失败了。正如公司董事长包尼斯所承认的：“我们选择了错误的行业。”

山德斯公司就这样在经过几年的失败、摸索之后，终于找到了问题的症结所在，他们发现，他们所生产的终端机质量水平是相当好的，但他们缺乏行销和服务技巧。再加上由于他们的产品设计十分出色，因而被许多厂商所仿冒。

于是，山德斯公司重定策略，扬长避短，又重新集中力量发展军事方面产品的业务，制造电子武器，如指挥与控制体系、海洋追踪监视系统以及电脑测试装备等。并且积极开发新产品，耗时两年，研发出了一种新的商业产品——互动制图器，这次的情况与之前在商用电脑终端机上投资失败的情况大不相同，公司以高科技战略，很快挤进电脑绘图器这一市场已经发育成熟的行业中。到 1984 年，山德斯联合公司的新策略有了收获，绘图器系列产品的营业额达到 25500 万美元，纯利润 2500 万美元；在国防电子产品方面，年销售收入接近 5 亿美元。

进军自己并不擅长的领域而失败后，作为大企业的山德斯联合公司，没有逞匹夫之勇，硬要拼个你死我活，而是冷静地进行分析研究，找到症结之所在，毅然地壮士断腕，干脆利落，恢复并发展自己的优势，从而反败为胜。

还是那句老话，放弃比争取更需要智慧。

深谋远虑：营造无形之势

胡雪岩语录

自己做生意，都与时局有关，太平盛世，反倒不见得会这样子顺利。由此再往深处去想，自己生在太平盛世，应变的才具无从显现，也许就会庸庸碌碌地过一生，与草木同腐而已。

每个人的际遇各有不同，有运好的时候，有运坏的时候，在各种不同的境遇中，自己又如何能要求好运一直在你左右呢？也就是说好运不会永远伴随着你，你只有不停地自我超越，有危机感，才能一直向前。所谓人无远虑必有近忧，当你不能为生活想得远时，那生活就会把你抛得很远。

胡雪岩的阜康钱庄开业这天，信和钱庄的大东家和档手张胖子、大源钱庄的大东家孙德庆以及鸿财钱庄的档手等一批名闻苏杭、富甲江南的钱庄业巨头纷纷前来贺喜。他们“堆花”的存款都有好几万，而那些散放在柜台上的贺银更是不要说了，其余贺喜的同行也络绎不绝，钱庄门前车水马龙，直引得行人驻足观望，纷纷猜测，为什么杭州城一个小小的钱庄“伙计”开钱庄会有此等风光呢？其实这全是靠胡雪岩巧妙地在王有龄身上和钱庄“大伙”身上的投资所换来的成果。通过对王有龄的投资，大家都知道胡雪岩在官场有朋友，今后难免会有事相托，同时又加上他人缘极好，同行中都认为他是个诚实、守信用之人。

等到客人宴罢离开，胡雪岩又开始盘算开业的情况，虽然来了个“开门红”，看起来情形不错，但他感觉这是常人走的老路，做生意第一步最重要，不是谋名就是取利，只有走准了第一步，以后的生意才会水到渠成，不断做大。胡雪岩低头暗自思忖了好一会儿，明白做钱庄生意的第一步就是要闯出名头，要让人感到在你这里存钱不但安全，而且还有利可图。

如果能做出名气，即使刚开始成本高一点也无妨，以后肯定能财源滚滚。但是怎样才能尽快闯出自己的名头呢？不愧是在钱眼里翻跟头的人，胡雪岩头脑中灵光一现，立刻把总管刘庆生找了过来，要他开立十六个存折，每个折子存银二十两，一共三百二十两，挂在自己的账上。

胡雪岩拿起给巡抚姨太太的折子，这个姨太太就是先前那个李治鱼的未婚妻，胡雪岩为得到李治鱼这个人才，硬是拆散了人家。然后叫来一长相英俊的小伙计谢青，立刻给抚台府邸送去，并嘱咐务必见到姨太太且讨个回讯。

谢青来到抚台府邸，下跪请安后，从怀里掏出折子递过去。玉菡疑惑地打开折子，见自己名头下存银 20 两，不禁惊讶道："我从未存过你家钱庄，别是弄错了吧？"

谢青说是胡老爷吩咐，这 20 两银子是敬送夫人的薄礼，夫人若体恤我们钱庄，有不急用的银钱可存入庄里，利息优厚，取用方便。

姨太太见了这样漂亮的伙计，又想到这样会办事的东家，就拿出一张 500 两的银票交给谢青。谢青回到钱庄，回复胡雪岩。胡雪岩见这招如此管用，于是命伙计分头去送折子。没过两天，果然投砾引珠，各家官眷纷纷来投桃报李，把各种私房钱都存入阜康钱庄，少则几百，多则几千上万。

胡雪岩找的这条门路，不仅聚集了一大笔资金，而且挣得了一块天大的面子。此后，人人都知道阜康钱庄与衙门上上下下关系密切，便都更加眼相看。名气一响，生意也就自然兴旺起来了。

胡雪岩就像是一大鳄，这点名气他根本就没有满足。正在这时，朝廷决定分派官票。为了使发行顺利，户部规定各省布政司衙门，每省必须吃下官票若干。然后，再由各省布政司衙门，通令省内钱庄或票号等民间金融机构，强行分摊，全数吃下官票。也就是朝廷凭空发行纸钞（即官票），强制兑换民间现银。

这事让下面的钱庄很是为难，谁都知道纸不当钱花，再说官家的事情谁知会有什么变化呢？但胡雪岩心里已经拿定了主意，他认为越是乱的时候越有机会，凡事有其弊必有其利，最关键的是，只要能抓住有利的一面，就会永赚不赔。他对刘庆生说："朝廷发放这种官票，只不过是想聚敛银两，充实军饷以对付长毛。我看长毛胜则弥骄，败则气馁，不得人心，甘于守成，必不能成大器。现今官兵得西洋利器相助，长毛必败无疑，因此，无论亏盈，我都要帮官兵打赢这场仗。只要官军铲除了长毛，世间太平，朝廷必将感激。到时候无论做什么生意，朝廷必将一路放行，这哪有不发的道理？记住，做生意要将目光放远，生意做得越大，目光就要放得越远。不要怕投资过大，只要能用在刀刃上，投资都会收到事半功倍的效果。因此做大生意一定要看大局，你的眼光看得到一省，就能做下一省的生意；看得到一国，就能做下一国的生意；看得到国外，就能做下国外的生意；看得到天下，就能做天下的生意。"

两天后，杭州钱庄同行开会，商讨如何处理上头交下来的二十万两"户部官票"，杭州城里大大小小钱庄老板无不哭丧着脸。那次同业聚会胡雪岩没有参加，但他事前明白告诉了 档手刘庆生要帮助朝廷对付起义军，因此刘庆生在众人犹豫观望之际，主动站出来一下子认购两万两。当时杭州城里加上新开业的阜康，共有大钱庄九家，小钱庄三十三家，按大钱庄一份，小钱庄一半，阜康一下子就挂了头牌。在阜康的带动下，各钱庄认购踊跃，结果二十五万两的“户部官票”还不够分，在兵荒马乱的年月能出现如此景象，实在难得。阜康的行为不仅得到了同行的赞赏，还得到了朝廷的褒奖。

也正是因此，阜康这块招牌一下就在官商两界响亮起来，在阜康钱庄转兑、私蓄的朝廷官员也越来越多。胡雪岩聪明、能钻，这是商界对胡雪岩的共同评价。事实上商界也是弱肉强食、适者生存，谁能钻善算，谁就是“适者”。

胡雪岩的深谋可谓远矣，但这主要是在他会看世事，如果没这本事也做不了大生意，换成普通人谁会把钱给素不相识的王有龄，谁又能看到起义军会的失败？正是他深谋远虑的智慧，才成就他的传奇。

王永庆是台湾著名的实业家，他经营的台塑集团是台湾岛内最大的企业。王永庆在做生意的时候，常常会采取一些其他商人想不到的做法。

王永庆认为，在经济萎靡之时投资新的项目，此时建厂的成本较低，可以增强产品的竞争力。而且经济形势的好坏，大都遵循一定的周期运转规律。兴建一座现代化工厂约需一年半到两年的时间，在经济不景气时建厂，等到市场逐步恢复，刚好建成投入使用，就会在市场竞争中处于有利地位。

20世纪80年代初，美国的石化工业普遍不景气，石化工厂纷纷停产、倒闭，那些苦苦支撑的企业也是紧缩财政支出。而王永庆偏偏反其道而行之，他派人赶到美国的德克萨斯州去兴建大规模的石化工厂，不久，又向美国几个大公司购买了2个石化工厂与8个聚氯乙烯加工厂，这在别人看来简直是寻死路。

然而事实证明，王永庆此举确实是棋高一招。工厂兴建没多久，石化工业在美国政府的干预下开始复苏，聚氯乙烯及其附加制品开始供不应求，王永庆的投资眼光也在这一次的投资行动中为世人所称道。而他的另一次投资更是让人叹为观止。

1985 年是台湾经济最不景气的一年，各种指标都显示台湾经济陷入低谷，企业界的投资意愿普遍低落，各大企业纷纷裁员以渡危机。

然而，在这年 4 月召开的南亚塑胶公司的股东大会上，王永庆却出人意料地宣布：目前是投资的最佳时机，南亚公司将在未来的一到两年之中，计划投资 47 亿元，发展信息电子工业。此言一出，顿时一石激起千层浪，人们纷纷怀疑他仅是在造势而已，未必真会启动这一计划，但王永庆又一次让众人跌破眼镜，计划以最快的速度开始实行。当然这个计划为王永庆再一次带来了巨额财富。

在选择投资地区时，王永庆的看法也是很有见地的，而且其行动的果断更是其他人所不及的。

除台湾外，他还积极向海外投资。最开始，他曾选择东南亚的一些国家，如印尼、泰国等，但由于这些国家有的盛行排华主义，有的政局不稳，而且国家保护主义盛行，投资并未收到很好的效果。在这种情况下，王永庆毅然决定将对外投资的重点放在竞争激烈而且成本较高的美国市场上，这一冒险的举措同样给他带来了成功。

1989 年，在大陆和台湾关系还处在较为紧张的时期，王永庆却果断地做出决定，在大陆投资建厂，全力发展石化企业。这在当时的台湾岛内引起了极大轰动。在他的这一举措的带动下，台湾的一些中小企业纷纷登陆内地市场。

王永庆的智慧与勇敢带动了台塑集团的发展，台塑集团的资本额已超过了 1000 亿元，发展成为一个跨国大企业。与此同时，王永庆的个人财富和声望在台湾也达到了无人能及的地步。

冒险不是盲目，而是经过深思熟虑，通盘考虑，能预见到成功的结局。这也证明了那句话，思考的人是成功的人。

第四篇／巧妙行事　利在无形

胡雪岩语录

做生意就怕心不齐。跟洋鬼子做生意，也要像茧行收茧一样，就是这个价钱，愿意就愿意，不愿意就拉倒。那样洋鬼子非服帖不可。不过人心不同，各如其面，但也难怪，本钱不足，周转不灵，也只好脱货求现，除非能把所有洋庄都抓在手中。当然，天下的饭，一个人是吃不完的，只有联络同行，让他们跟着自己走。

结寡成盟 共进共退

我们知道没有任何一个人可以独立存在于这个社会中，也永远不可能只凭着一已之力而有不凡建树，所以做事情一定要有一个相互帮助的集体。而对于一个行业来说就要有一个共同的理念，这样在碰到外来冲击时才可能抵御得住，所以同行之间应是合作关系而不是竞争关系。谁也不可能把一个行业的钱全挣走，所以一种联盟在商业上是必须的。

只有同盟才可以做到同进同退，这不仅是对一种行业的保护，也是对自身的保护。在商言商，胡雪岩自然明白商人结盟、互助互惠的道理。湖州南浔丝业“四象”之一的庞云缯就是胡雪岩生意场上的密友之一。庞是当时的望族，鸦片战争以后，列强各国把中国当作农副产品和工业原料的供应地，南浔辑里湖丝大量外销，胡雪岩在同治年间也开始做丝生意。

钱庄出身的胡雪岩对丝业是外行，于是，他寻求身居湖丝产地、对生丝颇为内行的庞云缯的合作。两人携手，资金充足，规模宏大，联系广泛，从而在丝业市场上所向披靡。当然，合作是互惠的，胡雪岩做丝生意得到庞云缯的帮助，反过来他也向庞云缯传授经营药店的经验，后来，庞氏在南得开了镇上最大的药店——庞滋德国药店，与设在杭州的胡庆余堂关系密切。

提起胡雪岩大力倡导同行合作的事迹，就不能不提起他有名的一项豪举，那就是联合江浙一带的丝蚕生意同行，共同抵制洋商的低价收购，以保护丝农的生计，这是他经商生涯中最辉煌的一笔。尽管他本人为此承受了不少损失，但却大大打击了洋商势力，为民族资本争了口气。

胡雪岩非凡的胆略和高明的见识，是促使他下决心联合同行垄断丝蚕的重要原因。胡雪岩在湖州收到新丝运到上海之后，并没有急于脱手，其实就他当时的状况而言，他是应该尽快脱货求现的，因为他的钱庄刚刚开张不久，并没有多少可以周转的资金。但他仍然将这批生丝囤积起来，他没将这批生丝马上脱手的原因，除了洋商开价不够理想之外，更重要的是他要联合同行控制洋庄市场的条件还没有成熟，他运到上海的生丝数量很少，实力还不足以与洋商讨价还价，他必须联合同业才能与洋商抗衡。因此，自己宁可暂时压下一笔资金，也不愿意让自己的筹划落空。

对此，洋商们是见招拆招，决定以其人之道还治其人之身。他们放出风声，说胡雪岩的生丝他们是不会收的，即便是低价卖给他们也不收，而其他省份的生丝他们大量收购，收购价偏高，并且可以当场付清银两。

这一举动对胡雪岩来说无疑是致命一击，如果洋商真的从别的省份收到足够的生丝，哪怕只够维持一个月的生产，对胡雪岩来说也是致命的，自己不能加工，而且生丝也不宜久放，否则质量会变坏。

但胡雪岩天生就是做大事的料，事到临头，仍然能够气闲神定，他并没有漫无目的地四处乱撞，而是首先拜访了上海名宿陈正心。胡雪岩指出，中国之所以与洋人做生意总是吃亏，就在于人心不齐，人心不齐又在于没有主心骨，没有一个可令大家信服的人。胡雪岩称，陈老前辈乃今日上海之名宿，登高一呼，必能应者云集。

陈正心被胡雪岩的话深深打动，于是广发请帖，召集上海各商行老板，就胡雪岩的做法征询众商行老板的意见。一石击起千层浪，各商行老板抱怨个不停，既埋怨洋人贪得无厌，又恨上海没有胡雪岩似的人物。陈正心见火候已到，便把桌子一拍当即表态，要出来领头与洋人抗争。

但也有一些人觉得这件事没那么简单，如果与洋人斗法翻了船，那又怎么办？自己的损失谁来承担，这绝不是说说就可以解决的。

陈正心知道人们会有这样的想法，便信心十足地向大家表明，跟洋人斗法是下定决心的，他决定把大宗款子用来做生丝生意，而且价格和洋人一样。为了让大家没有后顾之忧，他又将胡雪岩引荐给众商人。胡雪岩分析了何以洋人越来越富，而国人越来越穷的原因，其根本就是我国人心不齐。在这些事关民族利益的生意上，从商之士理应同心协力，同舟共济，而不应互相猜忌，彼此拆台，只要大家一条心，联合起来把生丝压一段时间，洋人们的厂没米下锅，那么生丝的价肯定会上去。

就这样，胡雪岩对上海的同行晓之以义，诱之以利，想办法把生丝都抓在手里，联络同行一致对外，而对于那些想脱货求现的人，他也开出“只要不把丝卖给洋人”的优惠条件。虽然有些人怀疑胡雪岩的用心，但不可否认的是，在几件事的处理上确实显示出了他能急朋友所急的义气，而且在利益问题上态度很坚决，显然不是为了几个钱而奔波。这使得大家逐渐明白，在丝生意上联手，主要是为了团结自己人一致对外，有生意大家做，有利益大家得，不要互相拆台，不能把好处给了洋人。

洋人收不到丝才意识到事情的严重性。他们曾经想私下分化拉拢，对某些商行许诺以高价，然而却遭到拒绝。那些商行的老板告诉他们，如果他们私下把丝卖给洋商，会受到同行的谴责，而且还会背上卖国的罪名。

洋商们知道除了同胡雪岩当面谈之外，其他方法都是行不通的。加之国内生产厂家的告急电报雪片般地飞来，使他们不得不给胡雪岩一个公平合理的价格。这一仗打下来，不仅胡雪岩净赚了18万两银子，而且也给江浙、上海的丝商们带来了可观的收入，最重要的是胡雪岩拒绝低价生丝，阻止洋商在中国开办缫丝厂，因而给中国的广大中小蚕农留下了一片生机。

从上面这个故事可以看出，如果不是胡雪岩联合同业，就不可能取得这样的成果，这不仅是对生丝行业，也是对国家的义举。

人们常常用“同心同德”这个成语来形容众人为同一个意愿、同一个目标而努力的决心。这个成语来自《尚书·泰誓》，在周武王诛讨纣王的誓词中记载：纣王纵使有成亿成兆的百姓，但他们同你离心离德，也是不起作用的；我哪怕只有治乱的十名臣子，可是他们与我同心同德，就一定会取得胜利。战场上要想有胜算，就需要所有将士的同仇敌忾，同样的道理，处于商战中的企业要想立足和发展，也需要所有人员的同心同德，而领导者的领导才能在这一过程中发挥着至关重要的作用。

纵观李嘉诚成功的一生，正是因为他坚持“利益共享”的行动准则，才成就了他今日华人首富的地位。李嘉诚始终认为有钱大家赚，利润大家分享，这样才会有人愿意合作。他以塑胶起家，后来一路发达，被大家推举为香港潮联塑胶业商会主席。由于他在塑胶业内的名声越来越响，实力也日趋强大，他的成功使得越来越多的人参与到塑胶这一行业中来，于是一股塑胶热在潮商中兴起。但是李嘉诚并没有只顾自己发展，他不断地对潮籍同行给予援助，在他担任潮联塑胶业商会主席的时候，他一直尽力而为，没有辜负任何人，做了许多令人称颂的好事。

1973年中东战争爆发，从而引发全球性的石油危机，使得塑胶原料的价格直线攀升，从年初的每磅六角五分，到秋后上升到每磅四至五港元，而香港的塑胶原料全部依赖进口，这使香港的塑胶业更加泥足深陷。因此，塑胶制造业内一片混乱，危机重重，大有崩溃的趋势。

而塑胶原料价格暴涨的根本原因，是因为进口商的垄断提价，而不是石油危机本身的缘故。香港原有的进口商充分利用本地生产厂家由石油危机引发的恐慌，一致提价实行价格垄断。

相对应地，李嘉诚提出建议，由数百家塑胶厂入股联合成立塑胶原料公司，从国外直接进口原料，从而打破进口商的垄断。

这个建议很快见到成效，以前单个塑胶厂的需求量太小，无法从国外直接进口，而现在的联合塑胶原料公司需求量比进口商还大，与国外原料商很快便能达成交易，因此这些厂家便购得了便宜得多的塑胶原料。而自从有了厂家联盟，进口商的原料垄断再也维持不下去了，于是不得不降低价格。至此这场几乎危及香港整个塑胶行业的原料危机，就这样在行业联盟的强大威力面前消失了。

所以在商业社会没有一个人可以独立地取得成功，道理很简单：钱不是一个人赚的，只有同行间的相互扶持，才可能使一个行业兴旺。谁想吃独食并想贪一己之利，一定会被踢出千里之外。

人要识潮流，不识潮流，落在人的后面，等你要赶上去，已经来不及了。

暴虎冯河 通晓退避

孔子是真正的成功学大师，他从不逞匹夫之勇，他的生存就是为目的服务的。孔子的学问中，智、仁、勇三个字是相连的，真正的“勇”，一定有智有仁；真正的“仁”，一定有智有勇；真正的“智”，也一定有仁有勇，三者不能分开。

他认为一个人应是“临事而惧，好谋而成”。所谓临事而惧，是指为了不失败，所以要考虑周详；等事情终于来了，则“好谋而成”。意思是说，遇到事情不要害怕，要懂得通过自己的思考运用智慧，各方面都设想周到，促其成功，这才是成功人士的基本素养。

一个人的智慧不仅是看他能得到什么，还要看他能够放弃什么，有时放弃比争取更能见出一个人的智慧。有的人为获取权力一味钻营，不给自己留喘息的机会，可也许对于他来说得到这个权力并不是好事，因为他不能胜任，但问题在于有些人可能永远都不知道自己真正想要的是什么。这就像长得难看的女人要用大量化妆品，本来不打扮还不会让人注意到她的丑，因为这样做作反倒让她成了笑话，可让一个女人放弃打扮，那她得有怎样的襟怀？从没有一个女人觉得自己是真的丑，也没有一个男人以为自己是真的蠢，所以世上才多了很多平庸之人。

所谓权力与妆容都是面子的问题，有些人为了面子，恨不得为个虱子烧个袍子。刘备为报关羽之仇毁了自家江山，现在看来他不是讲义气，而是因为关羽的死伤了他的面子。本来他就不是个会领兵打仗的人，但却逞一时之义气，最后让他辛苦得来的江山就成了别人的囊中之物。当他是弱者时他还能得到好处，可惜他得到了别人给打来的江山，却想到了自己那可怜的面子。

前面我们就说过胡雪岩是真正领会儒家精神的商人，在他刚出道时就显出了这种气度。王有龄用胡雪岩捐助的五百两银子捐官成功后，回到杭州得知胡雪岩却为此丢了饭碗，落魄不堪，他顿时怒火中烧要为胡雪岩洗刷冤屈。他弄清了借据的内容、利息算法，立即就在海运局支了六百两银子，他穿上官服，吩咐跟班备轿，让人准备鸣锣喝道，拉上胡雪岩一同去还钱。按他的想法，自然是要以自己的威风为胡雪岩争一争面子，顺便也替他出一口恶气。

胡雪岩是个真正的智者，他婉拒了王有龄的好意，他知道这才是万里长征第一步，决不能在一开始就给自己立敌人。他不去的理由很简单，当初将他开除出信和的是张胖子，如果此时他和王有龄一同前往，势必让张胖子非常尴尬，大失面子，这是胡雪岩不愿意看到的事情。他不仅不与王有龄同去，而且还叮嘱王有龄捧信和几句，更不要告诉他们他已经见到了胡雪岩。这使王有龄对他的做法不禁赞叹道："此人居心仁厚，至少手段漂亮。换了另一个人，像这样可以扬眉吐气的机会，岂肯轻易放弃？而他居然愿意委屈自己，保全别人的面子，好大的度量!"

胡雪岩知道自己想要的是什么，过去他能冒着风险给王有龄银子，可不是只图一时威风的，他想走得更远，但长路漫漫，他一定要少给自己设障碍。

王有龄理解了胡雪岩的用心，单独去还这笔借款时，也做得漂亮。他特意换上便服，也不要鸣锣开道，且将官轿换成一顶小轿到了信和。由于信和当初就将这笔五百两银子的单子当作一笔收不回来的死账，因此他们并没把胡雪岩代王有龄写的借据当一回事，不知随便扔到哪里去了，此时王有龄来还钱，居然遍找不到。当钱庄张胖子将此情况据实相告之后，王有龄不仅没有为难他，而且二话没说，拿出该还的连本带息550两银子，只要求对方写一个已经还清的凭据，至于原来的借据，以后找到，销毁就是了。

商场上保全别人的面子，规避一种强势，就是给自己修一条坦途。所谓“饶人一条路，伤人一堵墙”，说的就是这个道理。别的不说，这一次为张胖子保全了面子，就使张胖子对胡雪岩不胜感激，在其后胡雪岩的创业过程中，真心实意以自己掌管的钱庄的力量，为胡雪岩解决了不少难题，这其中有为海运局垫付漕米款项，有出面为漕帮做保向“三大”钱庄借款使漕帮渡过难关……

不骄傲，不以势凌人，这样会收到很多人的真心回报。所以，回顾胡雪岩的成功历程，气量实在是一个不可轻视的因素。

有时风光是一种诱惑，问世间又有几个人能抵得住这种诱惑呢？有时我们为了诱惑付出了怎样的代价呢？刚开始的诱惑是那枚苹果，后来是玛蒂尔德那串要她付出十年青春和劳作的项链，这两个错误都是女人犯的。而在商界中同样有那么多男人抵挡不了金钱和荣耀的诱惑，注意我这里是说荣耀而不是荣誉，荣耀是用来炫耀的，可冥冥中总有一双手在掌控着世界，从没让那些不切实际的炫耀得逞过。

俗话说“罗马城不是一日建起来的”，一日建成的罗马肯定是不值得欣赏的，现代企业的经营也是一样。企业的成功需要付出艰苦的努力，绝不是三两日之内就可以达到的。在企业发展的道路上，时时都会面对许多诱惑，若经营者没有足够的耐心和毅力，急于求成，轻率行事，不但目标难以达到，而且还有可能前功尽弃，付出惨痛的代价。

成立于1994的三株公司，注册资金仅为30万元，而到了1997年底，其净资产已高达48亿元，4年间增长了16000倍，而且资产负债率为零。这一速度是其他企业望尘莫及的，等于是放了颗卫星。然而在1998年，“三株”这个保健品行业的龙头老大却悄无声息地倒下了。它匆匆地来，又匆匆地去，衰落之快令人惊讶，而这种快法更是令人瞠目。

其实，冰冻三尺非一日之寒，在三株公司快速成长的同时，企业管理上已经出现了很多的隐患。从根本上来看，三株公司的成长速度超过极限，急剧扩张放大了企业组织存在的缺陷，过度的市场投机心理、频繁的人员流动、过高的广告营销费用、感情化的投资决策、运动化的管理方式等等，都使这个大厦轻轻一击就会倒塌。

欲速则不达，三株公司受不了一时利润的诱惑，盲目扩大生产规模，导致留下种种病根，最后反而前功尽弃，走向失败。

而另外一个案例则更是为企业发展敲响了一个警钟。

1990年3月，秦池酒厂在山东省潍坊市临朐县注册成立。经过5年的发展，秦池酒厂实现利税3588万元。同年，秦池斥资6666万元夺得1996年中央电视台的广告“标王”，成为“标王”之争中的一匹黑马。这一轰动效应给秦池带来了丰厚的利润，使秦池得到了长足的发展。

让人遗憾的是此后秦池没有注重提高产品质量，同时缺乏对白酒市场现状和前景的分析，盲目地扩大生产规模，而且为了满足市场需求，秦池酒厂用从四川购来的原酒勾兑白酒销售。虽然勾兑是白酒行业普遍采用的一种生产方式，所购原酒也经专家严格挑选，但这就像是高级时装换成了批量生产，失去了它原有的韵味。

接着，秦池又以3.2亿元的天价夺得1997年“标王”。正当秦池期待着“标王”效应再为他们带来滚滚财源时，一些新闻媒体披露了秦池大量勾兑白酒出售的事实，消费者很快就表示出对秦池的不信任，因而“秦池”酒销量急剧下滑，产品出现积压。但是因为投标花了大量资金，秦池已经没有能力打破僵局，只得承受曝光带来的巨大损失。

中国企业最容易犯的错误就是过于在乎响亮的名气，认为名气有了，一定会带来财富。而他们对财富的追求又是过于急功近利，谁让中国人经过了那样一段漫长的贫穷岁月呢？因为这段时光让太多人急于想得到财富，而没有想过为获取财富打下一个稳固的基础。他们对于财富的认识大多是要以冒险精神来获取，但又少了鲁滨孙那种快乐的精神，最后只能是欲罢不能，反噬自身。

其争也君子：给人活路，存己财路

机会是要靠大家双手捧出的。所以你就要为大家提供机会，大家也会为你提供机会，这也就是机缘。

子曰："君子无所争，必也射乎。揖让而升，下而饮，其争也君子。"从这里我们可以看到孔子不是无所争，而是要像君子一样地争。因为人之所以不同于生物界中其他的动物，就是在于拥有特有的一种文化精神。圣人认为不是不争，而是应如何争，而且他认为不论于人于事都要争，但要争得合理，要争得有君子之风。而这种处世之态度也正是强者所以强的原因。

我们都知道莎士比亚名剧《威尼斯商人》中那个可恨的夏洛克，他为了想得到那不仁的财富，竟想要割人家的肉，结果却输给了文字，这也许是上帝给他的惩治。所以一个商人可以用任何方法赚钱，但万不可有欺人之心。一旦恶念起，那你就不是在和人斗了，而是在和神斗。不只是在中国，在世界任何地方人们心中都有一个畏惧的角落，如果你没有，那你会被他人所唾弃的。这就是为什么中国人说君子爱财取之有道的原因。而到了孟子那里就有了更大的升华，他对鱼、熊掌、仁、义作了分析并作出取舍之选择。而所有那些以最高境界为目标的人，最后都得到了他们想要的。

君子要有所为有所不为，每个领域有每个领域的君子，也可以说就是领袖人物。胡雪岩在他的那个时代就是商人中的君子，他拥有别人没有的财富，但却没有为富不仁，反而让人们觉得他就该拥有这样大的财富。能做到这点是不易的，因为我们知道过多的财富会招来仇恨，但他招来的却是敬仰。

胡雪岩的商德之所以为人称道，有很重要的一条，就是不仅给竞争对手留活路，而且不抢同行的饭碗。这也是他成大事后着手解决的一个根本问题——即抽非同行的“底”，而不抽同行的“底”。

胡雪岩最崇尚诸葛孔明，事无巨细，全都谨慎对待，“把一件事掰碎了再揉起来”。

胡雪岩曾以不抢同行饭碗的观念帮助了王有龄一次。王有龄官场得意，海运局坐办干得是风生水起，在四月下旬又接到任官派令，命他接任湖洲知府一职，身边左右人等无不劝他，速速赶在五月一日接任。

原来当时清代吏制昏暗，红包回扣、孝敬贿赂早已靡然成风。风气所及，那自然会有很多名目，冬天有“炭敬”，夏天有“冰敬”，一年三节另外还有额外收入，称为“节敬”。浙江省本来就是江南膏腴之地，而湖州府更是其中之最，各种孝敬自然不会少。王有龄四月下旬获派为湖州知府，左右手下、各路聪明才智之士无不劝他赶快上路，赶在五月一日交接，如此一来，刚上任就能大搂“节敬”。

因为胡雪岩高人一等的商场谋略，他是事无巨细都要与胡雪岩商量。胡雪岩是个商人，当然凡事都以利益为前提，但他又是一个义盖云天的商人，听王有龄有提前上任的打算，就说：“银钱有用可以再赚，朋友交情却是没了就没了！”他劝王有龄等到端午节之后，再走马上任。

胡雪岩之所以这样建议，是有多方面考虑的，王有龄不是湖州第一任知府，在他之前还有前任，别人在湖州府知府衙门混了那么久，就指望着端午

“节敬”，王有龄虽可名正言顺地在节前到任，抢前任的“节敬”，可是这么一来，无形中就和前任结下了梁子，眼前当然没事，但谁又能保证以后会发生什么呢。要是将来在关键时刻被别人背后捅一刀，墙倒众人推，落井猛下石，那可就得不偿失了。

胡雪岩是学徒出身，自然知道江湖上有言：“你做初一，我做十五，你吃肉来我喝汤。” 意思是说，好处不能占绝，干事情不能吃干抹净，一点后路都不留给别人。人家前任知府虽被扫地出门，但你新官上任总得替人家想想，送对方一顿“节敬”，自己没损失什么，又让别人得到了好处，无形中就送了份人情出去，何乐而不为呢！

做大事就应像胡雪岩这样小心谨慎，不能因为一招不慎而满盘皆输，这就是君子有所为，有所不为。要取就要取得令人心服口服，而不能靠投机取巧、损人利己获得，因为中国人讲究风水轮流转，一个真正的聪明人一定会想到福祸相倚，也只有这样的人才可能取得最大的利益。

商业社会永远存在着竞争，而我们都知道 19 世纪末的美国是由三大经济巨头掌控的，白宫不过是他们的对外管家而已。这三大巨头就是：垄断了石油大王约翰·洛克菲勒，独步钢铁业的安德鲁·卡内基，控制了一家大银和铁路五国的拥有者 J.P.摩根。

野心勃勃的摩根一心想主宰全美的钢铁行业，于是在 1898 年毅然发动了对卡内基“钢铁王国”的进攻，他的这一做法就是想把卡内基逼出美国的经济舞台。他先是花 2 亿美元合并了美国中西部的一大批中小型钢铁公司，成立了联邦钢铁公司。随后又令摩根集团旗下的全部铁路，一起取消向卡内基钢铁公司订购铁轨及各种钢材，以遏制卡内基钢铁公司的发展。这是釜底抽薪之术。

面对这些，我们的成功学大师卡内基先生表现出了惊人的平静。他知道自己的对手是美国最大的金融巨头，正面迎敌会使自己头破血流，因而他决定让摩根合并，但必须让摩根付出惨痛代价。于是，卡内基并没有出手反击，而是以一种要退隐的姿态，扬言要把钢铁、焦炭以及其他有关的制铁企业股票全部卖给莫尔邦。他知道以莫尔邦的经济实力根本就无法筹措出 3.2 亿美元的资金来，这样做的目的无非扰乱摩根的视线。

果然，与莫尔邦的谈判无果而终。事后卡内基又找到洛克菲勒，当然谈判又流产了。而这时有称霸之心的摩根已经坐不住了，他可不想让其他人买走卡内基的钢铁公司，于是公开扬言，花再大的代价也要收购卡内基钢铁公司。他中计了。

卡内基见摩根中计，立刻见台阶就下，派人告诉摩根："如果是时价的 1.5 倍，我就卖！而且只要新公司的公司债券，不要股票。"这个条件实在让人难以接受，但这时的摩根已是骑虎难下，只好答应。这样一来，卡内基的资产一下从当时的 2 亿美元升到 4 亿美元，几乎翻了一倍。过了很多年，摩根不得不承认，收购卡内基钢铁公司是他一生最大的败笔。

摩根想独自吞掉卡内基，但他不知世间的钱不是一个人赚的，生意做到一定程度就如同高手过招，如果不留些对手岂不是寂寞，况且也不可能消灭掉所有的对手，可是他的贪心却让他一生遗憾。因此，一些想挤垮别人的企业往往最后是自食恶果。

经常有人将战争和商业竞争相提并论，但这两者却有着本质上的区别：战争是要最大可能地杀伤对手，而商业经营则是共生共存，让对手也有机会，共同将市场容量放大，而这一切都需要从尊重自己的对手做起。有人曾问百事可乐退休的公司总裁斯蒂尔成功的秘诀何在，斯蒂尔的回答是："秘诀只有一个，那就是我们找到了一个伟大的对手，它的名字叫可口可乐！”

一个产业的兴旺离不开一群竞争者的商业对决，那种试图绞杀对手而独存自己的想法，往往是自我毁灭的开始！学会与竞争对手一起把市场做大，引入差异化的竞争手段，才会使企业真正发展、壮大。

众所周知，家电市场上的长虹与海尔，一个是黑色家电的霸主，一个是白色家电的巨头。论实力，长虹一度高于海尔，然而近几年，在海尔驰骋海内外、如日中天的时候，长虹却一直业绩不佳，其主要原因正是倪润峰那一连串的“价格战”和后来的“彩管囤积战”，使长虹元气大伤，疲态尽显。

1989年，倪润峰领导长虹打响了第一场彩电价格战，降价幅度为600元，使长虹的市场占有率迅速扩大到8%，其利润总额也随之提高。随后，他又在1996年发动了第二次价格战，降价幅度为700~800元，使长虹的市场占有率达到了35%，成了名副其实的彩电第一品牌。

这两次价格战，使长虹从只有三四千万资产的小厂商，发展到2002年的全球彩电销量亚军，从根本上奠定了长虹在中国家电行业的龙头地位。

价格战已然成为倪润峰的杀手锏，他试图以规模和价格为武器，一举击垮对手，在市场上一统江湖。而现实也成就了他的梦想，经过多次价格战，倪润峰成功击退了海外巨头，也使中国数百家彩电企业十仅存一。

但在后来，倪润峰赖以成功的战术却屡屡失手，使长虹成于价格战，也失于价格战。在接下来的价格战中，长虹只见价格降，不见销量增，利润几乎消失殆尽，企业逐渐陷于危机之中。

而后，基于对产业垄断地位的痴迷，倪润峰又在1998年精心策划了彩管囤积之战。这是倪润峰在中国彩电行业蓄谋发动的一场“国内战争”，最终却成为长虹由盛转衰的转折点，并对整个行业产生了非常消极的影响，结果是长虹退出了江湖。

记得有人曾说过，“只有我们自己才能打垮自己”，更准确一点说，往往是我们的贪心把我们打垮了。不是有那么一句话吗，多行不义必自毙。

做生意首先要做出一个热闹、气势大的“场面”，而且“场面越大越好”。场面和生意是水与船的关系，场面大了，热闹了，也就犹如水涨了，生意就好做了，船也自然升高了。还要唠叨的一句是，做场面要有新手法，有新花招，但又不能落入俗套，免得让人笑话。场面是易做不易收，要是你有实力，场面当然越大越好，要是你实力有限，还是做适可而止的场面为妙。

处世贵谦：藏起锋芒不惹人妒

《围炉夜话》里说：“严近乎矜，然严是正气，矜是乖气；故持身贵严，而不可矜。谦似乎谄，然谦是虚心，谄是媚心；故处世贵谦，而不可谄。”从这段文字中我们可以发现，中国人对谦的认识是多么地深刻，而且不只是在这里，在我们所有劝导人、教育人的文章中，都对为人处世要谦而慎做了大量的阐述。这就是为什么大部分中国人看上去总是与人无争的原因，其实中国人的“争”是放在骨子里的，这就像是绵里针，不晓得其中精义的人就会吃暗亏。

因为东西方文化理念的不同，在外国是优秀的品质在中国人眼中却是十分招人厌的。我们看到外国人的个性大多是张扬的，而这种性格要是在中国人身上那是最要不得的。这种张扬的个性只有放在外国人那样的长相上，才不会让人觉得突兀，而若是放在中国人圆滑的脸上就不能让人接受。虽然现在都讲究个性张扬，但我们可以研究一下那些成功人士，他们没有的恰恰是那种无知的张扬。我们可以看一下李嘉诚的面孔，是不是有一种让人如沐春风的感觉？林肯不是说过吗，一个人要对他四十岁以后的长相负责。也就是说如果一个人总是保持一种谦和之态度，那他的长相最后也会是让人感到愉快的。

一种性格就是一种修为。因此，中国的家长为了让孩子能在未来有个好前途，总是告诫他们凡事不要出风头，只有这样才会好好地过完他们的一生。

而胡雪岩是学徒出身，他最初的本事就是学会了谦卑。这可能是他人生最不愿意回首的往事，但这也是他人生最宝贵的财富。

一个精明的商人，虽然知道遭人妒忌是免不了的，但决不会自招妒忌。胡雪岩在行商过程中最注意的就是，不在同行中锋芒太露，不总想着自己好事占全。并且未雨绸缪，在任何时候都想着结交朋友，而这种结交一定会让给对方大量的利益，这样就可以化解可能产生的敌意。中国人做人做事的最高境界就是“无形”，当然，胡雪岩并没完全做到最高境界，如果他做到了，最后的结局也就不会是那样了，不过相比其他商人而言，胡做得已经很不错了。

清朝末叶，西化运动逐渐生根，朝廷特设“总理各国事务衙门”，处理涉外事务。“总理各国事务衙门”简称“总理衙门”，相当于现在的外交部。不过，总理衙门不管拿主意，算是第二线事务机构，真正与外国官商打交道的一线人物有两个，一个是设于天津的直隶总督兼北洋大臣，另一个则是设于南京的两江总督兼南洋大臣。

1881 年，朝廷任命左宗棠为南洋大臣。这个左宗棠目空一切，到南京后就和李鸿章干上了，极力铲除李鸿章在江南地区的势力。李鸿章也不是省油的灯，当然也要谋划着弄垮左宗棠。两雄相争，必先斩对方羽翼。毫无疑问，胡雪岩是左宗棠最大的羽翼，也就成了整个北洋系最显著的靶子。各种麻烦不打一处来，胡雪岩十分机警，见招拆招，一一应付。就在这个节骨眼上，胡家三小姐要出嫁了，这在财神家里当然是件大事。

胡雪岩派他的姨太太带着大笔现银赶到上海，采购钻石珠宝作为女儿嫁妆。这位姨太太很能干，在租界里的一家德国洋行买到了一批极为珍贵的钻石首饰。

德国洋行的经理仰慕胡雪岩“财神”之名许久，成交之后提出不情之请，希望姨太太能同意把这批钻石首饰在店里陈列一个星期，让店里大做广告，说是本店做成了“财神”胡雪岩女儿出阁嫁妆的生意，以收广告之效。

德国经理这份请求却让胡雪岩的姨太太颇伤脑筋，她不得不和胡雪岩在上海的死党兄弟古应春商量此事。古应春分析道，现在外面整个李鸿章一党都在等机会找胡雪岩的麻烦，胡雪岩现在可是朝廷的官员，在上海滩这样招摇很容易落人话柄，说胡雪岩铺张招摇，有碍观瞻，所以公开展览首饰并不妥当。可是，要是拒绝对方要求，自然有话传出去，说是胡雪岩现在不比从前了，财力大为缩水了，连嫁女儿都拿不出像样的首饰，否则为什么不敢拿出来展示？要是这种传言传播开来，对胡雪岩的信用是一大打击，以后做起生意来，场面就要大打折扣。

经过几方面思考，最后姨太太与古应春决定展览还是要举行，不过既然是在德国洋行里，那么，首饰旁的说明就以英文、德文表示，不准写中文。这也只能算是没有办法中的办法了。

胡雪岩虽然是富敌王室的东南巨富，有“财神”之誉，但是，毕竟还是知道忧谗畏讥，尽管有一定的实力，但他经过人生的困苦，知道做人要收敛，何况他这样的收敛最后还被人暗算呢。有两个人影响着所有的中国人，那就是庄子和孔子，但为什么孔子的思想最终会成为中国人的主导呢？是因为孔子要人过自己想要的生活，而不只是过一种放旷的生活。因为人都是向着最利于自己的方向前进的，所以孔子的智慧是无人能及的。而我们想要过上庄子那样的生活，同样要以孔子的智慧来谋生。钱财不是粪土，用过之后才是。我们经过了很多年的教育要学会艰苦，然而物极必反，现在我们都在极力追逐着财富，而一些先富起来的人因为没有深厚的家族底蕴，而很快就被金钱压垮了，因为过去没见过钱，突然拥有就只会显摆，最后就会在自己的光芒中消失。我们见过太多这样的例子。

在很多商人心里，面子比生命还重要，丢了什么也不能丢它！而最能体现面子的，无非就是摆阔！

摆阔，可以说是中国商人在暴富之后最常见的表现。脖子上的金项链一个赛一个地粗，屁股下的坐驾一个赛一个地牛，动辄就“周末去巴黎购物”，吃的是山珍海味、豪华大餐，住的是五星级宾馆、豪华别墅，结婚送礼铺张奢侈，办公开会挥霍浪费……

殊不知面子害人，刻意要面子更是害死人！那等于是在人生的路上设太多路障。

1999年，上千人接到了一份发自广东的喜帖，每张喜帖上都贴了一张2元人民币，讨一个“两人圆满” 的彩头。这样一份豪华喜帖，正是爱多总裁胡志标为邀请全国各地的爱多经销大户和各大媒体的知名记者参加自己的婚礼而发出的。

1月18日，一场超豪华的婚礼在广东中山市举行，主角正是爱多老板胡志标和老板娘林莹。

“噼啪噼啪……”138万响的鞭炮在空中炸响，1000多位身份显赫的来宾的视觉、听觉、嗅觉全被鞭炮占满。9辆白色的奔驰花车开路，中间一辆劳斯莱斯古董车里坐着新郎新娘，接着，又是9辆白色的奔驰花车尾随其后。即便是国家元首出行，恐怕也没有这样豪华的仪仗！他可能会认为是花自己的钱办自己的事，但这样干等于是伤害了大多数人的自尊。

在酒店门口，一身洁白婚纱的新娘林莹和西装革履的新郎胡志标笑脸迎宾，席开118桌，大宴宾朋，极尽奢华。

爱多公司为了筹备这次令人咋舌不已的奢侈婚礼，还专门成立了一个机构，叫“老婚办”——老板婚礼办公室，并专门从上海请来了婚礼策划公司。胡志标当年的豪富气派，由此可见一斑！

1999年1月18日，一个被认为非常吉利的日子，138万响的鞭炮，118桌的酒席，18辆奔驰车，一切都是精心选择的吉利数字。但是，就在这喜庆的背后，危机其实已经显现出来，此时的爱多由于出现了信任危机，导致资金链条几近断裂。

可是，就是在这样一个多事之秋，胡志标却举办了一场如此盛大豪华的婚礼，他的理由仅仅是：“借机会朋友聚聚，喝几杯振振士气！”也许还有冲喜的意思吧。

这不禁让人想起了慈禧太后在风雨飘摇的清末举办的那场隆重的寿宴，同样的奢华，同样的盛大，同样的理由，同样也挽救不了濒临衰亡的命运！

两个月后，爱多危机终于爆发，轰然垮台，胡志标和林莹随后都身陷麻烦之中，那次“奢侈”成了他们永远的回忆。

事实上，类似胡志标这样的大肆铺张办婚礼，只不过是中国商人们习惯性摆阔的表现之一。

摆阔还表现在大吃大喝上，出门送，回来迎，领导部下轮流做东，夜夜灯红酒绿，天天歌舞升平，从午喝到晚，从晚喝到明。而更令人难以理解的是，每日里这样生活的老板，企业效益却并不见得有多好。这样的铺张往往会招致穷人和富人的双重仇恨。

这样的例子不胜枚举。比如，德隆集团为了融资在一个城市租了五层楼，以四星级宾馆的标准进行了豪华装修，每年光房租就高达1000万元，而里面的工作人员只有80多人；某电力公司2000年召开一个内部人事干部会议，3天时间花费304万元人民币，人均耗费2.4万元。

这种习惯性的摆阔，其实体现出的是商人个人价值观的缺陷。有些商人在多挣了点钱以后就会头昏脑胀，很容易犯大肆挥霍、摆谱、显阔气的错误，最后必然会导致失败！

其实，一个优秀的商人绝不应该把个人的物质享受和挥霍当作追求财富的终极目标，而应该超越财富本身，树立理性的财富价值观，从而提升自已内在的品质。李嘉诚说：“拥有财富只是让人心里拥有安全感，而不是去浪费。”惟有这样，才能赢得企业的兴旺发达、事业的蓬勃发展以及社会的尊重与爱护！

把戏人人会变，各有巧妙不同，巧妙就在于如何不拆穿“把戏”上面。戏法总是假的，偶尔一两套可以，变多了就不值钱了，值钱的还是把真东西拿出来。

心生奇意：打造金字招牌

入行开店铺，人们都希望能够生意兴隆，财源滚滚。而生意又是以店铺起名开始，店铺起名要与同行有区别，要适合所经营的生意，还要讲究吉利。

人以名立，名字是一个人的代表和象征，同样，商品或公司的名字也是非常重要的。起名是否贴切和恰当，对显示商品和企业的特色，增强它对顾客的吸引力尤为重要。对于广告来说，产品的名字是其重要的内容之一。品名的好坏对广告发挥宣传效果有直接影响，并且关系到公众对产品的接受以及产品的销售量。现代人格外重视广告效应，但在过去能意识到这一点的人却很少，而胡雪岩就是最早意识到广告妙处的人之一。

胡雪岩特别希望自己的招牌能够与众不同，因此，他在创办钱庄时就十分注重钱庄的招牌名。他自知自己只会“铜钱眼里翻跟斗”，对题定招牌这样需要文墨功底的事情力不胜任，因而郑重其事地去请教王有龄。不过，王有龄却告诉他题招牌自己也是头一遭，根本不知道怎么题法、有些什么讲究，于是，不知遣词用字却通晓题定招牌讲究的胡雪岩毫不犹豫地就摆出了题定招牌应该注意的几条原则：“第一，要响亮，容易上口；第二，字眼要与众不同，省得跟别人搅不清楚。至于要跟钱庄有关，自然是还要吉利了。”

胡雪岩这里讲到的几点要求，正是题招牌的关键所在。上口，也就是题写的招牌要简洁明了、通俗易懂，且读起来要响亮畅达、朗朗上口。挂出招牌的目的就是要让人记住，因此，这一点也就显得特别重要。如果招牌用字生僻、故弄玄虚，让人念不出，那作用就会大打折扣。

起名以别：用与众不同的字眼，使自己的商号在招牌上就显出一种特别，而能在众多同行同业中引人注目。用现代商务运作的观点看，一个与众不同的招牌，实际上意味着一种独立的品味和风格。

起名以适：招牌用字要符合自己商号的行业、行当的特点，要能让人一看招牌就知道你的商号是干什么的。

起名以吉：这大概是中国人题定招牌时特别讲究的一点，不过这也符合商场上人们的一种普遍心理。商场上无论买方、卖方，都是希望能够大吉大利的，谁也不会喜欢自找晦气。

就是根据这几点要求，王有龄在他满肚子的墨水里为胡雪岩选择了“阜康”两个字。这两个字取“世平道治，民物阜康”之意，可以说是完全符合了胡雪岩的要求，因此胡雪岩将这两个字念了两遍之后，欣然同意。

题定招牌，用现代商事术语说，也就是为自己的公司或商务机构作商业性命名。中国传统的说法是定字号，而用大白话说，也就是为自己的店铺取一个名字，跟为新生儿取名没什么两样。不能小看了取名这个步骤，做生意首先就必须求名，有了字号，别人才会知道，有了名气，别人才信服，取一个好的名字往往一叫就响，这是金字招牌的基础。因此，一些有眼光的商人都非常注重为自己的商号题名，从这一角度看，胡雪岩对于自己钱庄招牌的重视以及他对题定招牌的要求，都显示了他精明的生意眼光。

不光是要有与众不同的商号名字，胡雪岩还深知，在生意场上的争斗，关键是要有自己的“金字招牌”，也就是靠诚实经营建立起来的口碑，这才是真正属于自己的品牌。比如胡庆余堂开办之初，做出自己的“金字招牌”，就成了胡雪岩的行事方针，换句话说，他要靠做出一块不倒的“金字招牌”建立起真正的名气。因此，他在确定送药这一政策的同时，还在药店如何开法、怎样用人、怎样进料、怎样炮制等方面，定下了两条不变的原则：一者药方子一定要可靠，选料一定得实在，炮制一定要精细，卖出的药一定要有特别的功效，按胡雪岩的说法，“‘说真方，卖假药’最要不得”；二者药店档手除能力之外，更要诚实、心慈。旧时药店供顾客等药休息的大堂上常挂副对联：“修合虽无人见，存心自有天知”，说的就是卖药人只能靠自我约束。欺诈之人卖药，尤其是卖成药，用料不实、分量不足，病家用过不仅不能治病，相反还会坏事。而只有心慈诚实的人，才能够时时为病家着想，才能时时注意药的品质，这样，药店才不会坏了名声倒了牌子。

一个有战略眼光的实业家，他的事业取得成功，决不是靠坑蒙拐骗，而是靠诚实无欺，靠信誉，靠切切实实满足客户需要。诚实不欺是所有生意行当的立足之本，也是在竞争中取胜的一个重要筹码。有才无德，仅靠耍花样来求名取利，到头来只能是搬起石头砸自己的脚，聪明反被聪明误。所以，胡雪岩很郑重地说：“我们也不是故意耍花样，只不过生意要做得既诚实，又热闹。”

胡雪岩处于商业意识还不很发达的晚清时期，就具有如此强烈的品牌意识，这是何等的远见！

千万不要想着去骗人，你可以在一定时间骗得了人，但你却不能在所有时间骗所有的人。招牌只是一时的，诚信才是永远的。

曾经有一段时间，提起“傻子瓜子”来，是无人不知，无人不晓，但现在再向人打听“傻子瓜子”，就没有多少人知道了。究竟是什么原因使这个名噪一时的公司悄无声息了呢？

原来 “傻子瓜子”产于芜湖，在它刚出道的时候，芜湖有“迎春瓜子”、“胡大瓜子”等著名品牌。它们的名气甚至大于“傻子瓜子”，但不久，“傻子瓜子”通过推出一系列活动大作广告，很快就超过了这两个知名品牌。

1982 年，自称 9 岁就开始学“经济学” 的年广久，突然宣布他的“傻子瓜子”大幅降价，幅度为 26%。这一举动对当时数十年不变的瓜子价格体系造成了极大冲击，引起了人们的极大关注，大家一下子将焦点对准了“傻子”年广久。

于是，“傻子瓜子”一炮而红，不仅压下了“迎春瓜子”、“胡大瓜子”的风头，而且成了中国老幼皆知的食品品牌。

到了 1984 年，生产“傻子瓜子”的炒货店与国营商店联营，组建了傻子瓜子公司。至此，“傻子瓜子”可谓是形势一片大好，年广久更是春风得意，准备大展宏图。如果傻子瓜子公司从此能够从抓质量、抓管理入手，进一步寻求发展，那么他们的前途是光明的，可是年广久却开始找“捷径”了。这一“捷径”最终将企业导向了错误的航程，直到最后的没落。

1985 年，“傻子公司”搞了一次全国范围的“傻子瓜子”有奖销售活动，每买 1 斤瓜子赠奖券一张，凭奖券兑换奖品。这在当时不能不算是产品促销的高招，一时间，公司门前车水马龙，盛况空前。全国各地来函来电，来人来车，纷纷购买“傻子瓜子”以获取奖品。

“傻子瓜子”在有奖销售的第一天就售出了 1.31 万公斤，最好时一天卖出了 22.55 万公斤，这简直是前所未有的瓜子销售纪录。但这其中有相当数量的瓜子是为凑销售额从别的公司大量购进的，然后再贴上“傻子瓜子”的商标去参加有奖销售，而这些外购的瓜子中有很多是陈年劣货，是假冒伪劣产品。他们这样做等于是给自己挖陷阱，“傻子公司”这一看似聪明实则犯傻的投机行为，很快引起了广大消费者的强烈愤慨，纷纷要求退货。更糟糕的是，正当“傻子瓜子”有奖销售活动刚刚“满月”的时候，政府发布公告，禁止所有工商企业搞有奖销售的促销活动。这样一来，一下就将已经“玩巧”露馅的“傻子瓜子公司”置于死地，它所售出的奖券一律不能兑现，各地纷纷退货，瓜子大量积压，银行贷款无法偿还，公司的信誉降到了最低点。

其实，“傻子瓜子”这种偷梁换柱的投机手法，并非第一次使用。当公司还在搞独家小本经营时，年广久就以批发价买回国营的“迎春瓜子”近10万斤，贴上“傻子瓜子”的商标，运到上海加价销售，从中牟取暴利，只是由于当时“迎春瓜子”本身的质量不错，这一欺骗行径才没有被识破。这次有奖销售使“傻子瓜子”销量猛增，年广久又故伎重施，可他这次却购进了大量的劣质瓜子，结果马上被众人识破。加上政府下令，及时阻止了年广久的欺骗行为，年广久不得不吞下自己种下的苦果。

开公司也好，办企业也好，做生意就要讲究一个“诚”字，对消费者不诚，其实就是对自己不诚。广告是让人知道你，但质量才是使人们记住的根本。我们有很多企业在红火过一阵突然消失，根本原因就是开始做得风风火火，随后就骗得风风火火，最后就随风而逝了。

第五篇／融通方圆之术

胡雪岩语录

做生意、办事情，贵乎盘算整个局势，看出必不可移的大方向，照着这个方向去做，才会立于不败之地。生意场上，不管怎样复杂，其间总会有必不可移的大方向。至于能不能看出、找到这个大方向，这就要看你的眼力了。一个人生意的好坏、大小、兴衰，都跟生意场上的大方向有关系。如果你看准了大方向，并跟着大方向走，你的生意就会顺；如果你看不清大方向，肯定也跟不上大方向，那么你的生意也肯定大不了，更顺不了。

文质彬彬：无处不在的中庸

中国文化的精髓就是中庸，这不仅仅是来自于儒家思想，老庄思想也是以此为根本的。二者所不同的是，儒家的中庸是以利为根本，老庄则以情为根本。但无论是利还是情，它们最终的目的都是要让生活和谐。孔子说："质胜文则野，文胜质则史。文质彬彬，然后君子。"质是本性，文是修养，如果过分地暴露本性就显得粗野，而过于讲究礼就显得古板，只有两者相得益彰才是最好的，这样就会成为一个德行高尚的人。这也可以用来解释老子的"道可道，非常道"。

在这种思想影响下，那种貌似懦弱的性格其实是最具杀伤力的一种性格。不然为什么中国人走遍世界都能很好地生存，现在看起来那是韧性，而不是懦弱，这种韧性是两千年来在一种文化精神的引导下而成的。而中国人无论是为人，为官，还是经商，都体现着精神。胡雪岩因他特殊的人生际遇，更是将这种中庸精神发挥得淋漓尽致。

所谓“中庸”就是凡事不会做绝，总是为自己留个退路。要想有退路就要未雨绸缪，这在我们的孔圣人和亚圣人孟子身上都有很好的体现。孔圣人在四处谋职准备要实现自己的志向时，也会为自己志向不能实现而找好退路；孟子却认为“劳心者治人，劳力者治于人。”这就是至圣和亚圣的区别。胡雪岩总是在人生的道路上为自己时刻找好退路，这不是懦弱，这是韧性。

胡雪岩在他的生意由创业而至鼎盛的过程中，每桩生意的动作，他都敢于冒险，但也时刻注意未雨绸缪，为自己留“后路”。在太平天国失败之际，他接受太平军逃亡兵将隐匿私财的存款，就是这种思想下的典型一例。

胡雪岩明白，太平天国被镇压之后，朝廷自然要追捕“逆贼”，按惯例也必会查抄他们的家产，这时一定会有很多太平军的长官走投无路把钱存到他的钱庄。他知道朝廷万一追查“逆产”到钱庄，钱庄不能够不报不缴，而且不说的话还有可能以“助逆”治罪。可胡雪岩骨子里是商人，他才不管那些钱是来自八旗子弟还是长毛军，虽然他是大清的官员，可如果在此时吸收太平军逃亡者的私款的话，可以大量地增加钱庄本钱且不必付利息。面对这两难的处境，胡雪岩必须留好退路，一旦官府追查起来，好有应对的措施。这就要求他要有“中庸”之对策，对于商人来说中庸就是打擦边球，于是，胡雪岩就做了两手准备：一，收买当地的官府要员，同他们搞好关系，这样一旦追查起来可以有回旋的余地；二，让太平军存款时不用真名而用化名，这样一旦官府追查起来就可以说，“不知道这是‘逆产’，可谓不知者不为罪。有了这两条，万事无忧。

我们可以设想一下，他当初接太平军的钱款仅仅是因为这些清廷的叛逆不要利息吗？毕竟历史上的事谁也说不清楚。改朝换代还不就是吃顿饭那样简单的事，现在自己依靠的是清廷不错，可自己是个商人又不是政客，谁在台上自己还不是照样赚钱。如果不小心这些太平军卷土重来真的占了金銮宝殿，那自己岂不是又找到了新的靠山？当初帮王有龄时自己那样穷都帮了，何况这次的情况还对自己有利呢？最重要的是这些太平军即使没有在政治上得胜，但还是绿林中人，自己虽有官场庇护，但有些事情却是一定要和黑道共事的，这些人将来还是会用得上的，何必放着河水不洗船呢？类似这种走中间路线的行事方针贯穿着胡雪岩的一生。

其实无论是在中国还是在外国，成功商人行事的原则都是以中庸为准，这不仅是生存的法宝，更是长胜的法宝。

中庸最通俗的解释就是“识时务者为俊杰”，决不会一条道走到黑，尤其是在商场上更是不要执拗。

我们都知道美国的波音公司是世界上著名的飞机制造公司。在一战期间，波音公司生产的C型水上飞机颇得美国海军青睐，这使以专门生产军用品的波音公司发了一笔不小的战争财。

但是好景不长，战争结束后，美国海军取消了尚未交货的全部订单。整个美国飞机制造业顿时陷入了瘫痪状态，波音也不例外，困入了“死亡飞行”的行列之中。面对这样的困境，波音公司并没有像其他一些飞机制造公司一样选择放弃，而是仔细分析了原因，认为虽然军用飞机已不行销，但是将这样快捷的运输工具用于交通岂不是更好，再说自己那些已经造好的飞机如果不利用起来，损失可就惨重了。

波音公司认为，随着现代进程的加快，人们的生活节奏也会日益加快，最重要的是美国这块土地上生活的都是一些富于冒险精神的人，不愁没人坐先进的东西。而飞机是最适合这种时代节奏需要的，它的速度胜过其他任何的运输工具。于是波音公司就进行产品转型，把原来的军用飞机全部改作民用飞机推向市场，结果反响很好，订单日益增多。波音公司如果一直抱着国家战争这根稻草不放，以为只有国家才能负担得起这种昂贵的交通费用，那我们今天也就不知道这个公司了。

战后经济的复苏刺激了市场对民用飞机的需要，不但使波音摆脱了困境，还取得了长足的发展。直到现在，波音公司还在世界民用运输市场上占据着最大的市场份额。

一家企业经营方向的制定不但要中庸，同时管理的中庸也是很重要的。要以企业最大利益为前提，做到不偏不倚，把握住平衡点。如果在管理中把握得稍有不慎，那么企业的发展就会很不乐观。

中国太多的企业在最初都是朋友一同做起来的，而这其中就会存在一个问题，那就是当企业发展到一定规模的时候就会出现江湖式的管理方式，而这种哥们儿义气的管理方式最后一定会毁掉企业。

1999 年以前，“女儿红”这个牌子可谓是家喻户晓，当时人们以喝上这个牌子的酒为有身份的象征。当年送这种酒就和“今年过年不收礼，要收就收 × ×”一样，但现在我们早已不见这个牌子的踪迹了，这一切的到来竟源于一个决策者的错误决定。

绍兴女儿红酿酒总公司创建于 1918 年，以“女儿红”酒闻名于天下。1984 年，朱公廉开始担任“女儿红”的厂长。当时公司规模很小，占地不过 30 亩，资产不过 300 万元，年利润 30 万元。

朱公廉上任以后，带领全体老员工奋发图强，使公司的利润和规模逐年扩大。年利润从 1995 年开始一直保持在 500 万元以上，鼎盛时会达到 800 万元，公司实际资产超过 4000 万元，销售规模超过 1 亿元。

当时，全公司上下可谓齐心协力，众志成城，大家心往一处想，劲往一处使，形成了十分团结的氛围。朱公廉这位厂长也很少摆领导的架子，与员工相处得十分融洽。

1999年，绍兴女儿红酿酒厂改制为有限公司，这就相当于从国有改为私营。当时，有关部门的意思是让在这家厂子当了十几年厂长的朱公廉占大股。可朱公廉是个有义气的人，他考虑到大家在一起奋斗十几年的朋友情谊，觉得大家都不容易，所以股权还是平均分配好。从这点上可以看出他是个不太懂得经营管理的人，一个真正的企业家可以是善良的，但决不能够感情用事。他这种把权力平均的做法，也就等于是把责任平均了，而这种平均将势必导致凝聚力的分散。

结果是担任董事长的朱公廉持有不到4%的股份，其他股份则以更小的比例为全体员工持有。这样一来，全厂人人有股，人人股份都差不多。他确实是得到了一个好人的美誉，但他为这份美誉付出的代价却是惨重的。

公司由国企变为民营后，就不必受那么多条条框框的管束，利润分配也可以由自己做主。一群不富裕的人在面对一大堆金钱时，又怎能禁得起诱惑？公司利润从此理所当然地年年被瓜分一空！这等于又回到了吃大锅饭时代，没了掌舵的人。

当竞争对手都在进步时，“女儿红”却因为发展资金短缺完全失去了后劲。等到朱公廉发现大势不妙，要求公司将每年利润留下一部分作为企业发展的资金时，却遭到了多数股东的反对，朱公廉在企业内的决策权实际上已被剥夺。这些当家人在乎的只是自己包里的钱不要变少，而不是共同创业守业。“如果让无知的人有了权，那他们就会把这种无知发挥到无限大。”说的就是这个道理。

就这样，曾经赫赫有名的“女儿红”每况愈下，被人收购来收购去。人人都不是真心想经营这个企业，而是想借鸡生蛋，而且也没想生个好蛋，只是想捞一把就走人，最终的结局是我们已不知有这样一个牌子了。

中庸是一种智慧，只有拿捏恰当，才能发挥出它能动的韧性，而不是一味的柔，该硬时就该硬。前面我们说过一个好的商人可以做一个好的政治家，在这里朱公廉无疑是想让所有的人都成为好的商人，这就如同我们曾经全国人民去下乡一样地可笑。

胡雪岩语录

天道忌盈：与人结交要各得其所

以钱财来交结的，财产用尽了，交情也就绝迹了；以美色来交结的，美貌消失了，所谓的爱也就转移了；以真情来交结的，感情至深而情谊愈加坚固。

《菜根谭》中写道：“事事留个有余不尽的意思，便造物不忌我，鬼神不能损我；若业必求满，功必求盈者，不生内变，必召外忧。”

这是多么洞彻人生的一句话啊，就像中国的传统绘画一样，凡事留余。而中国人这种“满招损，谦受益”的思想是从小就被灌输的，这在中国人的相互交往上就能体现出来。无论是什么样关系的人相处，最根本的追求都是和谐。

一个人能够立身于世，不管是官场、商场，还是别的什么“场”，都必须依靠自己的才识、能力。所谓才识、能力，无非就是搜集信息，然后根据信息制定出合理的计划并付诸行动的能力。没有这些，再好的条件也是枉然。但当你已具备了这些能力时，外界的所谓靠山、人缘，也就是能够给你的事业提供帮助的人，就显得尤其重要了。

可能很多人都会认为胡雪岩一生所追求的只有财富，其实不然。他一生都在结交朋友，他在与人结交的过程当中得到想得到的，并且他也深深地明白推己及人的道理，自己想得到，那别人也想得到。他最可贵的就是能认识到这一点，而且在做之前一定想到对方可以得到的好处，而不是觉得自己当时已是个人物，就因此目中无人，在他与漕帮的结交中我们就可以看到这一点。

胡雪岩的一生可以说是历经兴衰荣辱，他生逢乱世、出身寒微，却能运用自己的才智周旋于权贵政要之间，创造了亿万家财，这一切与他的性格、智慧是密不可分的，也与他在择友上的慧眼独具有很大关系。

在胡雪岩生活的时代，做生意必然要面对一股特殊的势力，就是江湖帮派。晚清乱世，政府处于内忧外患之中，对社会的监管大不如前，江湖帮派也就随着社会的混乱而形成，并逐渐成为社会生活中的一股重要力量。在当时，要经商就必须与江湖势力打交道，胡雪岩更是深谙其道。有一次，朝廷下旨，命统管浙江省粮食北运的海运局坐办王有龄将十万担漕米从上海迅速海运至京。可是时间紧迫，条件又不允许，漕米一时到不了上海，这时胡雪岩想出了一条妙计：先在上海买商米代替，等漕米运到上海后，再把漕米等价卖给粮商。即由粮商先卖出、再买进。

胡雪岩随王有龄一路坐船北上上海，到了松江，听说松江漕帮有十万石米想脱手求现，于是他们弃舟登岸，由胡雪岩出面洽谈这桩生意。

要知道当时朝廷改海运，等于是断了漕帮的生计，因此，就算是他们急于求现，也不打算将米卖给为朝廷效命的人。这时的胡雪岩就对漕帮首领动之以情，晓之以理，一番游说之后终于做成了这笔生意。后来因为太平军的原因，粮价大幅上涨，胡雪岩也并没有因此而把要归给漕帮的粮食留下来自己赚钱，而是又给回漕帮，让这些江湖兄弟赚了一笔，毕竟做生意一定要让所有参与的人受益才会长久。

有这样一个让美国人不解的管理故事，现在人们称之为“亲和力管理”，但这种管理只会发生在东方，而且将这种管理术运用得最好的是日本。

故事发生于日本的索尼公司。索尼公司当年在美国生产晶体管收音机，以取代美国当时那种非常传统的、老式的、又大又笨的收音机。这种小巧的收音机推出后，市场反响很好，一个销售商去找索尼订货，要求索尼提供订购五万台、十万台、五十万台收音机的单台产品报价单。令人奇怪的事情发生了，索尼公司报给销售商一个马鞍形的报价：五万台价位贵一点，十万台便宜一点，五十万台的价位却是最贵的。这个美国人不懂了，心里想，日本人真是太古怪了，连薄利多销的原则都不懂，货要的多应该便宜呀！索尼的老板盛田昭夫就跟他解释说，我们日本人做事跟你们美国人不一样，我现有的工人在你要求的那个供货期内不可能生产五十万台，那么，我就需要招工人。工人招进来了，这个订单完成之后，如果接下来又没有新的订单，那怎么办呢？我们不可能像你们美国工厂那样，立刻裁员辞退他们，这部分工人毕竟是为这份订单、为这份利润、为我们工厂做了贡献的。我们工厂要养他们一段时间，发他们一段时期的工资直到其重新找到工作为止。一番话说得这个习惯于美国式思维的销售商大开眼界。正是通过这种亲和力管理，我们可以看到直到现在，索尼依然是一个强大的公司，它并没有因为少接了订单而垮掉。工人当然是花钱雇来的，但在鞭子下劳作和在爱中工作是不一样的。这是管理，但更是一种人与人交往的方式，爱人者，人恒爱之。

后来，美国的经济学院、管理学院就以这个案例为典型来介绍日本的企业文化，这其实体现的就是仁者爱人的“仁道”精神。西方研究者发现，“仁道” 管理的绩效远非制度和奖金可以达到。所以，后来美国工人大罢工的时候，索尼公司的工人，不管黑人、白人、黄种人全都不罢工，为什么？因为他们觉得罢工对不起自己的老板。在美国经济大萧条的时候，工人甚至主动提出把自己的工资减下来，与公司共渡难关。这是为什么呢？显然是管理者亲和力而产生的神奇效果。

所以，东方式的管理理念，在人我关系这个层面上主张亲和力，是一种非常高明的方法。因为你是仁者，所以你有亲和力，有人格魅力，或者说你能够以这样一种仁者德行去征服别人。我们都知道《水浒》里面的宋江，文不如吴用，武不如林冲，但他却坐在第一把交椅上，原因就在于他那种为人着想的德行上，最后竟然能让李逵这个鲁莽之人陪他一同死。让人为你出力就一定要有为你出力的理由，这样看来人行于世，凡事不要行得太满，但德行、仁心一定要修满。

还有一个故事更是让我们这些俗人称赏：有一个网络工程做得非常有名的企业家，他在一次和EMBA同学交流的时候讲，他现在是想不挣钱都不行。大家都露出奇怪的神情，因为所有人都认为现在的钱太难赚了。他解释说自己在圈子里面是非常有名的好人，他从来不蒙骗客户，自己要挣钱，别人也要挣钱。所以，他就经常告诉手下这个道理：客户开公司办企业也不容易，他挣到了钱，想要建一个网络，以提升自己的管理水平和产品质量，他这个钱也是辛苦挣来的，所以就不能蒙他。

网络固然是高技术的产品，但对供需双方而言却存在信息不对称的现象，特别是一些刚刚起步的企业做这个东西的时候，不了解成本究竟有多大，因而很多网络工程公司就在信息不对称的背景下狠狠地宰人一刀。这位企业家说，自己从来不这样做，他的报价往往是同行里面最低的，但是质量从来都是最好的，因此很多企业排着队等着他去做，今年不行明年，明年不行后年。这位经营者很得意地把这个东西概括成一个理论，叫“好人商道”。好人是什么人呢？他进一步引申说，就是能够将心比心的人。这位企业家说自己的父亲曾经是一个熟读“四书五经”的私塾先生，父亲总是对他讲，做圣人是很痛苦的，虽然做企业的人很难做到圣人的境界，但是一定要做一个好人。衡量好人的标准就是在考虑自己的同时，是否能够考虑到别人，是否让别人感到有被关爱的成分在其中。中国人讲究因果，种什么因结什么果，如果撒出去的是爱的种子，就不可能结出恶的果实。

中国历史上倡导的宽厚待人、力求和谐的思想，正在融入新的管理哲学体系中，并逐渐成为其中极为关键的要素。可以说，我们目前提倡的以人为本、以和为贵、以德为范的人性化的管理理念，是极其科学而有效的。

我们现在已经进入了商品社会，如果只给人以画饼充饥，是不能解决问题的。而若与人做生意只想着以德化人，而不能给其实际好处，那要想做大做好也是根本不可能的。所以在与人相交时，一定要知道自己想要什么和对方想要什么，才可能立于世上。

胡雪岩语录

我现在虽然遭了难，但是你们不用担心，有我胡雪岩在，就肯定会还你们银子，就算我还不了，我还有儿子，我儿子还不了，还有孙子，我胡雪岩再难，也不会赖你们的一分钱。

进退之间：方显英雄本色

有智语：原谅失败者之初心，注意成功者之末路。这句话的意思就是说我们对于一个事业失败而感到心灰意冷的人，要认可他当初那样奋发向上的精神；我们对于一个事业成功而感到万事如意的人，要观察他是否能永远维持下去。其实不是别人看他如何维持下去，而是自己要如何看待可能发生的失败，还是那句老话，可以被打倒，但不能被打败。

曾国藩的家书中有论，士大夫之家有的很快衰败，往往还不如乡里耕读人家家运持久，造成衰败的原因，大约不出这样几个方面：彻底废弃礼仪之家衰败，兄弟相互欺诈之家衰败，妇女淫荡秽乱之家衰败，子弟骄傲轻慢别人之家衰败 。一个人衰败的原因也有四方面：骄傲自满、欺凌别人的人衰败；昏聩懒惰、轻信下人的人衰败；贪婪刻薄的人衰败；反复无常、不讲信义的人衰败，从来没有见过没有这些弊病而无故败家覆身的情况。

其实胡雪岩的衰败就是因为奢靡，上篇说他造那样的宅子娶小老婆，就是造成他衰败的原因，不然以他那样精明的人，绝不会因为两派势力斗争而垮下去的。他是商人，当然能够审时度势，得出最有利于自己的结论，但是他没有投向李鸿章，他所以没这样做，我们是不是可以认为，他的内心已经被奢侈安逸蚕食掉了呢？

胡雪岩事业的覆亡，起始于原任英国怡和洋行中国总办威妥玛奉召回国，他在述职中对贷款给大清朝廷的事作出检讨。于是，胡雪岩借外债，从中赚取利息差额的案情一下子暴发出来。民众一窝蜂赶到阜康钱庄挤兑，甚至砸毁店面。

朝廷指派刑部尚书、六府大臣、武英殿大学士文煜，前来查封胡雪岩的财产，首先摘去胡雪岩的顶戴花翎，然后把所有资产折算成银子，以偿还积欠朝廷的银两。

事发之前，一层皮还在，面子还算好看。案发之后，那一层皮被剥开了，真相毕露，原来如此不好看。人生不过是一层皮，要善自珍重。

生意场上，没有人敢说自己可以永远立于不败之地，也没有一个人可以永远立于不败之地。从根本上说，做生意成功的把握总是相对的，而失败的可能却是绝对的。

没有生意人愿意“出事”，但又没有一个生意人能避开此问题。那么，当事情到来的时候，胡雪岩又是如何应对的呢？

胡雪岩生意的资金链出现断裂，可屋漏偏遭连夜雨，正当胡雪岩尽力支撑场面，想要保住杭州阜康信誉，以图再战的时候，又传来宁波通裕、通泉两家钱庄同时倒闭的消息。

通裕、通泉两家钱庄，是阜康钱庄在宁波的两家联号。上海阜康钱庄总号挤兑风潮开始之后，胡雪岩钱庄生意的主管宓本常潜至宁波，本来是要向这两家阜康联号筹集现银以救急的。但由于宁波市面也受时局影响很大，颇为萧条，这两家钱庄不仅无法接济阜康，甚至已经自身不保。宓本常到宁波不久，通泉档手就不知避匿何处，通裕档手则自请封门，因此，宁波海关监督候补道瑞庆即命宁波知县查封通裕，同时给现任浙江藩台德馨发来电报，告知宁波通裕、通泉两家钱庄已经倒闭，并请转告这两家钱庄在杭州的东家，急速到宁波协助清理。

既是阜康联号，东家当然就是胡雪岩。德馨与胡雪岩一向交往甚厚，他不愿意就此撒手不管，而是让自已的姨太太莲珠向胡雪岩转达通裕、通泉的情况，并许诺如果这两家钱庄有二十万两可以维持住的话，他可以出面请宁波海关代垫，由浙江藩库归还。但当莲珠如此转告胡雪岩的时候，胡雪岩却不肯接受这个办法。他请莲珠告诉德馨，他肯为自已垫付二十万两维持那两家钱庄，他非常感激，但这只是头痛医头、脚痛医脚，最终结果不过徒然连累德馨，因此，并不是一个好办法。在目前情况下，维持通裕、通泉，不过是在弥补已经裂开了的面子，只怕这里补好了，那里又裂开了。胡雪岩决定放弃通裕、通泉这些已难以维持的商号，而投入全部力量保证目前还可以正常营运的杭州阜康钱庄，也就是竭尽全力“保住还没有裂开的地方”。

胡雪岩为商的一大特点就是他总是为他人着想，这也是他在倒下之后仍然为人敬仰的原因，因为他行事为人始终将“义”字放在首位。

用现代经营眼光看，先保住还没有裂开而可能保住的地方，这是保存实力、以求再战的战术。在面临全面崩溃且破绽已现的情况下，考虑及时收缩战线，集中财力保住可能保住的部分，对于暂求生存是十分必要的，也是十分有效的。

但胡雪岩终于回天无术，一败涂地，所有的辉煌、所有的荣华富贵，在一夜之间都化为了过眼烟云，随风飘散。不过，胡雪岩也真算得上是一条赢得起也输得起的汉子，他本来是可以也有条件为自己私匿一些钱财的，但他却没有，输得光明磊落。想想他几十年驰骋商场，创下偌大的家业，仅二十家典当行就值二百万两，“百足之虫，死而不僵”，不说现银，就是家中收藏的首饰细软，私藏几许，大约也可以让他在生意倒闭之后维持相当阔绰的生活。说他有条件这样，是因为即使在他的钱庄、丝行全面倒闭之后，由于有左宗棠的转圜斡旋，他只是被革去二品顶戴，责成清理，而并没有查抄家产。而且罗四太太、乌先生也都提出过同样的建议，但他却没有接受他们的建议，只是为了满足罗四太太不认输的心性，才勉强同意为她转移出一些女眷的私房。而且在自身已经不保的情况下，他也没有失去宽以对人的心怀。

身处绝境，他还能为别人着想。夜访周少棠，回来后由自己身上的寒意，想到今年的施棉衣、施粥应该照常。他并不怕官府查抄，因为公款有典当作抵，可以慢慢还，他可以不管。只是没有清理之前，私人的存款不知偿还多少，用他自己的话说：“一想到这一层，肩膀上就像有千斤重担，压得喘不过气来。”由此也使人想到，胡雪岩常常挂在口头上的那句“不能不为别人着想”的话，确实并不只是他的冠冕之辞。其实，胡雪岩夏天施茶、施药，冬天施棉衣、施粥，另外还施棺材、办育婴堂等，并不是因为所谓“为善最乐”，他只是觉得发了财就应该做好事，这就好比每天吃饭，是应该的，本就无所谓乐与不乐。

商场上没有常胜将军、不倒翁，任何一个驰骋商场的人，都要做好输的心理准备，都要有赢得起也输得起的心性。只是赢得起还不能算是汉子，只有输得起——输得洒脱，输得志气，才是真正的汉子。

胡雪岩语录

什么事都要讲机会，明明一定能办到的事，阴错阳差，叫你不能如愿；而明明难以办到的事，你赶上了机会，说不定能大有所获。

不迁怒：一个“和”字会把败局挽回

“迁怒”，就是会乱发脾气，我们都有迁怒的经历。举例来说，我们最容易迁怒的是自己家人，在外面受了气回家，太太好心前来劝问：“脸色这么差，怎么了?”可是你却对太太说：“你一边去，少管!”这就是迁怒了。

处理事情的时候也是这样，我们可以看到历史上有很多人成为了历史的大罪人，就是由于迁怒。有的甚至因为对某一个人不满意，竟把整个国家拿来赌气赌掉了，就如同我们都知道的“冲冠一怒为红颜”。不迁怒真是太难的事。

中国人历来讲求“以和为贵”。有时候看似不可调和的矛盾，只要从“和”的原则出发，天大的难题也能迎刃而解。当然，“和”不是嘴上说说而已，还得拿出诚意。

胡雪岩经商做生意非常善于利用他“和”这个“鱼饵”，这使得他在生意场中屡屡成功。

有一次，王有龄的十余艘载着20万石官粮的海船从宁波港出发，准备驶往天津。不料船队行至上海时，被漕帮用几十艘小舢舨装扮成的火船给烧了个干净。消息传到海运局，王有龄闻之大惊，一面令胡雪岩去调查，一面又赶紧呈请巡抚衙门调查真相，缉拿纵火犯。

可是，十几天过去了，此事仍毫无头绪，王有龄心急如焚。这时，胡雪岩回来了。

“查到什么消息了吗？”王有龄急切地问。“当然，这是漕帮中的青帮所为。”胡雪岩神色凝重地说。这事细究起来话就长了。

原来，王有龄的海运局砸了漕帮的饭碗。自隋炀帝开凿大运河以来，南方产米之地每年都要运粮北上。千百年来，这种粮运逐渐发展壮大，除运粮米外，也有别的物品，统称为漕运。参与漕运行当的人，包括船家、账房、伙计、船老大诸班人马，加上在运河两岸以运输为业的人家，结成了“漕帮”，彼此互相支援，调节关系，统一行动。

清朝以来，由于政府漕运管理机构视漕运为肥肉，人人染指，使得漕帮的日子越来越不好过。于是，漕帮逐渐帮派组织化，往往趁月黑风高时明火执仗，大行抢劫。后来，漕帮又在运河中设卡收税，无视法度，自设了另外一个王国，让朝廷甚为恐慌。太平天国定都南京后，京杭运河经常受战事影响，漕运更为不力。于是有大臣建议，何不改漕运为海运，这样既可不受战事影响，又可使漕帮势力自然消亡，解决国家的心腹之患。

于是，朝廷成立了海运局。此局一成立，果然运输比漕运更有效力，海运局也因此而大发。然而，这对漕帮众兄弟来说，却是火上浇油、雪上加霜。由于朝廷粮米不再由运河北运，这等于是夺了漕帮的饭碗，于是帮内许多人把目光投向了海运局，准备报复，王有龄的运粮船队就这样被烧了。听完胡雪岩这番话语，王有龄沮丧地说：“如此说来，那就只有关门，让朝廷下令恢复漕运吗？”

但胡雪岩认为自古以来，民都不愿与官斗，如今漕帮敢烧毁朝廷粮米，也是被逼无奈。如果朝廷追查下来，只会把漕帮逼上绝路，狗急也会跳墙，更何况暗箭难防，斗下去只会两败俱伤，不如现在去与青帮讲和，分他们点好处，息事宁人。

于是，王有龄请胡雪岩亲自出马去和谈。胡雪岩也是当仁不让，准备了一船的杭州特产，找青帮的小首领陈三为中间人，来到青帮总部见首领廖化生，除了送上一船的土产，胡雪岩又送上10万两的银票。

这10万两银票换来了廖化生的笑脸，那下面的事就好谈了。廖化生就问胡雪岩的来意，既是代表官方，为何却要送上银票呢？胡雪岩说虽然自己代表朝廷，但也知上面的法令常改，根本不顾百姓的艰辛，海运局只是迫于王法，又有什么办法呢？但廖化生凭着自己在运河上的优势，当然不会就这样退步。胡雪岩随即又拿出一个杀手锏，给廖看一封朝廷密函。原来浙江巡抚上奏要国家出面干预这件事，把漕帮说成是杀人越货的匪帮。这可吓坏了廖化生，因为他知道无论漕帮势力多大，终归是民间组织，跟朝廷对抗终是弱势。但江湖中人又好面子，事到临头时都会拼死一战，那时候乱子就大了。

胡雪岩看已说动廖化生，就又卖人情对他说，自己已在半路截下这个密函，朝廷尚不知，如今最要紧的是赶紧把粮米、船只凑齐运到天津，不让朝廷知道。

廖化生对胡雪岩这种仁厚之举很是感动，这时胡雪岩又对他说，漕帮是以水为生的，也不会别的生计，我可以放款给漕帮，让他们去乡下收粮聚到海上，这样海运利润他们可以享其半数。廖化生听此建议当然是大喜过望，对胡雪岩感激不尽，因为这就等于分了胡的利润。但胡雪岩知道生意最是要以和为贵，钱绝不是一个人可以赚到的。

这样，胡雪岩不仅化解了漕帮对海运局的仇恨，而且还利用漕帮把粮食生意做到各个乡间。他良好的涵养在关键的时刻再一次显示出了威力，不迁怒，而是因势利导，以和为贵。后来，漕帮势力成为胡雪岩海运、漕运的有力保护者，使胡雪岩的生意受益无穷。本来胡雪岩背后有朝廷，实力远远强过漕帮，并且漕帮火烧官船又是违法行为，胡雪岩大可以让朝廷派兵“剿匪”。但这么一来却有两个坏处：一是王有龄难逃“办事不力”的罪责，这不是胡雪岩想看到的，他可不希望他的靠山有什么闪失；二是从此结下了漕帮这个仇家，胡雪岩亚商圣的名号可不是浪得虚名，他知道商人贵在和气生财，而不是斗气。他以其“和”字，不仅解决了漕运问题，而且还交到了漕帮这个朋友。这就是所有伟大商人的特点，他们都舍得投大资本，吕不韦是这样，范蠡是这样。而为什么范蠡被称为商圣，是因为他懂得放弃，吕不韦因太贪恋自己的投资，结果最后没落得好下场。一个好的商人最大的智慧就是懂得放弃，以和为贵。胡雪岩所以能以一介布衣，一点点熬到穿黄马褂，那可不仅仅是会经商才能做到的。

“和为贵”在《论语》中被提到礼的层面：“有子曰：‘礼之用，和为贵，先王之道，斯为美，小大由之；有所不行，知和而和，不以礼节，亦不可行也。’”

这里所谓“礼之用，和为贵”，等于礼的哲学。“礼”是干什么的？是中和作用，说大一点就是和平，这也就是礼的思想，也就是前面所说的维系世界。

所以人与人之间要“礼”，事与事之间要“礼”，而礼的作用“和为贵”，就是调整均衡。这个礼又引出了“先王之道，斯为美，小大由之”，中国文化中称先王，不是指哪一个皇帝是先王，“先王”这两个字，就是指在某一领域的优秀人物。“小大由之”，无论大事小事，都要由礼的精神来处理，失去了礼的精神就不行，一定会出毛病。这就是提出在人际上要求以和为重，只有凡事和，才能做到事事顺。

“和”不是妥协，而是一种顺势，如果不能顺势，那只能是走向死胡同。这在“中文之星”的最后不归路中我们可以看到，只有正确认识到自己想要什么，向大势妥协，才可以让商家生存。

在《中国青年报》召开的知识产权座谈会上，中文之星数码科技公司总裁张一方悲愤地谈到大量的盗版、侵权给中国软件业带来的毁灭性打击，他认为，盗版对外国公司可能只伤及皮毛，但对中国软件产业则是关系生死的大事。

张一方说：“软件应用最火的时候，恰恰也是盗版最盛的时候。”盗版导致正规公司没有资本和利润的积累，不仅没有获得产品销售应得的利润，甚至连研制开发所需的基本投入都没有赚回。

张一方因此形容国内的软件企业生存环境，恶劣到“就像生活在沙漠化的土壤里，水土流失严重，种下的东西连自己都养不活”。

张一方说得没错，但他却只说对了一半——需要改变的不仅仅是外部环境，还需要改变“中文之星”的内部环境。一个在残酷的市场竞争环境下生存发展的企业，如果不主动地反省一下自己的行为，只是一味地指责环境，是绝对无法解决现实问题的。

“中文之星”从一开始就是错的，它把自己定位到了几乎和WINDOWS同一水平上——一张正版的WINDOWS系统盘定价在2000元左右，一张正版的“中文之星”价格则是1500元。

但事实上，“中文之星”压根儿就不能与WINDOWS相比，它只是一个可替代性软件。

到了 2001 年，“中文之星”盗版软件的价钱都从 25 元降到了 5 元，可“中文之星”的售价还是那个老价钱——1500 元。试想，如果 5 元钱就能很方便地买到好用的盗版“中文之星”，谁还愿意花 1500 元去买正版的产品呢?

其实中文之星只要调整自己的价位，就可以让自己生存下去，而不是总端着自己那一推即散的架子。其实中文之星如果降价的话，并不是向盗版市场妥协，而是顺应这种趋势，从来没有谁能把一个市场全部吃光，却给自己上了一个沉重的枷锁，最后反而被自己拖累而死了。中文之星不和它的衣食父母和平相处，而是让他们感到被宰了一刀，那他们不抛弃它又将如何呢?

胡雪岩语录

欲无止境 与之予求

"世事洞明皆学问"，光是死读书、做八股，由此飞黄腾达，倒不如一字不识，却懂人情世故的人。

除了春秋时代我们的思想非常开放以外，没有哪个时代像现在这样可以把人的欲望放在生活的第一位。正是因为这个原因，才使得我们这个时代显得如此可爱。现在是只要你实现个人的价值，就是对社会、对人类的贡献，这听起来才像一句符合人性的话，因为无论在哪个时代，穷富都可以成为衡量一个人的标准，这也使得我们的孔圣人到处求职谋生，最后也只能是自创学校，有教无类。所以，永远不要低估钱在人心里的作用。

相传清朝的乾隆皇帝游江南，来到江苏的金山寺。看见长江上有许多船来来往往，他问一个老和尚："老和尚，你在这里住了多少年？" 老和尚当然不知道这个问话的人就是当今皇上，便随意地说："住了几十年。" 皇上问他："几十年来看见每天来往的有多少船？" 老和尚说："只看到两艘船。" 乾隆惊奇地问："这是什么意思？为何几十年来只看到两艘船？"老和尚说："人生只有两种船，一艘为名，一艘为利。" 乾隆听了很高兴，认为这个老和尚很了不起。

从这个故事我们可以想见，人活着其实欲望很简单，老和尚还是没有真正道破机关，其实人只是为了利，因为人只要有了名，那利就不愁了。当然文人大多要通过出名才能得到利，而作为商人来说，他要会以利生利。而胡雪岩是天生的商人，对于他可以获利的投资，他向来是舍得的。当然，胡雪岩的付出总是能够获得超值回报的，这就是“宁舍一朵花，捵得万锭银”。

浙江巡抚黄宗汉即将调往外地，其中最紧张的，莫过于胡雪岩和王有龄了。因为王有龄在黄宗汉手底下当官，虽然黄宗汉贪婪，但只要黄宗汉在任，王有龄任内的各项亏空都不会有什么问题。可黄宗汉即将调任，如果由其他地方调来一个素昧平生的家伙来接任，那么王有龄可就惨了，而王有龄又是胡雪岩在浙江官场的靠山，他所捅出来的亏空，多半也是因为胡雪岩的生意而造成的。现在这两个人是一条绳上的蚂蚱，所以，无论如何都要想法弄一个自己人来接黄宗汉的缺儿。

两个人商量来商量去，觉得还是由江苏学政何桂清接任这个位子最合适。清代体制中，学政掌管一省教育、科举，类似于今天的教育厅长，虽然不归巡抚管辖，但却与巡抚一般大，同为二品官员。再说何桂清幼年时曾是王有龄父亲的记门弟子，与王家颇有渊源。此人后来科场得意，与黄宗汉同榜同年，各方面条件都适合接任黄宗汉，最重要的是适合胡雪岩。

分析完后，胡雪岩拿着王有龄写给何桂清的信，带着最宠爱的红颜知己阿巧专门去了一趟苏州，游说何桂清早日进京活动。

可送礼也是一门学问，送什么才能令其对自己产生好感呢？胡雪岩心想，钱是最有力的武器，还是老办法。于是，胡雪岩在准备给何桂清的信中，夹了一张五千两的银票。除了送钱，还要送些让人喜欢的礼物，可送什么礼才会收到成效呢？

胡雪岩的红颜知己阿巧出身风尘，虽然已经接近三十岁，但用现在的标准来看正是女人最有魅力的年龄，既是风尘女子，当然最明白人情世故。见胡雪岩为送礼一事犯愁，就分析道：“一个云南人出任江苏的官职，当然会患思乡病，不如从吃的方面下手!”阿巧提出了自己的建议，当然她的出身也只能从这方面出主意。

胡雪岩对如此懂得的女人自是大加称赞。随后，胡雪岩便雇人在江苏境内搜集云南特产，如宣威火腿、紫大头菜、鸡趾菌和咸牛肉干，但这些东西实在不好找，虽然找到了，数量却不多。

“千里送鹅毛，礼轻情义重。”于是，他便将这四种土产包好，连同王有龄的信和五千两银票，托人送给了何桂清。前面有金钱开道，当然是相见甚欢了，何桂清同意上京活动，但一路上需要个人照顾，请胡雪岩帮忙，财到了，还有色呢。

“这容易得很。请云公说说看，喜欢怎样的人?”胡雪岩就怕没人贪。

“像阿巧那样的，便是上上人选。”何桂清脱口而出。官场春风得意的何桂清，居然迷上了一旁伺候、初次见面的阿巧，这多少使胡雪岩有点意外。对于阿巧，胡雪岩自相遇之日便有“东北西南，永远相随无别离”的属意，但胡雪岩心想，古人尚有买妾赠友的雅好，老婆如衣裳，况且阿巧连这件衣裳也不是呢。想到这里，胡雪岩心中释然，他认为决不能为了一个女人而坏了自己的大事。

何桂清见胡雪岩竟然以美相让，真是欢喜莫名，喜出望外，对胡雪岩感激不尽。从此之后，在官场上，胡雪岩又多了一个朋友。后来，何桂清对胡雪岩则是投桃报李，自己总督两江后，特意举荐王有龄坐上了浙江巡抚的宝座，并与王有龄一起，成了胡雪岩在东南无人可匹敌的两大靠山。

一个人知道自己有所欲，也就要想到他人亦有欲，要想实现自己的欲，就要满足他人的欲。只是欲有大有小，有此有彼而已，而决不会是无欲。其实出家人所修的无欲之境界已是一种欲了。

做生意就要研究人的心理，要了解人性，所谓商场如战场，要做到知己知彼才能百战不殆。而在中国现今的一些企业中，常有爱开空头支票的老板，也就是打精神牙祭。要知道人不是土地神，你许下诺言不去烧香也没事。有一句外国名言说得好：“永远不要给人以许诺，因为那是一种责任。”而现今为什么有些企业总是在风光一时之后就不见了，就是他们把员工当土地神了。

他们忘了，企业是靠工人支撑的，如果总是让员工得不到任何实惠，尤其是老板许下的“精神诺言”并没有变成明天的“物质财富”时，商人的精神牙祭就会令他们大倒胃口。更为严重的是，长此以往，老板在员工心目中的威严和信任感将大打折扣，最后这些“土地神”也许会变成阎王，毁掉一家企业。

对商人来讲，任何一个不起眼的问题，都可能导致致命的结果。导致企业灭亡的众多问题中，有一个问题是一向不被注意的，那就是企业员工因为对企业或老板失去信任后的持续流失。所以企业在讲诚信的时候，首先应该对自己的员工讲诚信，坚决杜绝打精神牙祭。

虽然很多商人嘴上经常说人才是企业最宝贵的财富，但在私下却固执地认为：“三条腿的蛤蟆不好找，两条腿的人有的是。”但他们没想明白在人员来与走这个过程中，企业所付出的代价是什么。除了金钱上的损失，还有一种诚信度的损失，这种损失会像白蚁一样慢慢蚀掉企业。

张金镇曾是湖北第一村，原因是它曾有著名的幸福集团。幸福集团是依靠服装加工起家的，虽然现在工厂照常运营，股份公司的办公楼也依然矗立在厂子里，但是，这家服装厂早已租给了香港某企业经营，而这个第一村也早已随着幸福集团的没落而销声匿迹了。幸福集团的衰落是有很多原因的，在某种程度上，企业决策者对员工承诺总不兑现也是其中之一。

最初的幸福集团是一个小作坊式的生产车间，其决策者为了将自己公司的规模扩大，便对每一位员工许诺——有朝一日公司赢利了，上了轨道，一定给每一个人高待遇和高福利。因此，希望大家以厂为家，共同发展公司。想想靠种地吃饭的人们听到这个美好的未来，会是多么的兴奋。

第一年，所有的员工都没日没夜的加班，公司业绩增长很快，可是市场不景气，企业的效益并没有想象中的那么好。于是幸福集团的决策者说："今年我们没有完成销售指标，奖金少给点。明年大家加油干，完成生产指标，一定会有双倍奖励的。"

员工都认为，活儿没干好，钱发少点也没话说，而且这终是比脸朝黄土背朝天强。于是从那以后，所有员工加足马力，拼命干活。快到年底时，离规定的指标只差一点点，经理继续给他们鼓励："大家加油干，年底一定把奖金和红利一齐发给你们，并且给你们升职、加薪。"

老板都"豁出去了"，员工还能不拼。在所有人的努力下，超额完成了当年的销售指标。在部门核算那天，办公室里一片欢腾，甚至有人兴奋地说："领到奖金就飞'新马泰'！"

可在全年总结会时，老板却只做了明年的业务安排，丝毫没有提到曾经对他们的承诺，对于员工来说这等于是欺骗。

老板可能觉察到了人们的抵触情绪，但好像为了表示一种强权或是一种无畏，老板还从外面"空降"了几位新的员工，竟然比经验丰富的老员工还受重用，这等于是迫使老员工离开。企业的当家人可能没有意识到，中国门户已经大开，有了太多让人施展的空间，他让这些人离开等于是给对手送去了人才。而一些留下的，等于是细菌，只是把抱怨传染给那些或许还有动力的新鲜力量。最后的结局就是前面我们看到的。

有些商人为了自己的利益，经常性地对员工、客户许下诺言，然而事成之后，当初自己所许下的承诺早已飞到了九霄云外！这就是在中国历史上为什么只有范蠡和胡雪岩成为商人的典范，他们不仅会经营，更重要的是他们懂得如何散财。对于他们来说散掉一些财就像是播种，会结出更多财富的果实。

所以一个商人不仅仅是要会做生意，还要是个心理学家，而且最重要的是要想到别人也许比自己更聪明。这种对人的敬畏心理，会使一个人始终保持着头脑的清醒。

胡雪岩语录

做生意必定要与人联合，自己赤手空拳打天下没有多少力量。该跟谁联合呢？应该说做生意需要联合的人很多。

情商制胜：借得东风好行船

人们常说性格决定命运，因为有什么样的性格就决定了你会有什么样的人际圈子。一个人如果想完全凭借自己的力量获得成功是很不现实的，任何成功都是各方面因素综合作用的结果，也就是大家扶持的结果。一个圈子里面成员的品质是差不多的，这就是物以类聚，而且众多品质的积累一定会捧出一个佼佼者。但是这个佼佼者的诞生也是需要一定的条件的，简单来说，就是一个人如果想成功，那就要有一个为人所喜的性格与态度。

那么什么才是为人所喜的性格与态度呢？心理学家研究表明，如果一个人总是怀着积极的心态去面对生活，那这个人的生活就是快乐的，并且一直会向着快乐的方向发展。既然这样，那为什么还是有些人会觉得不快乐呢？原因就在于他们不懂得自我调解处理，也就是说他的情商不够高。过去没有这个概念，讲法是“要以仁义行天下”。一个人因为仁就会有很多的朋友，现在把这个认定为高情商。因为一个人的朋友越多，他的成功机会就越多，而一个聪明人又总是与比他高明的人结交，所以他的人生道路会越走越高，而不是像别人那样费力。从胡雪岩与人结交和处世上，我们可以非常清晰地看到这种人生策略的作用。

但胡雪岩毕竟是个商人，他与人结交往往带有很强的目的性和针对性。尤其是在晚清时代，没有保护伞的保护，生意是不可能做大的。胡雪岩看准了这一点，便倾力打造自己的关系网，因为他非常清楚在那个特殊时代要想赚大钱，唯一的途径就是寻找保护人。

胡雪岩在人的投资上是从来不吝啬的，而且很少有人像他这样大胆。他首先是继续帮助有希望、有前途的人，在这一点上，王有龄就是代表。王有龄的家中用度、他个人是寒是暖、如何打点他的上司，都是胡雪岩要照顾到的。随后是何桂清，因为有了帮助王有龄的成功例子，胡雪岩对何桂清更是不惜血本。为了他的升迁，胡雪岩可以一次放出一万五千两银子；为了博得他的欢心，也为了日后自己的商业，胡雪岩可以忍痛把自己的爱妾转赠于他。

胡雪岩替这些有前途之人出谋划策，也是在为自己的事业找保护神。他以一个旁观者的角度很清楚地看到，办团练、漕米改海运、征厘捐、购军火、借师助剿，所有这些应时之办法虽然是绕了一道弯，是在代他人操劳，但是到了最后，无非是帮助这些人得到朝廷赏识，巩固自己的江湖地位。有了这些人的庇护，自己的商业势力也就有增无减了。

何桂清在苏浙之日，为朝廷出力甚勤，所以他在这一带的影响日盛。因为这个缘故，胡雪岩的能力也有了用武之地，他的商业发展也有了依托。他个人在经营中逐渐冲破了先前在钱庄上的经营观念，开始在以官府为后盾的前提下向外扩张，这一扩张预示了胡雪岩在商业上必将称霸东南半壁江山。此时的胡雪岩，因为尝到了在官僚阶层中扩充势力的甜头，他是再也不会回到旧有的经营方式中去了。

何桂清与王有龄这两个靠山烟消云散之后，胡雪岩又开始为自己物色新的保护伞。这一次的寻找虽然是有意识的，但也不得不迁就时局，一番比照之后，左宗棠成为了胡雪岩眼中的最佳人选。

左宗棠在位之时，胡雪岩为他筹粮筹饷、购置枪支弹药、购买西式大炮、购买机器、兴办船务、筹借洋款，这些事虽然耗去了他大部分精力，但是胡雪岩乐此不疲，因为他在左宗棠身上的一切努力，都能为自己换来切实的利益。原因很简单，第一是因为这些事本身就是商事，他自然可以从中赢利；第二是因为左宗棠只有有了这些东西，才能安心平捻剿回，兴办洋务，成就功名大业。左宗棠是个人杰，其事业日隆，声名日响，他在朝廷中的地位日益稳固，胡雪岩就愈加踏实。

胡雪岩这种借得东风好行船的做生意方式，一直为后人称道。而当今世界最传奇的财富人物比尔·盖茨，更是因为善于利用人才的力量，才有了今天的成功。

比尔·盖茨也曾经和我们一样不名一文，但他从 20 岁时开始领导微软，到 31 岁成为有史以来最年轻的亿万富翁，37 岁成为美国首富，并获得国家科技奖章，39 岁时身价一举超越华尔街股市大亨沃伦·巴菲特而成为世界首富。

在比尔·盖茨的财富后面，隐藏着一种更为根本的东西，那就是让他成名或致富的秘密，让他跌倒后重新站起来的经验教训；他经年累月与人周旋所摸索出来的黄金法则，他在关键时刻力挽狂澜的精神支持……正是靠着这些，盖茨才走到了让我们无比钦羡的人生巅峰。盖茨在经营微软的过程中最引以为荣的就是，他利用自己的人格魅力吸引和团结了一大批优秀的程序设计者和产品推广者。曾经有人问过盖茨成功的秘诀，盖茨说："那是因为有更多的成功人士在为我工作。"盖茨对此充满了自豪感："在我的事业中，我不得不说我最好的经营决策就是挑选人才，拥有一个完全信任的人，一个可以委以重任的人，一个为你分担忧愁的人。”

有人曾经总结过盖茨的优点，认为其创业的成功是由其情商决定的，他的善于用人是他事业成功的关键。所以在微软创业团队中的一个传奇人物是我们一定要提的，这个人在微软的早期并不是特别重要的人物，但现在他却是微软公司的首席执行官——史蒂夫·鲍尔默。他同样是盖茨的同学，是盖茨在哈佛大学同一层宿舍楼的好朋友。1974 年，18 岁的鲍尔默在哈佛念二年级时，认识了同楼里瘦瘦的盖茨，对数学、科学和拿破仑的热情使他们成了至交，鲍尔默和盖茨搬进同一个宿舍，起名为“雷电房”。

在微软成长为一家大公司之前，盖茨事必躬亲，不管是工资单、计算税利、草拟合同，还是销售产品，他都亲力亲为，这耗去了他大部分的时间。所以在 1980 年，即比尔·盖茨创建微软的第六个年头，盖茨在他的游艇上以 5 万美元的年薪和 7%股份的合同聘用了鲍尔默，请他担任总裁个人助理，也就是他自己的助理。当时微软才 16 名员工，鲍尔默是第 17 位员工。从此，鲍尔默就开始了他在微软至今已长达 23 年的激动人心的奋斗生涯。

鲍尔默有句口号，“一个人只是单翼天使，只有两个人抱在一起才能飞翔”。

盖茨的聪明之处就在于，他能意识到专业人才的重要性。他曾以真诚的口气说：“事实上，把鲍尔默引入微软是我作出的最重要抉择之一。”于是，鲍尔默在盖茨的劝说下，从学校退了学，进了微软公司，成为微软第一位非技术的受聘者，并最终成了微软第二号人物。

鲍尔默是天生激情派，他的管理秘诀就是激情管理，给人信任、激励和压力。鲍尔默的出现为微软增添了更多的活力与激情，这完全得归功于盖茨的放权。也正是鲍尔默在管理方面的得心应手，让盖茨终于得以从焦头烂额的管理状态中解脱了出来，成为一名专职的程序员。

这位更擅长团队管理和公关的微软新掌门一上台，就向媒体公开了“重组微软”的核心价值观：用激情主义在合作伙伴、客户和业界同仁中塑造微软诚信的商业新形象。

通过分析一大批成功人士的创业过程，我们可以从中发现，他们都知道通过使用以及编织自己的人才网络来达到自己的目的。由此我们也发现了一些奇怪的现象，那就是当初在学校成绩很好的学生，一旦走向社会反倒不如一些中等或偏差的人的际遇，关键就在于他们的情商差距。在商场上，只有那些能很好与人相处，并知道如何为自己拉上庞大关系网的人，才会有成功的潜质。

胡雪岩在他那个时代就意识到，会识人、用人、拉拢人就会拥有财富，这一点实为不易，要知道那个时代还是以“唯有读书高”为生存理念的。

第六篇／变化之中寻良策

胡雪岩语录

风云变幻 存乎一心

用兵之妙，存乎一心，做生意跟带兵打仗的道理差不多。除随机应变之外，还要从变化中找出机缘来，那才是一等一的本事。机会是要靠大家双手捧出的，所以你就要为大家提供机会，大家也会为你提供机会，这也就是机缘。

左宗棠说："遇不如意事，见不如意人，最可验平素道力。"也就是说碰到不如意的事情，见到自己不想见的人，这个时候最可以检验一个人平时的修为。商场如战场，更是要求一个想成大事者必须要有定力，要有担当。一个人要想收获多，不仅要有大抱负，更重要的是要有承担风险的魄力。人们都晓得利润大风险就大，所以想要得到大利就一定要想到大险。

胡雪岩的忍耐和意志不但表现在艰难困境中，还表现在顺境处世上。比如和漕帮做生意，胡雪岩不但要力争把生意做成，还要力争让别人认为胡雪岩做人也是很漂亮的。胡雪岩觉得，别人既然爽快地放交情给自己，自己这一面就不能知难而退，光顾办好自己的事情，而不去帮助别人分担难处。如果是这样的话，交往就这一次，不会再有第二回了。因此他宁可自己多承担些责任，也一定要替对方打算，这样做虽然自己的担子重了些，但可以真正地交到朋友。事情要从长远看，只要能有朋友，不愁没有前途。

胡雪岩正是凭着这种气魄才会交到天下才士。他在与漕帮借粮一事上就表现出一个商人的德行——只赚该赚的钱。即使自己有再大的经济风险，也决不做对不住朋友的事。

我们说人的意志不仅表现为能够忍受艰难困苦，还表现在能够忍受平淡寂寞，把平平庸庸的生活都做好了，做活了，让维持顺境的因素变成化顺境为得意之境的因素上。有了这样的意志，一个人就能出乎其类，拔乎其萃，强者的意志力会贯穿一生，无论任何身份和处境。但是，人往往有了钱就不知节用就会丧产，有了地位就不知节制就会丧权，有了名气就不知节制就会自毁名节。这就要求一个人要有平常心，也只有一颗永远坦然的心，才能经受得起大起大落。

比如胡雪岩劝诫王有龄在交上好运时，心一定要放稳，只有经得起好运和喜悦的冲洗，不管运道如何变，一件一件地把事情做好，这个大原则不能变，做人才能经得起折磨。毕竟，厄运来了是大折磨，经受不起，就会毁了自己；好运来了，是大折磨，经受不起，会白白糟踏了好运。有好多中了彩券一夜暴富的穷人，过不了几天就又重新一贫如洗，这就是经受不了好运的折磨。好运道来了，挡也挡不住，这是常有的事情。好运道是加诸于众人的，全看承受的人是否有接受的能力。好运道放在做事气闲心稳、从容自在的人身上，他们会把好运再放大十倍百倍；放在手足无措、举止失度的人身上，降临到头上的好运会把他们活生生地变成惊弓之鸟。

当然，我们讲人的心理承受时，更多的时候是看一个人在逆境中的表现。因为在逆境中矛盾更集中，成败的抉择更为迫在眉睫，生死的较量、善恶的较量、伟大与渺小的较量更为紧张。逆境犹如悲剧的高潮，剧情的进展集中在主人公身上，要由主人公的行为来凸显主人公的意志和品质。

比如前面说的垄断上海丝茧市场，当时有一段长达半月的煎熬，就是在这样的大局面下，胡雪岩处变不惊，通过与同业的协商而渡过了难关。

又比如杭州光复后胡雪岩觐见左宗棠，左宗棠因误信人言，误会了胡雪岩，见面时连凳子也没给一个，并准备上折参革胡雪岩。面对这样的尴尬，胡雪岩处变不惊，将提前就想好了的一套说法抛出，终于使左宗棠相信，自己潜出杭州城并非是贪生怕死，而是为了千万饿殍待哺的浙江灾民。不仅有道理上的根据，而且有实际行动，胡雪岩觐见左宗棠之时，就已经采购好了大米万石，后继陆续还会运来，这就使左宗棠怒气全消，把胡雪岩奉为上宾进而收为幕僚。

胡雪岩面临过的最大困境，就是他的整个钱庄王国的崩溃。从钱庄挤兑开始，导致了胡雪岩整个事业的失败，那么，胡雪岩在这样一个大的困境面前，表现又是如何的呢？挤兑钱庄是由邵友濂、盛宣怀合谋挑起的，邵、盛二人属李鸿章门下，李鸿章与左宗棠不和，早有剪其羽翼的打算。胡雪岩是左宗棠门下，要饷、要粮、要军械，左宗棠一求，胡雪岩无不即刻办理，从无延迟，是左宗棠的左膀右臂，自然首先拿他开刀。邵、盛二人派人四处传谣，说胡雪岩手下的阜康钱庄内部虚空，信用不足。

谣言一起，阜康在上海的分号即刻遭殃，不到一天就宣布关门歇业，随即牵动杭州、宁波分号。胡雪岩此时正乘船前往杭州，上岸伊始，就遇上了这么一个大变故，真是犹如晴天霹雳，胡雪岩明白此时只能保持镇静。这就好比一条船遇到了大风浪，如果船长先慌了手脚，必然会引起船员更大的慌乱，最终会导致船毁人亡。反过来，只要船长镇静，把整船的人都组织起来，同心协力，就有逃出险境，化险为夷的可能。

所以胡雪岩让钱庄继续营业，有他胡雪岩的其他生意做后盾，一切困境都会克服。他专程前去拜访藩司德馨，德馨和胡雪岩的关系一向甚好，因为他知道胡雪岩平素的为人，也知道面对这样的崩溃局面，这位胡先生绝不会像其他一些小商人那样一逃了之，于是帮助胡雪岩疏通浙江巡抚和京城里的老爷，让大家一起来支持胡雪岩，给胡雪岩时间，让他自己来弥补因挤兑而带来的损失。正因为有了政府官员的帮助，胡雪岩才能从容调度、挽救危业。胡雪岩能在这样纷乱的局面下不慌不忙地处理问题，更是显示出胡雪岩的气度来，这不得不使我们又想起了“一种心态就是一种人生”这句话是多么的有道理。在当时的情况下，胡雪岩着重考虑的不是如何防止经济受损，而是不能够输掉自己的气度。

所以说一个成功人士的气度并不是表现在他收获的时候，相反却是显现于他屡屡受挫的时候，没有哪个人是随便就能成功的。

在全球财富市场竞逐中，华商早以其智慧勤奋、善于与异族文化融洽相处的独特气质与阿拉伯商人、犹太商人并驾齐驱。他们勤劳的身影出现在世界的每一个角落，成为商业世界引人注目的一群。

文化人类学的成果表明，人群的差异性其实是由文化的差异性决定的。在阿拉伯商人的精神世界中，伊斯兰思想是他们心灵的寄托和至高无上的人生信仰，宗教的习俗和原则深刻地影响着他们的处事方式，造就了他们诚实守信的经商理念。自中世纪以来，犹太人到处受排挤、驱逐，甚至屠戮，生存的压力让犹太商人处处精打细算，对金钱的认识更是让他们常胜不败。中国儒家构建了“君子以自强不息”的人生哲学，从古至今的中国商人都不同程度地受到了这一儒家观念的熏染浸润，从而在其经商过程中表现出坚忍不拔的奋斗精神 。这其中的代表人物是南洋实业家陈嘉庚先生。

深受儒家文化影响的陈嘉庚在创业过程中遭遇到了多次挫折，他在 17 岁时接手亏损严重的家族企业，等他把生意做得红红火火时，一场意外火灾的发生却将其辛苦劳动的成果毁损大半。最可怕的是第一次世界大战的爆发，当时控制全新加坡菠萝业50%、熟米业60%的陈嘉庚受到很大的影响，面临破产。原来新加坡的宗主国是参战国之一，把大批的船只用于繁忙的军事运输，并严格限定非军需品和日用品运输，菠萝和熟米因此不能运往外地，导致他的货物堆积如山，期货合同不能履行，现金也无法回收，他的事业一下子再次陷入低谷。但是成功者不同于庸才的是，他们总能在逆境中看到希望，只要自己不倒下是永远不会被打垮的。

正是因为他看到自己的货物无法运出去，他才决定投身到航运业，这不仅解决了他的货物运输问题，更重要的是他还为自己开辟了一个新的领域。后来他又投身到橡胶业，也许上天真是将降大任于他吧，他的橡胶业刚有起色，南洋橡胶的价格却大跌，让其损失30多万元。但陈嘉庚并没有动摇发展橡胶业的决心，局面终于在他的坚持下出现转机，随着资本主义世界经济的繁荣，发达国家的汽车制造业发展迅猛，对橡胶的需求量激增，这使陈嘉庚成了名副其实的“橡胶大王”。

到1925年底，陈嘉庚已拥有橡胶园1.5万多英亩，以及100多万平方尺的地皮，公司开设的大型机械化橡胶厂及菠萝、饼干、肥皂等各种轻工工厂达30多所。经过20多年的艰苦奋斗，经历了无数的挫折和打击，陈嘉庚终于发展成为闻名四海的南洋大实业家，其资产达到1200万元（合黄金百万两），成为千万富豪。

后来，人们把他屡败屡战的精神称为“陈嘉庚精神”。

其实每个人在生命途中都会遇到这样或那样的机会和挫折，但为什么有些人成功，而有些人却倒在了原地呢？那就要看一个人对自己的要求是什么了，一句话，成功有成功的理由，失败有失败的借口，看你选择是站着还是趴下就是了。

胡雪岩语录

匹夫不可夺志：时势造英雄

自己做生意，都与时局有关。

英雄就是那些永远守住自己意志的人，无论在多么艰难的情况下，他们都能看到一线光明。人们会说时势造英雄，这不对，不然为什么同样的背景下只有那些少数人成功了呢？所以从来都不是时势造就了英雄，而是英雄借了时势，这就和行船一样，他们所做的事正好赶上了顺风船。

一个人要想真正能够把握机会，让机会变成实实在在的财流，除了出手迅速、敢想敢干之外，还有更重要的一点，那就是要学会乘势而行。胡雪岩为帮助左宗棠筹办船厂和筹措军饷而向洋人借款，就是顺应时势的结果。

胡雪岩最伟大之处就在于，他是中国历史上第一个以商人身份代表政府向外国引进资本的人。而在他之前，清政府不仅没有向洋人借款的先例，并且还明确规定不能由任何人代理政府向洋人贷款。例如曾是首辅军机大臣的恭亲王就曾拟向洋人借银一千万两用于买船一事，就遭到了严厉的批评。胡雪岩最初向洋人借款的提议，甚至让一向果敢有决断的左宗棠对能否获朝廷批准也心存犹豫，是胡雪岩一番关于当下时势以及办大事要懂得顺应时势的言论，才让他下定了决心。胡雪岩说："做事情要如中国一句成语说的'与其待时，不如乘势’，许多看起来难办的大事，居然都顺顺当当地办成了，就是因为懂得乘势的缘故。同样是向洋人借款，在过去要办断不会获准，而这时要办却极可能获准，这是时势使然。一则那时向洋人借债买船，受到洋人多方刁难，朝廷大多数人心生怨言，恭亲王也开始打退堂鼓，自然决不会再去借洋债。而此时洋人已经看出朝廷决心镇压长毛，收复东南富庶之区，自愿帮助朝廷筹备军务，朝廷自然不大可能断然拒绝；二则当时军务并不十分紧急，向洋人借款买船尚容暂缓，此时军务重于一切，而重中之重又是镇压长毛，为军务所急由朝廷提出向洋人借款的要求，朝廷也一定会听从；三则此时呈折上奏的左宗棠本人手握重兵，且因平定长毛有功而深得慈禧太后信任，由他向朝廷提出借款事，其分量自然就不一般了。借助这三个条件形成的大势，向洋人借款不办则罢，一办则准成。”事情的发展也果真如胡雪岩所料，几乎一点不差。

胡雪岩在这里所说的形势，就是指那些促成某件事成功的各种外部条件同时具备，即是恰逢其时、恰在其地，也就是说好的机会汇集而成的某种大趋势，是由时、事、人等因素相互作用形成的一种可以助成“毕事功于一役”的合力。这里的“时”即时机，所谓“此一时，彼一时也”，同样一件事，此时去办，也许无论花多大的力气都无法办成，而彼时去办，可能“得来全不费功夫”。一定的时机办一定的事情，这就要靠人的眼力了。所谓乘势而行，也就是要在恰当的时机由恰当的人选去办理该办的事情。当然，作为一名出色的商人，要想做大生意更应该清楚，在诸多因素中，对时机的选择与把握是至关重要的，它可以说是借势的灵魂。这就犹如我们平常决策某件事情一样，在许多事情的处理与运作过程中，特别是在商场的行事中，即使你是一个身高位显、举足轻重的大人物，即使你的意见很富有理性、意见绝对正确、决策十分果断准确，但是，如果你想让你的意见或决策起到更大更有力的作用或影响，你也必须选择恰当的时机，否则，说早了没用，说迟也徒然自误；说的场合不对，难以生效，甚至还会带来负作用。其中的诀窍，就是借势的奥妙之所在。

胡雪岩游刃于官商之间，之所以能左右逢源，纵横捭阖，是与他深得借势之妙分不开的。

胡雪岩灵活变通的官商之道中，借势是其最高明的手段。

在现代商战中，一项计划选派不同的人去执行，会得到不同的结果。这从胡雪岩身上我们就能看到，为了生意的达成，他会做足所有工夫。

中国任何时代都不缺乏时势中的英雄。

1984 年初，上级下达给石家庄造纸厂年利润 17 万元的任务，该厂领导认为有困难，直至 3 月份还没有接下计划。当时，担任销售科长的马胜利自告奋勇提出承包，保证当年实现利润 70 万元，并承诺 1985 年 100 万元，1986 年 120 万元。在市领导的支持下，马胜利立下承包军令状。从 5 月 1 日开始，当月实现利润 21 万元，当年实现利润 140 万元，1985 年又翻了一番，实现利润 280 万元。

这个奇迹发生的原因是什么呢？主要靠用人与借势。马胜利小组的 14 人中，有工程师 4 人，经营管理行家 8 人，平均年龄 45 岁。

卫生纸车间有位助理工程师，是 20 世纪 60 年代初的中专生，因为出身不好和爱提意见未被重用。马胜利知道他有创新能力，就把他请进承包班子，提升他为车间主任。这可让这位饱受政治压迫的人大有知遇之感，这位助理工程师受到重用后，精神状态由心灰意冷变成意气风发，一心一意抓生产并作出了成绩。他发挥自身的知识优势，采取科学方法，解决了多年都未能解决的出口卫生纸超重问题，使每卷卫生纸重量下降10克左右，达到了标准。仅此一项，一年就为工厂节约了27万余元。

还有位女工程师，敢想敢干，肯钻研问题，被马胜利提升为技术科长。她大胆实验，选用价格便宜、资源充足的废棉代替短绒做原料，把每吨纸的成本降低了600元，一年就节约开支66万元。

其实这些成功并不是多么的了不起，但在那个吃大锅饭的时代，他们这个厂子因为无奈让个人来管理，这就等于是每个人都是在为自己干活。在那样一个特殊的年代，只要稍微了解一下本行业业务的人都可以取得成绩，只要上面给你机会，马胜利只是借助了时势成就了自己。

任何时代中事业的成功，人的成功，都是双方的相互成就，少了任何一个条件都不会有好的结果。我们可以发现一个奇怪的现象，就是越在社会转型期反而机会越多，所以从来不是乱世出英雄，而是换世出英雄。

胡雪岩语录

识人用人，是门大学问

用人之长，容人之短，不求完人，但求能人。

中国有句古话叫作：“君子成人之美。”既然是要成人之美，自是要适当忽视别人的恶处，也就是缺点。可君子的责任又是以教化他人向善为目的的，这么说来如果发现别人有缺点而不加以指正，采取的是远远避开，那就不能叫君子，只能算是一个能独善其身的人。道理虽然是这样讲的，但是我们不妨换一种思维，比如一个人有短处，而这种短处又恰恰能够为己所用，那么对这个人善加引导，对他的短处科学利用，也未尝不失为一种良策，那样既能教化人，又能变废为宝。

别人的短处也许就像他山之石一样，如果利用得好反而会使自己更上一层楼。如何发现一种短处是可以为己所用的呢？这就要看识人的眼力以及量才施用的能力了。话是人人会说，事是人人会做，但人人会说却并不一定人人都会做，更不意味着人人都做得好。因为这其间既有一个如何准确判断人才能力的“量才”问题，也有一个如何收服各种人才，使其乐为己所用的手段问题，更有一个凭自己的眼光为这类人才找到合适的位置，并最大限度地激发出他们的能量的能力问题。

在这个问题上，最让胡雪岩得意的，大约就要算改造和使用街头“混混”

陈世龙了。这个陈世龙前面我们已介绍过了，他的外号叫“小和尚”，原是一个整日混迹于湖州赌场、街头，吃喝玩赌无所不精的“混混”。这样的人在别人眼里自然是一无是处的，但胡雪岩却对“小和尚”颇为欣赏，认为他虽不是做档手的材料，但却是一个公关人才，遂决定起用他。

胡雪岩起用他的根本理由是发现他与人交往不露怯，对胡雪岩提出的问题既对答如流，又合适得体。同时陈世龙还具备江湖人最看重的优点——不吃里扒外！而且他在答应胡雪岩戒赌之后，就真的再也不赌了。

在胡雪岩看来，一个小伙子吃喝玩赌都不要紧，但能说话算数，懂江湖规矩，与人交往有大家风范、不露怯，就有很大的再造余地。

世间没有丑陋的花朵，只要摆正它们的位置。如果位置错了，无论他是一个多么有才能的人，最后的结局也不会好的。我们都知道南唐后主李煜，他在诗词歌赋方面的造诣十分地高，但他却不是一个当皇帝的料。如果他只是生在平常百姓家，那他一定是个大才子，但他却生在了皇宫里。让一个满心都是风花雪月的才子佳人来做皇帝，不出事才怪！他直到当了俘虏都还在填他那可爱的小词呢！但我们又不能说他无才，只能说这种才能被错放到了一个人身上罢了，于他是种悲哀。

有才之人不能被利用是最可惜的，也是最可怕的。我们都知道李白，这位中国历史上前无古人、后无来者的伟大诗人，是被称为“诗仙”的，但他在诗赋上的才华却没有被最大化地发挥，而是去搞了政治，最后也是以失败告终。这就说明人才只有被放对了位置，才能最大化地发挥他的才能。

在现代社会的发展历史上就有这样的一个例子。波音公司是目前世界上数一数二的飞行器制造商，但是在第一次世界大战结束的那段时间，波音公司陷入了财政危机。1920 年，波音公司亏损 30 亿美元，工人拿不到工资，公司处在破产的边缘。公司不得不解雇员工，减发工资。

正于此时，公司的首席工程师王苏由于种种原因，向波音递交了辞职报告。波音本来对这位麻省理工学院的高材生非常器重，也对他在C型机的设计上做的工作极为满意，但无奈人各有志，经多次挽留无效后，只好让他离开了波音公司。

也就是与此同时，一个对波音公司的未来起了重大作用的青年人来到了波音公司。这个人就是刚从华盛顿大学毕业的克莱尔·艾吉维特，挪威人的后裔，一个地道的飞机狂人。他被安排在设计部门做绘图员，但是波音很快就发现了他的与众不同，波音逐渐对他产生了兴趣，在那之后不到一年的时间里，便升任他为首席测试工程师。

20世纪20年代初，美国陆军航空部委托波音公司修改哈维蓝23 DH－4型观测机，这种飞机用的是自由神引擎。在第一次世界大战中，飞行员们给这种飞机取了一个绰号“飞行棺材”，又叫“火棺材”。因为飞机的油箱装在驾驶员的前面，一旦油箱被击中起火，飞行员就将葬身于“火棺材”之中。现在“飞行棺材”的改造合同交给了波音公司。

克莱尔·艾吉维特接受了改进“飞行棺材”的任务。他发现这种飞机使用的是水冷式引擎，需要水箱和大量的水，因而很笨重，它的机身设计也已经严重落伍。于是艾吉维特建议在“飞行棺材”上安装布拉特·惠特尼或是莱特的气冷式引擎，它们不仅比自由神引擎功率更大，而且重量更轻。经批准后，艾吉维特把惠特尼425马力的气冷式引擎安装在40型机上，称之为40A型机，而且首次在机身中设计了两个座位。

1925年2月，美国国会通过了航空邮政法案。该法案规定，几乎所有的航邮业务都由私人经营，邮递航线也由私人投标竞得。波音公司的40A型机由此开始成为航邮业务的主力机型。

1927 年 7 月 1 日，波音空运公司诞生了。公司一成立，便从母公司那里购买了 24 架 40A 型机。艾吉维特此时已经为该机设计了 4 个座位，而当时道格拉斯 M—2 型飞机和寇蒂斯的“信鸽”型飞机因为安装的还是自由神引擎，故只能乘坐一位乘客。因此，波音空运公司以低价中标，而且从一开始营运就赢利了。子公司就又从母公司那里大批量地购买飞机，也促进了母公司的飞机生产，“母子”双双得利，这是波音公司成功的营销策略之一。

波音空运公司的快速发展，与设计师艾吉维特设计出的新机型密切相关。克莱尔·艾吉维特是一位忠实地、坚定地、顽强地追随波音目标的无与伦比的设计师兼组织者，这位华盛顿大学毕业的年轻人一到波音公司，就奉命主持各型飞机的改进和试制工作，以后又担任波音的最高主管长达数十年，由他主持设计制造的飞机款式难以计数。

然而，艾吉维特最出色、最伟大的成就，是主持研制出了 247 型客机，这使他获得了航空界著名的柯立尔奖。

247 型客机是航空界的一次伟大革命，它是最合乎空气动力原理的一种飞机。247 型机是当时最成功的机型，也是当时最大的飞机，它的强度无与伦比，曾经首开先例做静态强度试验，即不断加铅块到它的主要结构和机翼支架上，直到它断裂为止，若过早断裂则重新设计。它的内部结构已成为一种标准形式，并为后来的各类飞机仿效。在 1933 年世界博览会上，247 型机引起了巨大的轰动，从而使波音公司名噪一时。

如果不是波音慧眼识人，并给艾吉维特以充分的空间让其施展才华，那就不会有今天的波音公司。艾吉维特是个热爱飞机的人，而波音则成全了他这个爱好，在这种合作中他们各取所需。

胡雪岩语录

店规不是死板的。有些事不能通融，有些事则要改良。世界日日在变……做生意贵乎随机应变。

思路开阔　随机应变

面对处于变化当中的世间万物，聪明人总是能在这种变化中看到机缘，看到机会的存在。任何世事的构成或运动变化，都是由系统内外条件和多种因素决定的。任何世事在其发展过程中都存在时机和事机，抓住时机和事机，及时选择、决策和行动，就能实现更高的工作效率，不但时效高、效能大、运动的势能强，而且实现预期目标的可能性也更大。

胡雪岩就是一个善于从变化之中寻找出机缘为我所用的高手。他说："用兵之妙，存乎一心，做生意跟带兵打仗的道理是差不多的……除随机应变之外，还要从变化中找出机缘来，那才是一等一的本事。"

太平军攻占杭州的时候，胡雪岩的生意正处于蒸蒸日上之时。但是之后杭州的沦陷，却将他推入到了一个危险的漩涡中，稍有不慎，就有可能处于万劫不复的境地。

我们知道胡雪岩名下最大的钱庄、当铺、胡庆余堂药店都在杭州，这些是他事业的基础。但是因为他发迹太快，所以不免遭人忌恨。恰逢此时战乱飘摇，故而一时间谣言四起，说他骗走杭州买米公款滞留上海，说他手中有大笔王有龄生前给他营运的私财，如今死无对证，被他吞没，更有人说是因为他杭州才失守的等等。如果这种种论调哪怕有一个成为现实，都意味着胡雪岩不仅会被朝廷治罪，而且即使杭州被朝廷收复之后，他也无法再回杭州了。不过面对这些，胡雪岩并没有惊慌失措，反而看上去比平时更加地从容镇定。之所以如此，是因为他已从这些对他不利的因素中，分析出了可以利用的因素。原来陷在杭州城里造谣诬陷的那些人，其实已经在帮太平军做事，他们之所以造谣生事，是因为太平军也想利用胡雪岩，而那些人又不愿意让他回杭州。孰料胡雪岩一直是相信朝廷会取胜的，所以他是不会帮太平军的。胡雪岩不仅没回杭州，而且他还决定亲自出面，向闽浙总督衙门上报，说这些陷在杭州城里的人实际上是留作内应，以便日后相机策应太平军。

这一招实在是厉害，他要让这些人成为自己手中的棋子，如果这些人不肯就范，而又加害胡雪岩，他可以随时将这一纸公文交给此时占据杭州的太平军，说他们勾结官军，这些人无疑会受到太平军的责罚。

此时胡雪岩手上还有杭州沦陷前购得的大米一万石，因为当初没办法运进城，只得转道宁波，赈济宁波灾民，并约好杭州收复后以等量大米归还。胡雪岩决定，一旦杭州收复，马上就将这一万石大米运往杭州，这样既可解杭州赈济之急，又显得胡雪岩做事的信义，诬陷他骗取公款的谣言也可以不攻自破。最终战况果如他所料，他的计划也全都实现了，并且因为这件事，他又找到了靠山左宗棠，这是比王有龄更大的靠山，胡雪岩头上的红顶子也正是因此而来。试想如果胡雪岩不具有较强的随机应变能力，还会有这种乱中取胜的可能吗？

胡雪岩的每次行事都让人叹服，这完全得益于他开阔的思路，以及面对机会时敏锐的反应。这种能力的来源就是他的多思，他非常明白机遇的重要性，也知道如何去创造和把握机遇，他总是能利用事物发展的规律来创造、挖掘发财的机遇。

在现代，有一样影响世界的东西就是这样诞生的，那就是牛仔裤。这种代表了美国文化与精神的裤子，诞生于美国历史上那次著名的淘金热潮，而这个牛仔裤的发明者直到现在还在赚钱呢，他创造的牛仔品牌叫作李维斯。

所有的传奇都有点历史的沉重感。在很久以前，美国千千万万的人从各地涌到西部淘金。李维·斯达斯是一位德裔青年，也来到了这个有着很多梦想的旧金山。然而，很有思想的李维只淘了几天金，就发现了另外的生财之路。

李维看见川流不息的人群来这里淘金，自然形成了一个大市场，他便想，自己如果能为他们提供商品，赚钱会更稳、更快。于是，他将带去的一点路费和伙食费作为资本，开了一间小商店，专卖一些日用品，包括一些露营用的帐篷和用作马车车篷的帆布，果然生意不错，还真赚了点钱，要知道当时淘金的人潮中，是没有几个人能真正挖到金子的。有一天，有位淘金者来李维的商店买东西时说："我们整天爬山搬石，这些棉布服装很快磨烂，要是有能用帐篷帆布做成的服装就好了。"李维听了这位淘金者的话，觉得很有道理，他以超人的商业头脑，敏锐地感觉到这是一个不可多得的商机，这千千万万的淘金者每人买一套这样的服装，生意就不得了了。李维用自己的帐篷帆布试制了几套，果然淘金者愿出高价购买，很快就被抢购一空。这一下，李维发现了一个很大的财源，接着他向帆布商购进大量帆布，请服装厂按他的设计缝制成衣服。这些大批生产的帆布服装还特别加了几个口袋，便于淘金者放些锤子、钳子等工具和存放金矿石。

由于这种帆布服装耐磨耐穿，并有便于存放工具和矿石的口袋，比棉布工作服方便耐穿得多，故大受淘金者欢迎，李维不断扩大生产也供不应求，他自然很快就发财了。但为什么那么多的人却在这次淘金热潮中一无所获呢？我想这恐怕就是因为他们的思路不够开阔，没能敏锐地看到并抓住机遇吧。

李维·斯达斯乘胜追击，他在旧金山开设了专门制作淘金者穿用的服装厂和零售店，并成立“李维·斯达斯公司”。后来他又聘请技术人员不断改进裤子的样式。

例如臀部的裤袋，从原来的缝制改为用金属钉钉牢，因为矿工经常把样品矿石放进裤袋，用线缝容易裂开；扣子则用铜与锡合金，重要的部分还用皮革镶边。后来，又将原料改为法国尼姆产的哔叽布，使裤子更加紧身和柔软。

经过反复的改进提高，李维的淘金服不仅受到工人的欢迎，连美国的年轻人也喜欢，而这种裤子又被牛仔们所喜爱，于是在电影的推波助澜下，“牛仔服”这一品牌深入人心。

就这样，李维的牛仔裤生意越做越大，逐步风行世界，年营业额数亿美元，李维及其后人因此成为了大富豪。现在的李维斯牛仔裤可算是高档服装呢！

由此可见，如果没有开阔性思维，而只是一味地执拗、固守一方，那只会把自己弄进死胡同。开阔性思维说起来有点像网鱼，如果你总是在钓鱼，那你的结果只会屈指可数。鱼网下去可就不同了，搞不好还会网上神灯呢！

胡雪岩语录

见微知著　变中求胜

做生意，把握时事大局是头等大事。

俗话说："时势造英雄。"时势与英雄的关系是辩证的，时势是英雄诞生的前提与环境，它为英雄的出世提供了可能性。而如果想要成为真正的英雄，还必须学会善于借助时势的力量。胡雪岩之所以能够成为叱咤一时的红顶商人，就源于他对这个理论的深刻认识。

胡雪岩生逢乱世，但是他却生对了时代。要知道在乱世只出两种人才，就是靠乱世取名和取财的人。胡雪岩如果放在现在，他只能算是一个能力强、好交朋友的仗义之士，但他却生活在一个可以拿钱买官的时代。他紧密关注着时势的发展，从一丝丝细微的变化之中寻找着问题的关键，进而寻找到可被自己利用的有利之处，将这种"势"加以利用转化，为自己谋得利益。

胡雪岩对时势进行细致入微的观察，每当看见细微的征兆，他便会很快预测可能产生的后果。预测的时候先想会坏到什么程度，自己能不能够承担，用什么方式来支撑；再想好到什么地步，有没有需要特别小心的地方；然后在这最坏与最好之间寻找一条最有利的途径，全力以赴。

胡雪岩从两手空空到开起一家闻名全国的大钱庄，靠的就是这种思想。

胡雪岩在经过谋划之后，做了一桩大胆而成功的生意，即接受失败逃亡的太平天国兵将的存款。要知道那是给逆贼存钱，是犯杀头之罪的，但他还是做了。这并不是他为了赚钱而鲁莽地不顾一切，而是他在对时势经过仔细考量之后制定的应对之策。他只将这笔钱放给两类人：一类是因调补升迁而需要盘缠的官员，另一类则是因战乱逃难到上海而在原籍有田产的乡绅。

在经过多年征战之后，太平天国此时已成强弩之末，朝廷虽还没有将其完全肃清，但胡雪岩料定他们已是必败无疑。向逃亡的太平军兵将融资，接受的存款可以不付利息，因为那些逃亡兵将只求能保住这些钱财，那时他们的钱已没有钱庄敢收了，所以根本谈不上付利息。而胡雪岩将这笔钱用来放债，则可以有大笔可观的进账，实在是无本万利的便宜买卖。

这笔钱主要是放给调补升迁的官员和逃难到上海的乡绅，胡雪岩也有自己周密的考虑和长远的打算。放款给调补升迁的官员，是学山西票号“放京债”的做法。所谓“放京债”，就是放款给那些外放州府的京官。这些人在外放过程中需在京城里打点一下，以便能再回来，还有上任用的盘缠、到任以后买公馆轿马、置仪仗，这些都要钱。于是这些人上任之前都要借上一笔钱，到任后再还上。据说“放京债”比放高利贷还狠，一万两的借据实付只有七千两，而且还不怕借债的人不还，因为一来有京官做保，二来有借据，如果赖账，借据递到都察院，御史一参，赖账的人就要丢官。其实这些人到任之后搜刮一通，绝大多数都有能力还回借款。

“放京债”当然是指放给那些由京里补缺放出来的官员，但由于战乱不断，南北道路艰难，官员调补升迁大多已不按常规到京“送部引见”，而是直接到任了事，比如江苏的知县调升湖北的知府，就可以直接由江苏赴湖北上任，但是这些人都需要一笔钱做安家银子。而这些人早一天到任，就能早一天开始搜刮，所以再高的利息他们也会借，胡雪岩只是“帮帮”他们的忙而已。

而放款给由内地逃难到上海的乡绅，更不会吃倒账。这些人在原籍依赖祖宗留下的田产，靠收租过活，日子逍遥得很。初到上海，凭着逃难时带出来的一些银两细软，还能挥霍一时，但是时间一长，不免就要坐吃山空，也只好靠借债活命。但等到江、浙一带被官军收复，这些人回到原籍还是大老爷。现在可以让他们以田产做抵押，到时不怕他们不连本带利归还借款。

胡雪岩敏锐地捕捉到了时势的变化。在官军开始收复杭州时，他就知道太平军败局已定，并且料定太平军官兵一定会想办法隐匿私产，由此大胆决定吸收他们的存款，以达到融资、放债、以钱“生” 钱的目的。

乱世之际民不聊生，但在乱世中总有那样一些人为自己找到了出路。从这个角度讲，很多人认为乱世好，因为发达的机会更多啊！但他们却忽略了很重要的一点，那就是从来都是太平盛世才是最适合人生存的。就像胡雪岩，他虽然在乱世发了财，但他后来为了生意好做，也做了很多帮助朝廷稳定局势的事情。因为他知道，生意只有在和平年代才能取得良好的发展。不是有句话叫“是狼在哪都吃肉，是狗在哪都吃屎”吗？这句话虽然粗俗，但是话糙理不糙。所以一个人最终会是什么样子，全看那个人有没有真正的本事。

胡雪岩善于驾驭时势，还体现在他与洋人打交道上。随着胡雪岩生意的蒸蒸日上，他与洋人的交往也日益增多，在交往中也逐渐领悟到洋人不过是利之所趋，所以只可使由之，不可放纵之，最后发展到互惠互利，其间的过程都是一步一步变化的。胡雪岩之所以能对整个时势有先人一步的了解和把握，就是因为他总是细心地观察着时局，所以总能先于别人筹划出应对措施。有了这一先机，胡雪岩就能开风气，占地利，享天时，独得行业之大利。

与那些一旦面临纷乱时势便茫然无措的人们相比，胡雪岩的优势就会一下子显现出来。他先人一步地从时势中找到了自己的突破点，处变不惊，从容应对，反而在乱世中为自己的发展创造了一个平台。我们都清楚，时局对社会活动的影响是巨大的，商业活动尤甚。商场本就变幻莫测，再加上时局的左右，因此要想在生意上有所作为，就必须有见微知著、因势利导的本领。一个人身处逆境并不可怕，只要你能观察思量好身边可利用的条件，或者什么都没有时能够为自己创造条件，那么同样在机遇面前，你就能快人一步。

已故“世界船王”包玉刚，就是一个很善于经营的商人，也善于因势利导，尤其是用他人的钱办自己的事。

包玉刚于1918年出生在浙江宁波的一个殷实家庭，包玉刚的父亲包兆和是一位老式商人，经营着一家造纸厂，家境相当富裕。包玉刚就是在这样的环境中，无忧无虑地度过了幸福的童年时光。13岁那年，父亲送他到上海求学，到上海不久，他就一头扎进了吴淞船舶学校学起了船舶。抗战爆发后，他辗转到了重庆，在这里他没有按照父亲的意愿继续进大学深造，而是自作主张地跑到一家银行当了一名小职员。他很快就得到了升迁，当抗战胜利返回上海的时候，还不到30岁就已经是上海银行业务部的经理了，第二年他又被任命为银行副总经理。这段工作经历使他积累了丰富的金融知识，见识了形形色色的商业手法，对他日后的事业发展起到了很重要的作用。

1949年初，包玉刚与父亲一起到香港另闯天下。包玉刚一心迷上了航运，希望创办自己的航运公司，在航运行业有所发展。当然他有这种想法和他最初学习航运有着必然的联系，同时香港是国际码头，航运的利益巨大。然而，他买第一条船的时候，却费了一番周折。当时他的资金有缺口，求借无门。于是他同日本人做成了一笔交易：日本神户银行贷款给包玉刚买船，包玉刚把船转租给一家日本航运公司，然后再以货船的租金作为向神户银行贷款的抵押。就这样，包玉刚在父亲的资助下，再加上银行的贷款，筹集到了七十多万美元，专程到英国买回第一艘旧货船，正式打出了环球航运公司的牌子。包玉刚就是以“负债、赢利、偿还”这种在银行工作期间学到的商业运作方式，建立起自己的公司，以这种近似于“坐享其成”的方式开始了自己的航运生涯。现在这种方式已被普遍运用了，老百姓用这招买房、租房，尤其是在现今房价居高不下的情况下，先只需首付把房领到手，然后就出租出去，再用租金还贷。

后来包玉刚的事业不断发展壮大，开始购买、制造新船。他由一条船起家，几年时间，靠租船的收入就发展到了7条船的规模。他一直不放弃创业时使用的方法：他先找到需要租船的航运公司，签下租船合约，然后以此合约中规定的货船租金为抵押向银行申请贷款，再将贷款得到的资金向造船厂订购船只。就这样，包玉刚借助银行的资金，壮大了自己的船队。

当然不要以为谁都可以做到这样，这不仅是因为时代不同，更重要的是包玉刚有着银行家的背景，还有他那强大的关系网，以及他善于利用时势的能力。相比起其他的一切来，这才是最重要的。

第七篇／稳定是成事的保障

胡雪岩语录

小不忍则乱大谋：不可意气用事

事情成功的诀窍，在于“肯塞狗洞”，不惜重金。

在中国古老的诗歌中有一句话最常被人提及，那就是“投之以木桃，报之以琼瑶”。这句话体现了中国人那种受人滴水恩，当以涌泉报的情怀。虽然最初这句话是一句情话，但后来就有了广泛的延伸，多是被用来体现被人理解的一种心态上。但我们在这里反其义而用之，则更能说明在商业活动中，应当以以小博大为根本要义。

在封建社会，有“三年清知府，十万雪花银”的说法，尤其是在晚清极其腐败的大环境下，吏治混乱，私欲膨胀。上司向下属勒索更是家常便饭，如果你把里面的门道弄明白了，把上司打点得满意了，自然好处多多。在这方面，胡雪岩不仅把官场的这点门道摸得倍儿熟，而且每一步都替王有龄打点得非常到位。

胡雪岩一向相信“有钱能使鬼推磨”这层道理，在用钱打通关节上，他既不像一般人那样犹犹豫豫，缩手缩脚，更不会像大部分人那样半途而废。因此，有人说胡雪岩用钱是“又狠又忠厚”，这个“狠”，就是指他花钱办事干脆利落，不留尾巴，什么事情都可以办成。

晚清时的官场，能干的不一定得到提升，而提升的也不一定是能干的，全看你把上司伺候得怎么样了。浙江巡抚黄宗汉的贪吃贪索，毫无“义”字可言，但是胡雪岩却轻松地将其摆平。胡雪岩办漕米前从上海往王有龄老家汇去两万两银子，使得王有龄在胡雪岩的帮助下顺利完成调运漕米的公事，王有龄一下子在浙江官场获得“能员”的赞誉。因为已经有了两万两银子垫底，这位“能员”很快就得到湖州知府的美缺。按惯例他应该交卸海运局坐办的差使，但由于调运漕米落下的亏空一时无法填补，加上还有一些生意上的事牵涉到海运局，王有龄便想兼领海运局坐办，但黄宗汉却不答应。这时王提到了帮自己赢得美名的胡雪岩，当然黄宗汉也想认识一下这个出手阔绰的商人。当听说胡雪岩有钱庄时他更是迫切想见了，他哪是想见胡雪岩啊，他是想见白花花的银子啊。

“提起钱庄，我倒想起一件事来，”黄宗汉说：“现在京朝大吏、各省督抚纷纷捐输军饷，我不能屈居人后，想凑出一万两银子出来略尽绵薄，过几天托那姓胡的钱庄替我汇一汇。”

“是!”猪脑子的王有龄答道：“理当效劳，请大人随时交下来就是了。”

一听这话，黄宗汉的脸马上沉了下来，端茶送客，而对他兼领海运局坐办的事再也不提了，这可是让王有龄有点没底了。

因此，王有龄一出抚台衙门，立即找胡雪岩商量此事，并把当时所见所谈都说给胡听。

关键时刻还是胡雪岩看得准，这黄宗汉就是一个贪财恶毒、翻脸不认人、一心搜刮银子而不体恤下情的小人。浙江前任藩司椿寿，就是因为没有理会他四万两银子的勒索，被他在漕米解运的事情上狠整了一把，以至生路全失，自杀身亡。胡雪岩当然知道如果王有龄兼任海运局的肥缺对自己意味着什么，他告诉王有龄放心，只要多花点银子就可以搞定。

胡雪岩告诉王有龄，你给予黄宗汉的答复是聪明一世，糊涂一时。黄宗汉哪里是要让钱庄交汇捐输军饷，他其实是不愿从自己兜里往外出这笔钱，而要借海运局的差使，勒索你的银两，让我们替他出这笔钱，而且价码都已开出来了，就是一万两银子。你王有龄却不识时务，还在那里大包大揽，说等他给银子即刻汇出，你如果不是有意装糊涂，就是愚蠢，他哪里还会理你兼领海运局坐办的茬儿？

王有龄这时才恍然大悟，既然知道症结所在，就赶快医治吧。果然，一万两银子汇到则“药”到“病”除，王有龄也随即得到兼领海运局坐办的批准。

胡雪岩看准了黄宗汉这种贪婪的德性，因此才让王有龄拿银子买路子。作为商人来说，不怕你贪，怕的是不贪。

胡雪岩用前一笔两万两银子，化为黄宗汉对王有龄的提拔，从海运局转为署理湖州知府；后一笔一万两银子，让黄宗汉为王有龄兼理海运局的原差事开了绿灯。胡雪岩心想，钱花得值得，因为王有龄两个差事各管一摊官银，只要权势在，何愁大量的官银不从阜康钱庄过。有了官银做靠山，阜康的头寸、手面、实力自然也就不在话下了。

中国有句俗话，“吃亏就是占便宜”，其实内里的意思是我可以在前期吃点亏，但这点亏可以让我在后来得到好处，如果得不到，那是决不吃眼前亏的。

这在现代商业竞争中也是常用的策略。

无数事实证明，眼前亏能够为事业创造成功的条件，联想集团总裁柳传志的经商经历也证明了这一点。柳传志经营联想由小到大，凡是他向客户——不管是中国科学院、电子工业部这样的大客户，还是普通的小客户作过的承诺他都做到了。因为他认为每做成一件事，都是一次信誉的积累，只有有了信誉，才能在企业经营中获得成功。

1988～1989年的时候，美元兑人民币的汇率一下子从1：6升到了1：9。联想做贸易要通过进出口公司把人民币换成美元，在人民币兑美元涨到9：1的时候，进出口公司不愿再履行原来的合同。为了能把人民币及时兑换成美元，归还香港银行的美元，柳传志决定允许进口公司违约，按9：1而不是原来定好的6：1兑换，及时归还了香港银行的美元贷款。尽管这样做使联想赔了100多万元人民币，但是却在银行和进出口商那里得到了极高的评价。

柳传志认为，信誉是一种资本，而且是一种“金不换”的资本。有了这个资本才可以取信于客户，才能在市场上立足。

现在我们可以看到，柳传志只是损失了100多万的小钱，这对一个企业来说连广告费还不够呢，但他却为自己创建了诚信的品牌。

这就让人看出中国人的精神里总有那么一点“狡猾”，但却不让人厌恶，总有一种游戏的成分在里面，这一点是绝不同于犹太人的。他们在谋利的过程中总是有那样一种闲情，而犹太人却是一种天平上的冷漠。

收心敛气：不为外界纷扰所左右

胡雪岩语录

我有钱不是拿银票糊墙壁，看看过瘾就算，我有了钱要用出去！世界上顶痛快的一件，就是看到人家穷途末路，无钱逼死英雄好汉，刚好遇到我身上有钱。

要想遇事不惊，那就要做到独自一人时，能超然物外；与人相处时，能和蔼可亲；无所事事时，能语默澄静；处理事务时，能雷厉风行；得意时，能淡然坦荡；失意时，能泰之若素。这样平淡的话语，这样平静的境界，可不是凡夫俗子能说得出做得到的。如果你从没有过钱，那就永远不要说钱不好，能说钱不好的一定是曾经挥霍过的。能把钱看淡的要么是大富豪，要么是思想家，老百姓永远不知道钱的好处，就像无知者不知思想的好处一样，能保持一种静默就已是了不起的事情了。

没有几个人是含着宝玉降生的，大多数人是靠着自己的手来挣钱吃饭的。这就使得在绝大部分人的一生中有太多的不如意，或许也有些许小的惊喜，但有时也因为自己一个把持不住而浪费掉了。因为生命的这种不确定性就产生了思想家，思想家的作用就是让人可以放平心态。因为文化的不同，中国人的思想不同于西方的思想，对中国人性格产生决定影响的是儒家思想，它让中国人学会了忍，这个忍可不要只理解成忍受坏事，其中还有要忍好事的意思。用范仲淹的话来解释这一个字最合适：不以物喜，不以己悲，只有具备了这种境界的人才可以成就大事。

如果一个人只是挣钱吃饭，那他只要耐得住清贫就可以了，但商人就不同，他总要承受方方面面的压力，遇到这种情况，胡雪岩是怎么做的呢？一句话，沉住气！“气，乃神也；气定，则心定，心定则事圆。”这句古训道出了一个人沉住气在事业中的重要作用。胡雪岩因此而受到启发，把“沉住气”作为自己在生意场上行事的重要法则。

但在现实生活中，人有时候很容易沉不住气，危机出现的时候容易沉不住气，事情太顺了也容易沉不住气。比如王有龄，进京捐官成功，由于有何桂清的举荐，回到杭州很快就得到了海运局坐办的实缺，而在胡雪岩的全力帮助下，涉及王有龄自己以及整个杭州官场官员前途的漕米解运的麻烦，也一举圆满解决。这个时候又恰逢湖州知府出缺，湖州为有名的生丝产地，丰饶富庶，是一个令许多人垂涎的地方。王有龄由于漕米解运的事，已经在杭州得了“能员”之称，这使他一下子又得了湖州知府的肥差。不仅如此，他还同时得到了兼领浙江海运局坐办的许可。一切如意，他实在是太顺利了。

如此顺利，使王有龄自己都不能相信自己的运气会如此之好，他都有点害怕了，他倒没想到这一切都是胡雪岩经营的结果，还以为自己本身的运气好呢。但胡雪岩并不点破，只是对他说：“千万要沉住气。今日之果，昨日之因，莫想过去，只看将来。今日之下如何，不要去管它，你只想着自己今天做了什么，该做些什么就是了。”

胡雪岩的这番话，不外乎是说人要不为荣辱得失所动，不要过多地去想自己面对的得失，而应该把眼光往远处看，注意该做必做的事情。这番话虽然是具体针对王有龄的沉不住气说的，但却也实在说出了一番应对人事的大道理。通俗地讲，如果你放不下，那你将如何往前走呢？人总是要往前走的，只有做好当下该做必做的事情，才能往前走。再说，一时的荣辱得失，其所得所有，必有它该得该有的缘由。俗话说，没有无由的福祉，也没有无由的灾祸。

在人生路上要“沉住气”，还表现在能够遇事不惊，要达观权变，当安守于糊涂之中泰然处之。不泰然处之不能平息事端，只能生事、滋事、扰事、闹事；不泰然处之不能力挽狂澜，只能被卷入漩涡之中，抛于险浪之巅。

胡雪岩就是一个很能沉得住气的人。当阜康钱庄挤兑风潮正盛的时候，他来到钱庄，正遇上店里开饭，他居然还有一份“闲情逸致”去看伙计们的饭桌。见伙计们的饭桌上只有几个平常的菜，他居然还有心思嘱咐钱庄“大伙”谢云清，说是天气冷了，该用火锅了。他要谢云清把冬至以后才用火锅的规矩改一改，照外国人的办法，以气温的变化做标准，冬天寒暑表多少度吃火锅，夏天寒暑表多少度吃西瓜。虽然这种关心店员生活的情形以前也有，但在面临破产倒闭的关头还能如此不惊不乱，连那些伙计们都感到十分惊异。

胡雪岩能够如此沉得住气，就在于他能够将得失心丢开的大气。他知道事业不是他一人创下的，出现现在的局面，当然也不是他一个人的过失，今日之果起自昨日之因，这个时候陷于得失之中不能自拔，不仅于事无补，甚至更加坏事。他告诉自己不必怨任何人，甚至连自己都不必怨，只想现在该做什么、怎么做，这才是至关重要的。事实上，由于自己沉得住气而来的冷静，使他在危机来到的时候选择的处置手段大体都还是有效的，比如他那使伙计们惊异的“看饭桌”，对于稳定军心就起到了很好的作用。就是因为他具备了这种遇事不惊的心态，才使得他守住了大局。

沉住气，不为外界纷扰所乱心，这才是最重要的。我们可以发现越是资本少者越容易蚀本，而越蚀本就会越想捞回来，这就是这个世界上为什么会存在着赌徒的原因。因为不想在贫困中生活，就想去学人家投资，而最近的炒股热就让很多小股民受挫，李碧华曾用这样一句话来评说小股民：为皇帝尝膳中毒的小太监。现在想来这些小股民上当了，一定是那些大庄家要吃掉更多的钱，才放出说炒股能挣钱的风来的，这就让穷人更穷，富人更富了。可为什么会有一些穷人拿全部身家去炒股呢？就是沉不住气。人一旦为外界所左右，那他一定会落入圈套。

股市可以说是一个最多变的、最难把握的市场，如果没有冷静的头脑和严谨的思维，就会因一时的感情冲动而犯盲目冒进的错误，就会导致巨大的损失。世界顶级投资专家沃伦·巴菲特从 8 岁起，就已经开始进行股票投资了，他如今是美国第二巨富，被人视为投资天才。巴菲特曾经说过，他的投资理念的核心归根结底可用四个字概括，那就是冷静耐心。

面对利益要冷静，客观地分析利益后面伴随着的风险，莫要追一时之利而使自己陷入被动。至于耐心，则是指要有等待的耐心，购买一支股票后，要平静地对待它的波动，当其价格低于实际价值时，就不要急于出手。

但又有几个等米下锅的人会有这样的耐心呢？这就有点像周星驰电影《大话西游》中一句经典的台词："放着好好的妖精不当，学人家当强盗。"对于只有吃饭钱的普通人，则可以这样改：放着好好的普通人不当，学人家炒股，不死才怪。财富是惊涛骇浪的产物，如果怕死就不要去追，平安地活着才是最重要的。

巴菲特赚的最漂亮的一次是在运通公司的投资上。1963 年，美国运通公司因为一家子公司爆出丑闻，股票价格从 60 美元一路暴跌至 34 美元。在此之前，巴菲特就已经关注此公司好多年了，他分析美国运通的核心业务——该公司垄断的全国旅行支票业务和全美的信用卡业务，未因丑闻的发生而受到影响，人们依然到处使用着运通的旅行支票和信用卡。因此，巴菲特认为投资此公司的时机已成熟，他调集当时身家的一半——1300万美元，购买了运通公司5%的股票。他的这一举动被当时的投资者讽刺为自杀，但巴菲特不为所动。两年后，运通公司由于妥善处理了丑闻，而且本身的业务也并没有受到太大影响，很快就恢复了元气，股票也一路攀升。巴菲特在众人纷纷购进运通股票之际，顺利地以高价抛出手中的股份，这一次，他净赚二千多万美元。

纵观巴菲特的这次投资，我们不难发现，要想进行这样的举动，除了冷静和耐心以外，还要有输得起的财富，这才是最重要的。巴菲特当时财富的一半就有1300万，可作为平凡之人的你才有他的几分之几呢？归根结底不要做输不起的事情，安于现状比追逐富裕更需要定力。巴尔扎克说过一句最实际的话："不要想一个牡蛎为什么是牡蛎，因为没人关心这个。"这些中招的小散户最后就成了大户的美味。

我们不妨再回到文章的开头，儒家的忍，为我们受伤的心灵开了一剂最好的药，这就像外国人相信天堂与地狱一样，其实信仰是最能拯救我们的。

牡丹虽好 绿叶扶持

胡雪岩语录

一个人最大的本事，就是会用人。越有本事的人越要用人，越要用能人。否则，就算做老板的生出三头六臂来，又怎么能干完我们这样一个大场面的事？

孔子曰："三人行必有我师焉，择其善者而从之，其不善者而改之。"意思是人的水平参差不齐，水平高的固然是老师，但不如自己的人身上也是有可取之处的。总结起来说就是：别人身上对的东西要学习，不对的也要反省自己是不是存在同样问题。孔子这几句话看起来很平淡，理解起来没有什么难处，但如果仔细研究起来，要在人群中真发现了别人的长处，而自己又能从内心产生改善学习的意念，却是很不容易做到的。由此我们可以引申到用人上，一些人看上去平平无奇或者明显异于常人，你不知道他们到底具有怎样的能力，只有在你的使用观察之下，你才会看到他们的才华。人才各有所长，要将他们放在最适宜他们施展才华的位置上，他们才可能为你的事业提供最大的助力。如果说事业是一棵大树，那么这些各有所长的人才就是大树上所必不可少的、形态各异的枝桠，它们之于大树是不可或缺的。

胡雪岩长于算计，谋事周到，"公关"厉害，招数高明，所做之事多能办成，这是他的本事，对此他也很自信。然而，仅靠他一个人的本事，只能唱独角戏，顶多一个"个体户"，不会成为一个集钱庄、丝行、典当、军火、粮食、房地产生意于一体，经营范围涉及浙江、江苏、上海等几乎半个中国，甚至还把手伸到外国人那里去的红顶商人。他成功的秘诀在于能用人，也就是集中大家的力量为自己所用，从而创造出经营上的奇迹。胡雪岩的用人，一是内部利用，二是外部聘用。在聘用职员上，他不拘一格选拔人才，只要有所长就会被起用。如小船主老张，老实忠厚，人缘好，对丝茧较为熟悉，胡雪岩通过与他交谈，决定投资一千两白银聘他当丝行老板；刘庆生本是一个钱庄站柜台的伙计，但人很精明，是可造之才，胡雪岩就用他当阜康钱庄的档手，也就是经理；陈世龙是一个类似街头混混的小青年，还好赌，但胡雪岩发现他很机灵，也能管住自己，是个可以教育好的青年，就收他当伙计，而且还下本钱培养他。正是这种对不同人才的“因材施教”，才使胡雪岩手下能人辈出，襄助他成就了事业。

但是在用人过程中，有几点非常重要的原则是每个领导者都必须明确的。首先，“用人勿疑，疑人勿用”。这是管理学家常常提及的一个用人管理法则。企业领导只有充分信任部下，把他们的意见作为企业发展的参考，部下才会因为受到器重和青睐而努力地工作。相反，如果部下知道领导不信任自己，他们就会很敏感地觉察到，并对这种度量狭窄的领导感到失望，自然他们工作起来便会不认真，敷衍了事，对命令的执行也只是应付差事。

其次，韩非曾经说过这样一句话：“下君尽己之能，中君尽人之力，上君尽人之智。”意思是说，只会用自己力量的人，是下等君王；能用别人力量的人，是普通君王；善于激发臣下智慧的人，才算得上高明的君王。韩非子告诉我们，作为一个领导者，不能事必躬亲，而要善用他人，但在用人之际要特别注意的是，不只是用他人的力量，更重要的是用他人的智慧。

历史上把这种智慧发挥到极致的是刘备，他非常成功地做上了其实是由诸葛亮打下的江山的皇帝。胡雪岩也是一样，他如果不是非常明了人才的重要性，他的事业绝对不会发展到那样的高度。而现今的一些企业家却是反其道而行之，他们一边进行着狡诈的作为，内心深处却想取得胡雪岩那样的辉煌，这是根本不可能的。

古人有话道“工欲善其事，必先利其器”。而这个“器”在这里就是企业的人力资源，只有这个资源丰富才可能让大事有成。而如何让自己拥有人才资源呢？仅靠招募在现今是行不通的，如今的竞争是这样残酷，哪家的人才也不会轻易放走，而一些有“智”之士就想到由自己来培养自己的人才库。三星集团就是其中最为突出者。

三星总裁李秉哲在近50年的时间里，使公司历尽风雨坎坷而不倒，把“三星”从一个小本经营的贸易商行发展成为一个拥有24个大企业的国际性大财团，在很大程度上就得益于他曾经说过的一句话：“我把自己一生80%的时间都用在育人选贤上了。”现在谁也不能否认三星的成功得益于对人才的培养和运用，因为这是一个事实。

为了培养人才，李秉哲特地办了一个三星训练中心，训练中心里悬挂着李秉哲亲笔题写的“人才第一”匾额。每次召开三星集团所属企业首脑会议时，他都要强调：“三星的人都要是精英，只有集合所有精英力量，才能发挥最大的作用。”从这里我们可以看出，李秉哲是一位智者，而不是一个自以为是的“能者”，他能认识到凭一几之力是不可能做成大事的，这就和胡雪岩一样能认识到没有人是三头六臂的。

李秉哲把培养人才作为企业之本，非常重视员工教育。20世纪60年代，他设立了三星文化财团，不久又以相当于在汉城重建一所大学的代价，接收了因资金困难而无法经营下去的大邱大学。到1976年又接收了成均馆大学，并对它们进行了改革和扩建，还新建了东邦研修所和三星综合研修院，它们是三星培养人才的基地。从这点可以看出他比胡雪岩更高明，胡雪岩只是拉拢大量现成的能人异士，而不是为自己培养一个人才梯队，毕竟时代不同，那时的人们还没有这样先进的意识，只知道人要凭良心、凭义气来行事，没有想到一种文化理念才是维系一个企业的根本。这就如同犹太人信他们的教义一样，无论走在哪里都以这种教义为行事根本，这种信仰是什么也摧毁不了的。

李秉哲很喜欢引用“十年树木，百年树人”这句格言来比喻人才的重要性和培养人才的艰巨性。因为他很明白，在现代社会中，所谓的企业竞争，实质就是人才的竞争，谁拥有杰出的人才，谁就能在激烈的商战中屹立不倒。而一个企业的拥有者最重要的是要能够听取这些人才的意见，采纳并吸收，乃至放手让他们去干，这才可能使企业时时拥有向上的动力。

胡雪岩语录

事情来了，急也没有用，顶要紧的是自己不乱。

稳住根本 掌控大局

人生中总会经受苦与乐，而只有在苦难中能够明心见志，不为外界所左右，才会取得成功。这种静心的根本就如那句佛语：不知明镜里，何处惹尘埃。只要心有根，那世间万物奈我何呢？因此，平日里就要多参考，多思索，真到了紧要关头才会有菩提之静心，以不变应万变。

思想家们教导我们要多静下心来思考，这几乎是矛盾的，只要是思考就不会是静的。每个人，当然是那些心灵比较纯净的人，总是希望自己的心能平静如佛一样，这样就会到达一种快乐的境界。其实这是一种理想状态，世间就是由烦恼和快乐构成的，就看你更执著于哪一方面。我们说过快乐是一种积极的情绪，而我们又知道积极就会带来好的结果。

这就如参禅，心中若是有那棵菩提，那无论外界是如何纷扰，这颗安定的心也不会乱，心稳则事定。说起来容易做起来难，所以世间的成功者才会那样少。

胡雪岩生逢乱世，又家遭变故，这样一个敏感少年的心怎么可能不去想超出他年龄的事情呢？况且他又出身商家，他的胎教都是被教导着发财的。

他几乎孤注一掷地把宝押在了王有龄身上，而这次投资又是如此的成功，从此他在投资上首选的就是人。他网罗了大量的能人放在自己身边，形成一个智囊团，这样在出现突发事件时就不会使自己显得单薄，虽然大主意还是由自己来定。

胡雪岩一生中最杰出的地方就是他知道自己想要什么，他只想要钱，过上好日子，所以即使在他有了官职后，也照样把心思全都放在了生意上。既然他是个商人，那他所做的一切就都会以赚钱为目的，虽然他口口声声心向朝廷，那是因为朝廷中有他的靠山，如果有钱赚，他的思路是很活络的。

一项投资就是对一个信息的判断，而能作出正确判断并非是一件轻而易举的事。这其中的关键是要有全局判断能力，要能在错综复杂的局势中看出大方向，并知道如何“照这个方向去做”，才能使自己立于不败之地。这就是只要根扎稳扎准了，那枝蔓也不会有大的差错。

胡雪岩在蚕丝销“洋庄”的生意中，就显示出了他这种对时局准确的把握能力，并在变化中看到了商机。

胡雪岩为了结交丝商巨头，联合同行同业，以达到能够顺利控制市场、操纵价格的目的，把在湖州收购的蚕丝运到上海，一直囤到第二年新丝上市之前都还没有脱手。而上海当时的局势是：正值小刀会骚乱；小刀会背后又有洋人鼓动，因此，朝廷明令禁止将丝、茶等物资运往上海与洋人交易，导致亲小刀会的一些外国使馆决定，不再接济、帮助小刀会；清廷态度强硬，不顾英、法、美三国的联合抗议，决定在上海设立内地海关。

这些情况对于胡雪岩正在进行的生丝销“洋庄”的生意来说，应该是有利的。新丝虽然快要上市，但由于朝廷禁止将丝、茶运往上海，胡雪岩囤积的货也就成了奇货，最重要的是朝廷在上海设立内地海关，洋人在上海做生意必然受到一些限制，而从洋人不再帮助小刀会和他们极力反对设立内地海关的情况看，他们是迫切希望与中国保持一定的商贸关系的。当时胡雪岩联合同业抵制外商已是效果显著，只要坚持下去，又有朝廷撑腰，就能迫使洋人就范，将现有存货卖出一个好价钱。

可就在这时胡雪岩做了一个让所有人跌破眼镜的决定，他要将自己的存丝按洋人开出的价格卖给洋人。

作出这一决定，就在于胡雪岩由当时出现的各种情况，看出了整个局势发展的方向。当时太平军已成强弩之末，洋人也预感到这一点，他们对待清政府也渐渐表示出了和好的意思。同时，虽然朝廷现在禁止本国商人与洋人做生意，但战乱平定之后，为了恢复市场，复苏经济，“洋务”必得继续下去，那么禁令一定会解除。按清廷的规矩，官府是不得与洋人直接从事贸易活动的，做生意还只是民间活动。胡雪岩正是从这里看出了一个根本方向，那就是他迟早要与洋人做生意。胡雪岩本是靠官道起家的，他当然了解这些当官的为人，知道中国的官员们从来不会体恤为商的艰难，不能指望他们会为商人的利益与洋人去谈判，因此，与洋人的生意能不能顺利做下去，最终只能靠商人自己。既然如此，也就不如先行一步，给洋人点好处，大不了自己不赚，这样才可为日后的生意打好基础，为将来留个见面的余地，因而，他决定暂时放弃控制洋庄的目的。

胡雪岩这一判断完全正确，他这次确实没挣到钱，但由于这次他主动伸出友谊之手，也就为自己铺就了一条与洋人做更大生意的道路。事实上胡雪岩凭借将这一笔生意“卖”给洋人的交情，马上就为他赚来了与洋人生丝购销的三年合约，为他以后发展更大规模的洋庄生意，最重要的是为他向洋行贷款发展国际金融业，总之为他驰骋十里洋场，铺出了一条很好的路。

这一事例很好地告诫那些在商海中沉浮的人，一定要记住，不要等事情已到眼前再想对策，何谓商机，就是商场中自己为自己创造出来的机会。胡雪岩的这个故事让我们明白，当结果到来时，那个前因一定是我们自己种下的。不要只看他后来的成功，还要看看他先前失掉的，他为了后来的成功，前期做的那种铺垫，你做得到吗？

有时胡雪岩的做法让人感觉是矛盾的，他对人说绝不做有损朝廷利益的事，可有时又为了自己的生意去帮助太平军藏私。其实他这样做，只因为他是生意人，他的成功只表现在把钱赚到手上，他藏太平军的钱只是为了生利，如果他拿钱去借给太平军，那就是对不住自己的誓言了，但他只是吸纳银钱而已。这一点很像犹太人，因为他们具有独特的金钱理念：只问成败，没有禁忌。但同时，因为这种理念也让世界各国的人对他们不满，从文豪莎士比亚的描写中，可以想见他对他们有多么大的成见，好在现在我们对金钱的概念，让我们开始尊重那些曾经受敌视的人。

犹太商人罗恩斯坦，就用自己的美国国籍作为资本，为自己做成了一笔大生意。犹太人最大的本事，就是能在别人危难中看到商机。斯瓦罗斯基家族是奥地利的一个世家望族，世代相传从事仿钻石饰品的生产。在第二次世界大战结束时，奥地利被盟军占领，法军当局要没收斯瓦罗斯基的公司，理由是在大战中，该公司曾接受纳粹德国的订单，为德军生产了望远镜等军用物资。

这时，有个叫罗恩斯坦的美国籍犹太商人正在奥地利，他得知此事后，立即赶到斯瓦罗斯基的公司，提出他可以去同法军交涉，设法阻止法军没收斯瓦罗斯基的公司。他开出的条件是：如果交涉成功，斯瓦罗斯基公司必须把公司产品的销售权让给他，并且在他有生之年，他有权从销售总额中提取

10%作为报酬。这无异于趁火打劫，但是他能提供的帮助却关系着斯瓦罗斯基公司的存亡，公司只能接受罗恩斯坦的条件。罗恩斯坦与斯瓦罗斯基公司签好了协议，马上赶往法军司令部，郑重申述："我是美国公民，我刚与斯瓦罗斯基公司达成协议，从即日起，这个公司已经成为我的公司，因而，斯瓦罗斯基公司现在已属于美国的财产，法军无权对它进行处置。"

此时，面对既成事实，法军无可奈何，只好放弃没收的计划。罗恩斯坦马上设立了斯瓦罗斯基公司的销售代理公司。这家代理公司并没有进行实质性的销售活动，只是开发票，以此来确保10%的销售额能成功进入罗恩斯坦的腰包。

所谓"机见于目"，商机更是如此。只要你肯想、敢干，做别人所不能做，想别人所不敢想，钱就会像长腿一样往你包里跑，挡也挡不住。

胡雪岩语录

同行不妒 方能成事

同行不妒，什么好事都办得成。

市场是商务经营运作的生命线。通常情况下，市场的扩大意味着财富的增加，反之，市场的缩小说明财富总量在减少。但不论是何种情况，市场这块“蛋糕”的大小总是相对一定的。某一门类的生意，由于同行之间经营内容相同，也就意味着要分享同一块“蛋糕”。对同一市场的分享，说穿了就是利益的分享，一方多吃一口，另一方就只能少吃一口，因此同行间的竞争也是必然的和不可避免的。为了各自利益，同行间互相妒忌也是不难理解的。由竞争到倾轧、妒忌，也就成了同行间的常事，所谓“同行是冤家”的俗语，讲的正是这个理儿。在竞争中或者一方取胜，另一方被迫称臣；或者两败俱伤，“鹬蚌相争”而被第三方“渔翁得利”；或者一时难分胜负，双方维持现状，酝酿新的一轮竞争。这是我们都能理解的，也是被所有商家都认可的市场规律。

那么，在这种循环中有没有既不触动对方利益，己方又能得利的第三条变通之路可走呢？有！这就是不抢同行的饭碗，“同行不妒，什么事都可以成功。”胡雪岩可以说是此中善于变通的高手，仅说他善变通还不完全对，还应说他有一颗仁义之心。因为以他当时的势力，抢谁的饭碗都是一件很容易的事情。

当时胡雪岩看到在太平天国兴起的形势下，各地纷纷招兵扩军、开办团练以守土自保，尤其是江浙一带，直接受到太平天国的威胁，特别是自上海失守后，人心惶惶，防务亟待加强，更是大办团练、扩充军人，有了兵就要有兵器，因而各地急需大批洋枪洋炮。胡雪岩早早地就看到这一点，并充分利用自己在官场的关系，大做军火生意。

胡雪岩在一次与古应春的交谈中得知，英国人有一批枪支近期将运到中国，并且正在与太平军接洽，准备卖给太平军，胡雪岩马上就决定把这笔能赚大钱的生意硬从太平军手里挖过来。

然而，在决定买枪之后，古应春接下来“除了洋枪，还有大炮，要不要劝浙江一起买”的问话，却让向来果断的胡雪岩有点犹豫和踌躇，并且最后放弃了买火炮的打算，到底是什么原因令胡雪岩连到手的钱都不想赚了呢？

原来浙江有个姓龚的福建人，名叫龚振麟，曾经做过嘉兴县的县丞，道光末年就在浙江主持“炮局”，浙江炮局就是主要负责制造火炮的单位。从明朝中叶以来，一直在仿制的“红衣大将军炮”都用生铁翻砂，但龚振麟不仅发明了铸炮铁模，而且还专门著有一本《枢机炮架新式图说》，在铸炮技术上颇有改良。他的儿子名叫龚之棠，颇得父亲真传，父子二人都很得浙江巡抚黄宗汉的欣赏和重用。

虽然胡雪岩很清楚由龚振麟、龚之棠父子主持的炮局制造的土炮，绝对赶不上西洋的“落地开花炮”，但毕竟是大清自己造的炮，胡雪岩认为如果他买进西洋炮，由于西洋炮威力大、质量好，必然要顶掉浙江炮局制造的土炮，因而势必会侵害炮局的利益，引起炮局的忌恨。炮局龚氏父子本来就得浙江巡抚黄宗汉的重用，他们为维护自己的利益，肯定会利用自己多年建立起来的影响，大肆挑剔买洋枪洋炮的弊端，反对浙江购买洋炮洋枪。如此一来，不仅洋炮买不成，恐怕到时连洋枪也买不成了。

胡雪岩基于对人情世故的考虑，舍炮而只买洋枪，不仅有效避免了对炮局利益的触及，而且又选择了一条与众不同的经营项目，另辟市场，不致于引起同行的反对。虽是同行，却能够做到和平共处，这是胡雪岩为了生意的成功而寻求的外部环境。他取枪舍炮的做法，看似缩小了自己的市场，实际上却是为了开辟另一市场而作出的必要让步，在这一新市场上，他不会遭到同行的妒忌和反对，也没有竞争，从而营造出良好的经营空间，赢得更大的利润。

当今社会更是讲究和谐共赢，一个人或者企业若只靠投机取巧、耍奸使诈就想在市场上站稳脚跟，那是绝对不可能的。现今社会的竞争更讲究在诚信下的竞争，只有真正领会竞争之真义，才可以得到最大的利益，也只有那些明白利益共沾的人才能赚到钱。

美国有一家名叫哈勃的小公司，生产一种称为“配方 409”的清洁剂喷液。经过几年的努力，产品的销路很好，迅速占领了美国 5%的清洁剂市场和几乎一半的清洁剂喷液市场，一时间威名大振。

哈勃公司的成功，立即引起了另一家生产清洁剂的公司——大名鼎鼎的宝洁公司的警觉，因为哈勃公司已经“蚕食”掉了宝洁很大的一块市场，渐渐成为它的心腹之患。宝洁公司决定立即对哈勃公司采取大规模毁灭性的攻击，在很短时间内接连推出一系列高质量的清洁剂，并且还把哈勃公司的老家——哈佛市作为重点推销对象，打算首先占领哈勃公司的大本营市场，然后内外夹击，大有一举置对手于死地的气势。对于突然出现的如此强大凶猛的攻势，哈勃公司最初张皇失措，无计以对。总经理哈勃冷静下来以后，迅速召集其“智囊团”成员商议对策。有的人主张同宝洁公司竞争下去，因为哈勃公司已不是刚学走路的小孩子了，已经有了与强手竞争的能力，但更多的人则对这种较量表示怀疑，对公司的前途持悲观态度，认为应趁早转行，省得遇到更大的打击。听了众人的议论后，哈勃没有接受大多数人的转行意见，他决意要和宝洁公司竞争下去。因为对一个以清洁剂为主要支柱的企业来说，要想转行就等于是走向灭亡，既然都是个死，倒不如拼一下，总不能让对手就这样轻易地得到好处。

于是哈勃发动了反攻，他在开完会议的第二天就宣布，立即停止公司在哈佛市的经销和宣传活动，并且在哈佛撤出了其王牌产品“配方409”的所有销售活动。哈勃公司的行动立即引起公司内外哗然，这哪里是在同对手竞争，分明是向对手屈服嘛！人们猜测哈勃公司破产在即了。宝洁公司得知这个消息后更是欣喜若狂，他们没有想到对手如此不堪一击，只是一个回合就落荒而逃了。

正当宝洁公司忘乎所以、大摆庆功宴的时候，哈勃公司却在全国范围内发动反击，它把以前用小瓶装的清洁剂改装成大瓶，其价格比折合成小瓶的价格还要便宜很多。以前，每小瓶只够消费者用一个月，消费者用完后还要再买，很是麻烦，而大瓶却能用半年，并且哈勃公司还不惜重金，通过广告大肆宣传这种大瓶装的质量好、价格优惠以及能给人们带来的方便。鉴于“配方409”的优质和使用上的方便，人们纷纷购买，于是销售量顿时大增，而宝洁公司却备受冷落。当宝洁公司从成功的梦中清醒过来后，哈勃公司已经以一种新的形象在市场稳稳地站住了脚跟。

哈勃的这种销售方式对宝洁公司的攻击是致命的，因为人们买了大瓶装的消耗品，那就等于一个家庭在未来半年内不会再买同一类型的产品了。在商场上，没人能预料到半年以后的情况，如果在这半年中再有一家生产同类产品的企业出现，那对宝洁公司的打击就是致命的。所以任何企业决策人都要想到，市场这块大蛋糕吃的人越少越好，但绝不可能为一人所独占，最好的办法就是与同行结为联盟，共同进退，不再让新的力量来吞食就可以了，而不是去攻击已成熟的竞争对手。

第八篇／心活则可活一切

第八篇　心寄画语一则

胡雪岩语录

以自己内心来体察度量别人内心的人，比较少见；用积恩德的好事来回报别人对自己的得罪，更是少之又少。想以卑劣的行径来报答恩情，犹如想挟大山跨过大海，是不可能的事情。

眼光独到 气量恢宏

诗经中有句话是："他山之石，可以攻玉。"意思是别的山上的石头可以作为砺石，用来琢磨玉器。后喻指他人的做法或意见能够帮助自己改正错误、缺点或提供借鉴。因为一个人的智力毕竟是有限的，如果一个人能利用好别人的长处，就能见出他的大智慧。也许我们很多人都奇怪，为什么才智平庸的刘备会得到诸葛亮那样的人才？那是因为刘备有着过人的用人气度，也可以说是刘备为诸葛亮提供了施展的空间。

能用他山之石的人都是谦虚之人，只有虚其心，才可以容万物。虚心不仅是一种学习的德行，而且在很多情形下它还体现为一种容人的度量。因为虚心，所以内心里不会对人有成见，对别人就能包容。管理者的包容力通常是其领导力的一个重要标志。俗语说"宰相肚里能撑船"，说的就是这个道理。

在胡雪岩的经商过程中，他本人只对人际关系的掌控下工夫，而具体的操作，他一般都是交给别人来做的，只要这个人的能力在某一方面比较突出，胡雪岩就会很好地任用他。

从胡雪岩对陈世龙的精心扶植与栽培上，就颇能显出胡雪岩用人的胆识与胸怀。话说当年胡雪岩去拜访湖州郁四的时候，由于之前并没有与郁四打过交道，因此在一间酒馆里，胡雪岩问有谁可以送他到郁四的住处。陈世龙走了过来，帮他叫了黄包车，并一直将胡雪岩送到目的地。胡雪岩在与陈世龙闲聊的过程中，发现此人不但头脑聪明，干事也挺利索，便对他留了心，打算培养为自己人。后又经过郁四的介绍，胡雪岩对陈世龙有了进一步的认识，但为了用人放心，他依然要先进行一番考察。因为陈世龙酷爱赌博，胡雪岩就告诫他说，要是真心打算跟着我办事，就要把赌瘾戒掉。胡雪岩特意给了陈世龙一笔钱，随后暗中派两个人跟踪他的行迹，结果跟踪的人发现陈世龙虽按捺不住赌瘾发作，进了赌场，但看了半天的“边风”，自己却始终未下注。胡雪岩对他的表现颇为满意，当然，这一切考察过程，事后也一直没有告诉陈世龙。胡雪岩当时的计划是想把陈世龙送到上海去学洋文，因为将来他的丝业一定会发展到上海的。而且最重要的是与洋人打交道时，如果没有一个自己的人做翻译，那么肯定会吃很多亏。尽管事后形势发生变化，陈世龙没有做成翻译，但胡雪岩这种考察并栽培人才的发展思路是值得学习借鉴的。后来翻译工作由一位朋友古应春代替，而陈世龙则在湖州丝业生意中独当一面，全权处理湖州的一切事务。胡雪岩对陈世龙这样的人取其长处加以培养，使本来可能会堕落的人得到了拯救，而胡雪岩的一番用心栽培更是让陈世龙感恩戴德，为胡雪岩奔走劳累，不辞辛劳，忠心耿耿。

胡雪岩认为世上从没有一个人是毫无用处的，只要你用心去发现并引导，那他们都可以成为可用之材。

胡雪岩看人看事从不走极端。他对那些曾反对过自己的人，只要他有才干，从不记私仇、念旧恶。这样做不仅能表现出他以德报怨的大度胸襟，还能够化敌为友，壮大自己的人才队伍。在这方面，三国枭雄曹操表现得也很突出，他手下的许多谋臣勇将都来自敌对营垒，曹操在得到他们后，都能够大度地撇开个人的恩怨，不计前嫌，以礼相待，曹操不杀陈琳反而予以重用，就是他能够容人的典型事例。陈琳字孔璋，汉灵帝时在朝中任主簿，很有才气，是有名的“建安七子”之一。董卓之乱后，他隐居冀州避难，后冀州被袁绍夺取，陈琳便在袁绍手下谋事。

他为袁绍起草了一篇檄文，历数“操之恶”。檄文不仅历数曹操的罪名，而且还把曹操的祖宗三代都骂了个狗血喷头，曹操自然对陈琳恨之入骨。

官渡之战后，曹操乘胜追击，逐步攻占了袁绍占据的北方诸郡。公元203年，曹操击败袁绍主力，攻克了袁军的老巢冀州。正当曹操欲挥军追剿袁军残部时，刀斧手把陈琳押了上来。曹操见到陈琳很是生气，就问他说：“你骂我也就罢了，为什么还要骂我的祖上呢?”

陈琳坦然回答说：“箭在弦上，不得不发耳。”曹操听罢觉得有理，他认为陈琳很有才气，杀了可惜，因而下令“赦之”，并“命为从事”。正是这种“宰相肚里可撑船”的度量，使曹操能罗致到众多的人才，最后完成了统一北方的大业。

能否原谅曾经反对过自己的人，是古今中外一切用人者的人才观的重要组成部分。三国时代的曹操尚能够以德报怨，宽宏大量，现代企业家们在如何对待反对过自己的人的态度上，则应该更胜一筹。那些反对你的人都是有思想、有能力的人，不然你的错误为什么别人看不到，抓不着，他们就能抓到并敢起来反对呢?

美国著名企业家爱德华·利伯对待迈克尔·欧文斯的态度，很好地说明了一个企业家在包容反对者方面应该具备的素质。

19 世纪末，爱德华·利伯是一个玻璃制造商，拥有一家规模不大的企业——新英格兰玻璃公司。利伯与其他玻璃商一样，渴望公司能发展壮大，成为美国玻璃制造业界的巨擘。

当时，迈克尔·欧文斯是新英格兰玻璃公司一名普通工人，同时还是当地颇有声望的工会领导人之一。在一次罢工运动中，欧文斯鼓动工人反对利伯，要求增加薪水、缩短工时并改善工作条件。这次罢工迫使利伯把公司迁往另一个城市。但利伯在把公司迁走时，不仅没有开除欧文斯，反而把他和少数工人一起带到了新厂所在地，并重用欧文斯。

原来，在罢工期间，欧文斯曾代表工会与利伯举行谈判。在双方唇枪舌剑的交锋中，洞明世事的利伯发现欧文斯不仅血气方刚、敢想敢说，同时还是一名谙熟玻璃制造工艺，并对某些问题有独到见解的人才，因而，他不仅没有因为欧文斯带领工人与自己作对而怀恨在心，反而起了爱才之心。因此在公司搬离的时候，特意带上了欧文斯。

到了新的地方后，利伯开始注重发挥欧文斯的才干。他的不计前嫌、宽宏大度使欧文斯深受感动，他们开始了真诚的合作。

3 个月后，欧文斯向利伯提出了一连串的建议，并被利伯全部采纳，而且根据这些建议制定的措施使公司大受裨益。利伯因此更赏识欧文斯，委任他担任了玻璃制造部门的监工，两年后，再次提升他担任公司业务部主管。

就这样，两个曾经在谈判桌上针锋相对的对手，变成了一对亲密无间的合作伙伴。此后，利伯一直不遗余力地在各方面支持欧文斯对玻璃制造工艺的改进，而欧文斯也不负其厚望，一次又一次成功的技术革新，使利伯的公司成为闻名全球的大型企业。如果利伯当初不能原谅并重用欧文斯，那么不仅欧文斯的天才要被埋没，利伯本人也绝不会取得后来引人瞩目的成功。

胡雪岩语录

我们做生意一定要做得活络，移东补西不穿帮，就是本事。你要晓得，所谓“调度”，“调”就是调动，“度”就是预算，预算什么时候款子进来，预先拿它调动一下，这样做生意，就比人家走在前面了。

明世相之本体：眼光如炬，看破大局

人活于世最重要的就是明晓事理和时局，其实无论是经商、为官还是处事，不外乎是与人和事打交道，而万物变化不会离其根本。只要懂得借鉴，心思细密，就可以识得大局之变迁，而在变化中抓到有利时机，实现自己的理想。

一个成功者最大的特点就是能够看到别人看不到的。我们可以看到很多搞传销的人都不是很有文化，当然并不是说他们不识字，有文化的根本含义应是能思辨，作为传销业塔尖上那几个真正赚钱的人，他们不仅能思辨，而且智商一定相当高。他可以在没有任何物品的情况下卖东西，你说他厉害不厉害呢？所指不思的是下面那些人，尤其是塔基底下那些人，他们有很多来自农村，只不过是不想再过那脸朝黄土背朝天的苦日子，就带了血汗钱加入了这样一个传销的队伍，他们把钱送给人家，最后他们赚钱的梦仍是镜中花，水中月。每个人都想发财不假，每个人都想成功不错，但你要记得，成功是去做别人没做过的，想别人没想到的，如果全社会都在做同一件事，那就不是让人成功的事。如果有很多人拉你去做一个生意，并说这个生意如何赚钱，那样的话，你还不如老老实实地打你的工，种你的地。因为有一点是非常明确的，就是任何赚钱的行业，都不希望挤进太多人来，一块蛋糕吃的人越少越好。

成功者的头脑每天都在思考，思考着外部的细微变化，将他从各种渠道了解到的信息进行过滤分析，进而找到自己的生存空间。

香港回归之前，很多人卖了房子移民，以为国外会安定一些，他们根本就不了解中央政府的政策，也不了解经济的发展规律。他们卖了房子走了，而这时的地产商们就购进了大量便宜的土地、房子。他们跑到国外呆了几年发现不对，香港发展得更好了，又想回来，但办不到了，他们卖掉的房价已翻了几番了，想回来，只能租房了。这就是一些无远见者的行为，他们也不想想，他们那点钱在哪不一样呢，如果那些大财阀们没事，老百姓怕什么呢？这就是看不清时局本体、缺少大局观的穷人生存方式。

胡雪岩每时每刻都在观察着外面的变化，他非常清楚自己生逢乱世，只有小心经营才会立于不败之地。他曾经说过："天变了，人应变。"意思是指时势时局变了，人也应作出相应的变化与调整，以顺应时局。政治上的这种策略被胡雪岩熟练地运用于自己的生活、生意中。

胡雪岩做事总是随时而变，见机行事，急缓相宜。生意场上充满了搏杀，也充满凶险，往往一着不慎，满盘皆输，而且生意越大越难以照应，也就越容易出现疏忽。因此，驰骋于生意场上不能恃强斗狠，也不能大意粗心。做生意许多时候必须冒险，要赚大钱更要冒大风险。比如大着胆子投资一桩生意，这笔钱投下去，究竟是带来大笔的进账，还是血本无归，总是很难预先清楚地知道的，必须是等到最后才能见分晓。有时即使你做了周密的论证，似乎不会出太大的问题，但实际运作起来，结果却完全不是想象的那么回事。比如胡雪岩对自己钱庄和典当生意的失察疏忽，导致的后果就是一动而全动，一倒而全倒，终至无救。所以，一个在商战中纵横搏杀的人，必须时刻注意既要胆大还要心细，一定要做到通盘考虑。

胡雪岩第一桩生丝生意的运作成功，就可以说是在通观全局之后运筹帷幄而得以成功的范例。胡雪岩在湖州收到新丝，运到上海后并没有急于脱手。虽然他的钱庄刚刚开张不久，本应尽快脱货求现，但他仍然将这批生丝囤积起来。他没有将这批生丝马上脱手的原因，除了洋商开价不够理想之外，更重要的是他要联合同业控制洋庄市场的条件还没有成熟，他运到上海的生丝数量很少，实力还不足以与洋商讨价还价，他必须联合同业才能与洋商抗衡。因此，虽然暂时压下一笔资金会给自己带来一定的资金压力，但与整个全局收益比较起来还是值得的。

不过，商事运作中所需要的各种条件，有些是可以创造的，比如胡雪岩为控制洋庄市场而联络同行的条件，就是可以通过自己的努力创造出来的，但也有些条件是人力无法创造的，比如在大多数情况下，政局的变化、市场的整体格局，就并不是一个或几个生意人所能决定的。

识大局就是要明白如何为自己创造出有利的局势，胡雪岩之前联合同业与洋人抗衡，后来他又把生丝以理想的价格卖给了洋人，是因为他知道朝廷积弱，没办法保护本国商人的利益，所以与洋人做生意只能靠自己。胡雪岩就这样为自己开辟了一条与洋人合作的大路。

所有的商人都知道国家政策对市场有着巨大的影响。因此，关注政府行为，从政府行为中查得有用的信息，确定投资取向是十分必要的。但是，庸人却很难做到这点，因为他们缺乏企业家战略性的眼光和无所畏惧的魄力。

政府政策在很大程度上影响着经济的发展，它可以给一个地区优惠政策，使这个地区迅速发展起来，也可以给一个行业优惠政策，使这个行业迅速发展起来。当然，它也有权力制定出政策，抑制某个地区或某个行业的发展。在政府制定出优惠政策之前，如果能率先把资本投入到政府计划发展的地区或行业，往往能够使一些人一夜暴富。而能不能做到这一点，就要看企业家的眼光和魄力了。

百龙集团公司总经理孙寅贵就具有这样的眼光。当孙寅贵的企业生产出亚都加湿器和百龙矿泉壶后，这些产品在各大城市卖得风风火火。而就在这时，“不安分”的孙寅贵则又开始考虑向其他领域投资了。他苦苦寻找着投资机会，终于看中了青岛这块风水宝地。

青岛是一个有着良好投资环境的城市，青岛市政府把黄岛设为经济开发区。为了使黄岛经济开发区能够迅速发展起来，山东省及青岛市已经投入了40多亿元人民币对其进行开发，与此同时，还颁布了一系列的优惠政策，鼓励客商前来投资办企业。

但愿意来黄岛投资的客商却不是很多，所以黄岛的地价一直很便宜。

孙寅贵听说这个消息后，赶紧到处收集信息资料。后来，他打听到了客商们之所以不愿意到黄岛投资办企业，主要是因为交通不方便。青岛到黄岛中间隔了几公里的海面，每次轮渡都要花上两三个小时，一旦碰上大雾天气就可能连续四五天不能通航。对做生意的人来说，时间就是金钱，谁都不会在一个交通不便的地区投资。

孙寅贵得知这种情况，却有了与他人不同的想法。他认为，既然青岛政府已经在黄岛投下了40多亿元的资金，就绝不会对此撒手不管，早晚会给投资者“开路”的。

根据这样的判断，在1992年初，孙寅贵毫不迟疑地拿出200万元资金买下了3.3公顷土地的使用权。

此时，国家领导人邓小平视察南方重要讲话的精神已经得到传达，各地政府纷纷作出大力推进改革的行动，青岛市政府更是作出了积极的表态。

在这种情况下，孙寅贵坚信自己的判断是正确的，同时他也知道自己的步子迈小了。他立即与青岛市有关部门谈判，又签下了以500万元购地6.6公顷的协议。

就在他签下了购地6.6公顷协议后不到一个星期，《青岛日报》就报道：青岛市决定修建由市区到黄岛的海底隧道。消息一公开，黄岛经济开发区立刻变成了一个经济热点，它的地价直线上升。

就在孙寅贵在青岛市政府办理购买手续时，有一位商人表示愿意以2000万元的高价购买孙寅贵6.6公顷的土地。而孙寅贵却回答道：“对不起，你就是出3000万元的高价，我也不会卖的。”

人们不禁惊愕，这个孙寅贵也太贪心了吧，500万元的东西一转手就净赚2500万元，这时不卖为了哪端呢？此时不卖又更待何时呢？

孙寅贵不卖那块土地，是因为他又捕捉到了一个政治信息，中国外交部长钱其琛邀请了韩国外相，在近日即将来中国参观访问。孙寅贵对这件事很关注，在他看来，韩国外相访华，两国关系很可能进入一个新阶段，有可能建立外交关系。韩国是亚洲四小龙之一，与山东半岛一衣带水，而青岛又在山东半岛的最佳位置上。就是因为没有正式的外交关系，才限制了韩国人在山东的投资。如果中国与韩国建立了外交关系，青岛就必然会成为韩国商人的首选目标。

果然不出孙寅贵所料，韩国外相来北京后，没两天就谈妥了两国建交问题，签订了建交公报，而且卢泰愚总统不久后也将访华。

消息传出后，黄岛的地价可以称得上是日新月异，一涨再涨。孙寅贵那块花了500万元买来的土地，此后价值已达到6000万元了。

做生意不仅要看到你自己手头那点，还要能观望着远处的，要通观全局，还要能判断，要知道影响你成败的有时不仅仅是你的头脑，更是你的政治灵敏度。你看不到吗，那对不起，请出局。胡雪岩的出局就是栽在了政治上。

胡雪岩语录

人生在世，不为利，就为名。做生意也是一样，冒险值得不值得，就看你两样当中能不能占一样。

适者生存：找到自己的空间

一生中我们肯定经常会问自己，我今生想要什么样的生活？我爱什么样的工作？我如何才能得到这种生活？我如何才能做我喜欢的事情？能提出这些问题的人就已不是平庸之辈了，因为世上太多人像蚂蚁一样，他们工作，他们生存，好像没什么原因似的，也许有一天不小心被踩到了，一生就完了。

我们总是听到“上天对万物都是公平的”这样的话，如果你信了，则说明你太善良了，根本不是那么回事，如果是公平的，那为什么人家坐车我们走路，而且走路还被溅了一身泥呢？所以上天最大的不公平就是人的智力的不平等，只有在智力相同的情况下才会说到运气。人成了万物的主宰就是因为我们的智商，在竞争中我们胜利了。

但世间的确是有太多的机会，每个人都在找这个神秘的机会，但就像吗啡有时是药，有时是毒品一样，就看这个机会适不适合你了。而且有些机会还不是自己蹦出来的，而是通过聪明的头脑创造出来的。胡雪岩的一生根本就不是有很多机会，而是他为自己创造了太多的机会。

他帮王有龄捐官，这是他为自己创造的第一个机会，机会也如种子，只要发芽就一定会生发出许多枝蔓。后来他又帮左宗棠，为自己弄了个红顶子。所谓机会，只是在你会不会看机缘罢了。

如果你是一个种田人，那把你放在城里，你不是享福而是受罪，而一个骄傲的城里人到乡下同样是被嘲笑的。所以一个人要想有所发展，最重要的是认清自己最适合做什么。

这就让我们相信思想一定是左右着行动，并且一定是在行动的前面的。思想总是走在行动的前面，没有思想便不会有行动的产生。就像我们在肚子饿时想到美味佳肴一样，此时你一定会采取行动，想方设法把你想吃的东西搞到。

美国百万富翁艾琳·福特在谈到他的经营历程时曾说道："自己的命运要自己来开创，当你真正梦想要一件东西时，就一定能弄到手。有了思想就必须马上开始付诸行动，只要你想到要做什么事，就一定要有无论怎样都必须去完成的精神。"

如何将模糊微弱的"愿望"转变成清晰强烈的"欲望"，是相当深奥的一种学问。若当真能转变成功，心中便会萌生一种力量，驱使自己向前推进。

而没有目标则是成功的最大障碍，要知道思想能控制行动，只要懂得控制自己的思想，你便可以创造出促使自己成就某事、获得某物的欲望。

斯太菲克在美国伊利诺伊州亨斯城退役军人管理医院疗养。经济上他已破产，那时他穷得只剩下时间了。

他想到了一个主意，他看到许多洗衣店都把刚熨好的衬衣折叠在一块硬纸板上，以保持衬衣的硬度，避免皱纹。他就向洗衣店了解情况。

从回信中获悉这种衬衣纸板每千张要花费 4 美元后，他的想法是：以每千张 1 美元的价格出售这些纸板，并在每张纸板上登上一则广告。登广告的人当然要付广告费，这样他就可从中得到一笔收入。

有了这个梦想，斯太菲克就设法去实现它。出院后，他就投入到了行动中！这其中遇到的困难是可以想象的，但斯太菲克最终取得了成功。

人想成功最重要的是要有野心，只有具备了野心才不会让人的大脑停下来。心理学家在上个世纪最重要的发现之一是“自我意象”，即我属于哪种人的自我观念。它建立在我们对自身的认识和评价的基础上，而人们因为有了对自我的期望值，一般就会向这个方向努力。这就是为什么有些天资不是太高的人却取得很大成就的原因。

现在人对金钱有了更清醒的认识，财富固然重要，但我们一定要谨记：财富不是人生的目的，而是创造美好人生的手段；致富的终极目标不是财富，而是借助财富去实现人生的理想。因此，充实与平衡的人生，才是致富的出发点。

我们每个人都应该积极、乐观地规划与执行一生的致富计划。根据我们提出的原则，每个人既不必透支时间与精力，也不必牺牲工作与生活，就能获得丰硕的财富。记住！惟有兼顾事业、生活、健康、家庭与财富，才是真正的致富。获得天下财富而失去健康、家庭与生命意义的人，不能算是成功者。

我们看到李嘉诚的成功，更看到他那样善待人生的举动，他总是给人乐观向上的精神，他就是一个知道自己想要什么，并知道如何通过实现的过程而享受人生的人。他说过一句关于财富人生的最经典的一句话：“最聪明的商人不是只看到手中的钱，而是想尽办法以做人为头等大事。”这就见出做人之重要，做人就要明白自己的目的，有了目的就要执著地走下去。

对人生目的执著的追求，就要对事业全身心地投入。李阳，兰州大学力学工程系的毕业生，就是一位靠执著的“疯狂”精神取得成功的青年。

1998 年夏日的一个傍晚，北京图书馆报告厅，一个文质彬彬的年轻人手执话筒，振臂高呼，台下近千名学生、干警，还有下岗工人不顾天气的炎热，手里拿着卡片扯着喉咙跟着大吼。

原来这疯狂的场面是李阳在做“疯狂英语”的讲座，那个领头的“疯子”便是疯狂英语创始人李阳。一位大学生说，他已连续听了李阳的 6 场讲座了，几乎场场坐无虚席，很多人都是坐在地上和过道上，连好多外国留学生也都来参加了。

北图门口一个大学英语教师说，今晚我们好多英语老教授都来了，也都疯了一把。

李阳的疯狂英语已在各高校刮起了旋风，晚上每到熄灯后，学生宿舍里喊英语的声音此起彼伏，搞得管理员禁止也不是，不禁止也不是。

这就是李阳，靠疯狂、靠对事业的执著追求成功的青年。然而，李阳过去的性格却是非常内向的，他的学习成绩尤其是英语经常不及格。

一直到大学二年级，李阳为了通过英语考试，拿到学位证书，不得不强打精神每天早上学习英语。为了集中精力，他干脆跑到学校烈士亭大声喊背英文，这一喊让他发现这样做精力会非常集中，效果不错。几个星期后，李阳抖起胆子去了学校英语角，英语说得还真有点儿样了。李阳的变化引起了同学们的惊奇，大家都让李阳介绍经验，这让李阳隐隐感觉到了什么。从此，每天中午烈士亭都传出了李阳疯子似的喊叫，整整 4 个月，风雨无阻。为克服内向的性格，李阳脚拖 46 码特大号美国劳工鞋，穿着肥大的裤子，戴着耳环，在校园里走来走去，任同学们笑话或议论。李阳终于在大喊中复述了近 10 本英文原著。被嘲讽为“疯子”的李阳不仅通过了四级考试，还一举拿了个全校第二。这当然不是仅仅靠疯狂和另类就能做到的，有一点我们一定要记住：是因为过于执著而类似疯狂，而绝不会是疯狂像执著，这是不同的。李阳执著在他要熟练使用英语，而不是他只是想疯狂的一种暴露欲。人的性格中都有弱点，李阳的弱点是内向，他只是通过这样一种方式来摆脱而已。这就可看出成功的方式是不同的，跟他喊英语的人有几个是为李阳喊的呢？他只是教给大家一个方式，如果你也想成功，那么就克服掉自身的弱点。

大学毕业后，李阳在一家研究所当了一年半的助理工程师。因为有了大学期间的经验，而且他也从这种喊英语中得到太多的益处，每天清晨，李阳的第一件事就是冲到屋顶平台大喊英语。一年半后，他从一千多名考生中脱颖而出，调入了广东人民广播电台英文台，成为唯一一个没有英文专业学历的播音员，并担任新闻播音员和脱口秀节目主持人，成为广州地区最受欢迎的英文播音员，就连老外也被李阳地道的英语所征服。

美国众议院外交委员会首席顾问理查德·布什，在广州作题为“克林顿当选总统以来美国对华政策的制定过程”的重要演讲，李阳因出色的翻译，收到了美国外交委员会主席汉密尔顿的亲笔信，称赞他卓越的英语水平，为中美两国友好交往作出了极大贡献。美国总统特使商务部长布朗访问广州时，李阳是主持室唯一的中国译员。对于很多专业领域的翻译，李阳照样游刃有余，在 1994 年世界移动通讯国际会议的 27 位发言者的同声翻译中，李阳更是令同行刮目相看，因为发言内容中的专业名词和术语非常多，而且难以把握。

李阳几乎只用了一年的时间，就覆盖了别人六七年才能涉足的领域。“让三亿中国人说一口流利的英语！让中国人的声音响彻全世界！”1994 年，李阳辞职创办了李阳·克立兹国际英语口语推广工作室、国际会议展览口译服务中心和英文广告配音工作室。

从这个故事中我们发现，也就是心理学家最近才搞明白的“自我意象”是多么地有意义，只要有梦想，并且还有一种靠野心来维持的并支持这个梦想的热情，那世间的事很少有不能实现的。

胡雪岩语录

乘势经营：主动出击，创造机遇

有句成语叫作“与其待时，不如乘势”，许多人看起来难办的大事，居然顺利地办成了，就因为懂得乘势的缘故。

中国有句劝人向学的话是“读万卷书，行万里路”。读万卷书是让人明理，行万里路是让人长见识，因为只靠书本上的死知识，是不可能成为一个于国于家有用之人的。只有多读书才会明白世间的人情世故，也只有行万里路，方能知世间风物、人心良善，才能游刃于世间而自保。而对于一个生意人来说，最重要的就是要晓得商海变幻莫测，成败往往只在一夕之间，要随时明了形势，才好借力行船。尤其对于像胡雪岩这样靠官府的大商人，更得时刻注意身边的风吹草动了。

话说太平军围攻杭州，王有龄率众死守，被围两月弹尽粮绝。胡雪岩受托冲出城外买粮，买到粮后却无法运进城内，胡雪岩在城外急得如热锅上的蚂蚁。城内的王有龄见回天乏术，上吊自杀。胡雪岩闻讯，更是雪上加霜，悲不自禁。

后来闽浙总督左宗棠率领数万人马同太平军拉锯血战，收复了杭州，但之后几万人马吃饭成了个大问题。

左宗棠正在犯愁之时，手下人报浙江大贾胡雪岩求见。左宗棠乃传统的官僚，有“无商不奸”的思想在脑中作怪，而且他又听信了谣言，说胡氏在王有龄危困之时，居然假冒去上海买粮之名另有打算，所以让他等了很久才让进见。

胡雪岩一进去，就察觉到了气氛的不对，随即告诫自己小心谨慎。左宗棠那双眼睛射出凉飕飕的光芒，将胡雪岩从头到脚仔细打量一遍，胡雪岩头戴四品文官翎子，中等身材，双目炯炯有神，脸颊丰满滋润，一副大绅士派头。端详之后，左宗棠面无表情地说道：“我闻名已久了。”这句话谁听都觉得刺耳，谁都懂得其中的讽刺意味。胡雪岩忍耐着，他觉得自己面前只不过是一个挑剔的顾客，挑剔的顾客才是真正的买主。胡雪岩没有直接回答左宗棠，而是再次以礼拜见左宗棠。他知道左宗棠素来是个吃捧的人，便抓住这一弱点，恭维左宗棠收复杭州，功劳盖世。又向左宗棠道谢，使杭州黎民百姓过上安定日子。胡雪岩一边恭维一边注视着左宗棠，他见左宗棠脸上露出一丝不易让人觉察的微笑，捕捉到这一信息，胡雪岩又急忙施礼。这一次左宗棠虽然仍旧矜持地坐在椅子上，但先前阴沉的脸上绽开了一点笑容，也许是面子上过不去，他装着恍然似地说：“唉呀，胡大人，请坐！”胡雪岩在左宗棠右侧的椅子上坐了下来，暂时摆脱了尴尬的窘境。

胡雪岩坐定之后，左宗棠直截了当问起当年杭州购粮之事，脸上又现出不满之意。胡雪岩这才如梦初醒，赶紧把事情从头到尾讲了个清清楚楚。

左宗棠这才明白是自己误信了谣言，态度有所改变。胡雪岩见左宗棠态度已有松动，急忙摸出二万两藩库银票，说明这银票是购粮的余款，现在把它归还国家。他解释说，这巨款本应属于国家，自己只不过是一个经手之人，左宗棠欣然答应，并叫管财政的军官收下了这笔巨款。

虽然二万两银票对于开支庞大的左宗棠大军来说，只能算得上是杯水车薪，但毕竟可解燃眉之急。胡雪岩清楚地知道左宗棠想要的是什么，所以不失时机地掏出银子，为自己争得了左宗棠的好感。

收下胡雪岩的银票后，左宗棠对胡雪岩的态度大为改观，立即叫人上茶，和胡雪岩闲聊。胡雪岩大赞左帅治军有方，孤军作战，劳苦功高。胡雪岩说话有分有寸，当夸则夸，要言不繁，让人听起来既不觉得言过其实，又没有谄媚讨好的嫌疑。胡雪岩见左宗棠已被自己的话吸引，便话锋一转，指责曾国藩只顾自己打算，抢夺地盘，卑鄙无义，又谴责李鸿章不去乘胜追击占领唾手可得的常州，而把立功的肥缺让给曾国藩的弟弟曾国荃做人情。胡雪岩有根有据的指斥引起了左宗棠的共鸣，左宗棠在心中对胡雪岩更有好感了。

过后，左宗棠亲自将胡雪岩送出去，他认为胡雪岩不仅会做生意，而且是一个大有作为的能人。

胡雪岩自此一别之后，就筹划着如何帮助左宗棠解决眼下的粮食危机，他迅速到宁波筹集了上万石大米运回杭州，一部分救济城里的灾民，另一部分送到了军营。这上万石大米真是雪中送炭，不仅救了杭州灾民，而且对左宗棠肃清境内的太平军也助了一臂之力。左宗棠捋着花白的胡须，连日紧皱的双眉舒展了，他高兴不已，内心总觉得过意不去，他说："胡先生此举功德无量，有什么要求不妨直说，我一定在皇上面前保奏。"胡雪岩不以为然，他说："我此举绝不是为了朝廷褒奖。我本是一生意人，只会做事，不会做官。"

"只会做事，不会做官"这一句话可当真说到左宗棠的心坎上了。左宗棠出自世家，以战功谋略闻名，在与太平军的浴血奋战中更是功绩彪炳，但他平素不喜与那些巧言簧舌、见风使舵之人为伍，对这些人向来鄙夷不屑。此时一句"只会做事，不会做官"当真使左宗棠感觉遇到了知己，对胡雪岩顿时更觉亲近，赞赏之意，溢于言表。

粮食的问题得到了解决，但军饷还没有着落，军饷像重担似地压在左宗棠的心上。由于连年战争，国库早已空虚，两次鸦片战争的巨额赔偿犹如雪上加霜，使征战的清军军费自筹更为困难。左宗棠见胡雪岩如此机灵，于是请胡雪岩为他想办法筹集军费。胡雪岩一听每月要筹集二十万两的军费，感到非常棘手，但他认为如果能够顺利筹集到，左帅对自己会加倍信任。胡雪岩经过一番深思熟虑后，便把自己的想法全盘告诉了左宗棠。

原来，太平天国起义十年来，不少太平军将士都积攒了很多钱财，如今太平军败局已定，他们聚敛的钱财不能带走，政府应该想法收缴。但由于这些太平军不敢公开活动，惟恐遭到逮捕杀头，常常躲藏起来。胡雪岩认为左帅可以闽浙总督的身分张贴告示：原太平军将士只要投诚，以后不予追究。

左宗棠对胡雪岩的远见卓识钦佩不已，当即命胡雪岩着手办理。回去后，胡雪岩立即着手张贴布告，晓之以义。不多久，逃匿的太平军便纷纷归抚，一时四海闻动，朝廷惊喜。借助这一机会，阜康钱庄也得了不少好处，胡雪岩更是四品红顶高戴，成了真正的“红顶商人”。

我们看到胡雪岩像经营生意一样经营着他的政治靠山，他能在这种纷乱局势中看到太平军的失败，知道应该倒向哪一方，并且还知道在一个靠山倒下之后再去寻求另一个，这才是他成功的根本原因。

在商战中，看清形势之后果断出击也是非常必要的，坐在那里等待，财富是不会主动找上门的。

1981 年，某军医大学成功研制了一项新成果，即当时市场上还不多见的药物牙膏。当该校把这一成果推荐给一家当时全国闻名的牙膏大厂时，该厂却对这一科研成果不屑一顾。

而近在咫尺的软管厂却听到了这一消息，他们看准了药物牙膏大有前途，果断决定引进军医大学的科研成果，在 1982 年向市场推出了 207 万支牙膏新产品。

果然不出软管厂所料，新产品一问世便备受青睐，到 1984 年，产量已达到 5000 万支，年产量超过了那家著名的牙膏厂，两年上缴的利税增长2.25 倍。

假如当初牙膏厂不把送上门来的成果拒之门外，那么今天又会是一番什么前景呢？生意场上从来都是不进则退，如果不懂得主动出击、寻找机遇的道理，那一定会慢慢地被挤出这个竞争的舞台。

中国乒乓球队名扬天下，在第 37 届世界锦标赛中荣获 6 项冠军，这给国内的乒乓球器材厂进入世界市场，提供了一个极好的机会。如果能抓住这一时机开展多种销售经营活动，那将是前途无量。

但令人惋惜的是，国内的乒乓球器材厂并没有这样做，而名次比中国大为逊色的日本却抓住了这个机遇。因此，日本尼塔库牌乒乓球销售量比中国“红双喜”牌乒乓球的销售量多 30 倍。

原来是他们在国际比赛之前，不惜以重金资助东道国。37 届世界乒乓球锦标赛战幕刚落，他们就派出大量销售人员去瑞典，与瑞典乒协达成协议。此外，他们还通过让运动员穿上特制广告服等手段，不失时机地进行广告宣传。

相比之下虽然中国的“红双喜”乒乓球质量很高，并早被国际乒联列为国际比赛用球，但由于中方经营人员未能善于利用良好机会，把产品投放到市场后就任其自流，所以销售量始终不大。

在日本举行的国际性乒乓球器材商会议上，有位商人尖锐地指出：“中国人不会做生意，要是日本得了 6 项冠军，日本的乒乓球器材商早就发了大财。”

经商之人一定要懂得经营自己的势，这是一个很微妙的东西，经营得法会事半功倍，不得法则会反噬自身，后患无穷。

胡雪岩语录

大处着眼：智勇结合，揭穿迷雾

办大事最要紧的是拿主意！主意一拿定，要说出个道理来并不难。

做大事者观察事物的角度总是比常人更宽更广一些，因为他们看问题更全面，往往能发现事情发展的根本原因。这时只要做到胆大心细就能拨云见日，看到事物的走向，不但不会乱了阵脚，还能发现解决问题的方法。

一个成功的商人决不会拘泥于小节，他能够在各种关系中找出利于自己发展的那一层。胡雪岩意识到若想成功，就要借助于各种势力，这在他的一生中我们都可以看到，他游走在各种关系之中，从各种关系中得到了他想要的。帮王有龄谋官不仅是智，那也是胆啊。胡雪岩的一生就是借势的一生，他把所有能借到的势都借到了，而他最后的失败也完全是一次借势的不成功。所以，胡雪岩的一生就是经营的一生。

在胡雪岩的商业经营活动中，他十分注重借势经营，十有八九都是围绕取势用势而展开的。他从不放弃任何一个取势用势的机会，从而不断地拓展自己的地盘，张扬自己的势力。

胡雪岩有一套自己的商业理念，即“势利，势利，利与势是分不开的，有势就有利。所以现在先不要求利，要取势。”

胡雪岩所借取的“势”主要有四股，他说：“权场的势力、商场的势力、江湖的势力我都要，这还不够，还要有洋场的势力。”

我们知道胡雪岩最早借取的是“权势”。

不惜丢掉职业换银票去资助王有龄，送美妾阿巧给何桂清，在西征时协助左宗棠等，使得胡雪岩在权场有了“权势”。胡雪岩长袖善舞，左右逢源，把人们看得目瞪口呆。事实上，在权场上的屡屡得意只是胡雪岩取势的一部分，光有权势，并不能使胡雪岩的商业活动达到完善的境地。

胡雪岩之后借的势是“商场势力”，其实这个势不是他借的，而是他创的。

胡雪岩借抱商场势力的典型一例是在上海，他垄断上海滩的生丝，联合同行与洋人抗衡，从而以绝对的价格优势取得在与洋人贸易上的主动地位。这就更见出胡雪岩在商业谋略上的与众不同。

在胡雪岩尚未投入做丝生意之前，就有了与洋人抗衡的准备。这一次胡雪岩借助的是“江湖势力”，而借取江湖势力是从结交尤五开始的。

王有龄初到海运局，便遇到了漕粮北运的难题。粮运关涉到地方官的声望，所以督抚黄宗汉催逼甚紧，前一年为此还逼死了藩司曹寿。

这等要紧的事，胡雪岩全盘考虑后决定，不再死盯着漕船催他们运粮，这样做费力不讨好，因而改换办法，采取“民折官办”，带钱直接去上海买粮交差，反正催的是粮，只要目的达到就可以了。通过关系，他找到了松江漕帮管事的曹运袁，漕帮势力虽大不如前，可地方运输安全诸方面还非得漕帮帮忙不可。这是一股闲置的、有待利用的势力，运用得好，自己生意做得顺遂；忽视了这股势力，一不小心就会受阻。

而且各省漕帮互相通气，有了漕帮里的关系，对王有龄海运局完成各项差使也不无裨益。一旦有个风吹草动，王有龄也容易早做打算。

所以，胡雪岩和尤五打交道，不但处处留心照顾到松江漕帮的利益，而且尽己所能放交情给尤五。借助各种势力取得发展，也正是得益于他对这种宏观把握的能力。

在胡雪岩首次做丝茧生意时，就遇到了和洋人打交道的事情。自从遇见了洋买办古应春，二人一见如故，相约要用好洋场势力，做出一番成绩来。后来胡雪岩又帮左宗棠借款，买枪购炮，成了左的商务代表。

由于左宗棠平叛心坚，所以对胡雪岩的作用看得很重，凡洋务方面无不要胡雪岩出面接洽。这样一来，逐渐形成了胡雪岩的买办垄断地位。

洋人看到胡雪岩是左宗棠面前的红人，生意一做就是二十几年，所以也就格外巴结，这也促成了胡雪岩在洋场势力的形成。

综合胡雪岩经商生涯看，其突出特点就在于他的“借势取势”理论。权场势力、商场势力、洋人势力和江湖势力他都要，他知道势和利是不分家的，有势就有利，因为势之所至，人们才马首是瞻，就没有不获利的道理。

而胡雪岩在各方关系的调停上也显出超凡的能力。官场和江湖有嫌，洋人和官府有隙，胡雪岩却非要他们前嫌尽弃，沟壑尽平，大家携起手来做生意，求利益。这种作为一般人想不到，而胡雪岩想到了；一般人做不到，可胡雪岩做到了。所以人们称赞他神，称赞他奇，这种神奇表现在胡雪岩身上，就是他与众不同的想法。

胡雪岩是十分看重事情的结果的。他说：“为人最要紧的是取得结果，一直说话算数，临到了失一回信用，自己就完了。”

势不仅是别人的，也是自己创造的，而这种势的立与得就要靠人的智慧与胆量了，只有明白了这些错综复杂的关系，才能明晓其中的道理。

摩托罗拉是做收音机起家的，它的创始人高尔文有着超常的创新能力，同时也保持着敏锐的防患未然的预感力，使企业安然渡过了一个又一个危机，最终成为全球手机一霸。1937 年底，美国经济发生了大滑坡，而此前只有到了销售旺季，一些老款型号的收音机才开始降价出售。经验使高尔文有一种预感，而且这种预感有时十分强烈，1932 年，高尔文凭着一些经济滑坡征兆，在银行倒闭的前一周取走了公司的现金。这笔不大不小的现金保证了公司的正常运转，从而安然渡过了那场危机。而今，他又一次预感到可能要发生什么事，他要及时采取行动来“躲灾避祸”。

高尔文审时度势，立即下定决心全力削减库存。他迅速打电报给所有的经销商，约请他们到他的办公室召开一系列的会议。会上，他对经销商发布了强硬的命令：“现在赶快尽力出售你们手中的存货!”

许多推销商开始时并不相信高尔文的预感，但高尔文不容置疑地对他们说：“大风暴即将到来，现在适时地削价，会使我们从现在起在 60 天到 90 天的大风暴中得救。”

大多数经销商虽然半信半疑，但还是照高尔文的吩咐去做 了，这使摩托罗拉在 1937 年的销售额达到了 700 万美元。

事实很快证明了高尔文超人的预见力。第二年，全美的收音机行业陷入了危机，许多企业几乎是一夜间倒闭，摩托罗拉的销售额也一下子锐减到 450 万美元，而且被迫解雇了 1000 名雇员中的 2/3，剩下的人每周也只能工作 3 天。尽管公司遭到了这样巨大的打击，但高尔文的超常预见力和防患于未然的果断行动，使公司终于躲过了灭顶之灾。如果不是高尔文有那样大胆而明智的决策，那么我们现在就不可能知道摩托罗拉这个品牌了。

兵法讲究奇正结合，要求将领有勇有谋，做出的部署要出奇不意，攻其不备。在现代商战中，最高明的行动是别人没有预料到的行动。曾几何时，世界手表市场中的一种新型手表以奇招抢占了瑞士手表业的霸主地位，它就是美国的泰梅克斯表。

泰梅克斯牌手表是美国的瓦塔拔时钟表公司生产的。这家公司原来是生产怀表和军工产品的，第二次世界大战后，人们对怀表已不感兴趣了，致使瓦塔拔时钟表公司面临着倒闭的危险。后来，查克姆·莱霍姆科尔临危受命出任总裁，在他的督导下，运用了几招出色谋略，很快使公司起死回生，泰梅克斯牌手表年销上千万块。

到 20 世纪 60 年代末，美国市场上每出售的 3 只手表就有 1 只是泰梅克斯牌表。泰梅克斯的奇谋是什么呢？第一就是降低成本。泰梅克斯手表经过反复研制后，使手表的零件由 120 个减为 98 个，由安装在 5 块夹板上减少到安装在 2 块夹板上，别人的手表一般用 31 个螺丝，而它仅用 4 个。

除此之外，泰梅克斯手表用硬质合金轴承代替原来的宝石轴承，使多种型号的手表零件可以互换，降低了加工组装的难度。这样，手表的成本大大降低，仅为瑞士手表价格的一半。由于出厂价低，又是以大众化形象出现，所以深受学生和普通工人的欢迎，泰梅克斯手表迅速打入发展中国家市场。

第二是大打广告牌，以物服人。泰梅克斯手表上市之前大作广告，每年投资几百万元宣传费用。为使人们确认手表质优价廉，他们在电视上当众演示：把泰梅克斯手表摔在地上，或把手表绑在马蹄上跑几十公里，或从几十米高处把它投入水中。演示后这种表均完好无损，走时准确。

第三招就是独辟蹊径，分销有术。泰梅克斯表根据自己特别价廉的特点，打破专在钟表专业店销售的常规，在各市场请杂货店推销，既可降低费用，又找到了一个广大劳动阶层人士常去的场所。

泰梅克斯牌手表就是在竞争者尚未想到及行动之前，首先想到而且捷足先登，一跃成为商战中的天之骄子。

做生意不仅要有谋，还要有勇，二者结合就会立于不败之地。

第九篇／善为可以结善果

胡雪岩语录

修身种德 济世为怀

一切都是假的，靠自己才是真的，人缘也是靠自己，自己是个半吊子，哪里来的朋友？

“修身种德”后面还有一句是“事业之基”。古人曰：“德者事业之基，未有基不固而柜宇坚久者。”这就是说高尚的品德是一个人事业的基础，这就如同建筑高楼大厦，如不事先把地基打得稳固，就不能撑起坚实耐久的建筑。能为朋友两肋插刀的一定是义士，因为刀不是别的，是可以致命的凶器。义不是说一说就能做到的，只有真正见血时才能见出真情。

中国人有一个词是外国人永远理解不了的，那就是江湖。这句话让意大利黑手党理解可能还会容易一些，但也不会完全明白，就像我们不能完全理解他们一样。但是不管是哪里的人，在遇到困难而又得不到道义援助的时候，都会自然而然地将希望寄托在情感支持上。这个时候获得一个人的帮助，将会使受助者终身难忘。所以对那些在事业上有所成就的人，只要你仔细观察就会发现，他们的成功有一大部分应当归功于他们的人格魅力。

我们都知道胡雪岩并没有念很多书，他行事不免会有许多江湖味道。最为江湖中人看重的义字，他就领会得非常到位。其实江湖中的“义”和孔老夫子所讲的“义”已有了些许的区别，但其本质并没有变。孔子所讲的“义”

还有一个尊王的意思，而到了后来就没了这个意思了，只剩下江湖兄弟中守得那一份兄弟情义。而胡雪岩又是来自一个传统的家庭，这就让他沾染了“礼”道与“江湖气”两种气质。他没有让“礼”传播的能力，这让他清醒地意识到他只能投身江湖，好在那个时代的官场也是充满了江湖意味。当他拿了钱庄的钱给王有龄时，就是完全出于一种自利的江湖想法，当他拥有了财富，他又把他这种义发扬到江湖中——帮助那些需要帮助的人。

胡雪岩常说：“做生意赚了钱，要做好事。”他说要做好事，也就真的常做好事。他对于行善做好事，常常是能做就做，而且从来都是不遗余力，决不吝啬。而他尽力去做的，也都是有利于平民百姓的很实在也很实惠的好事。

胡雪岩的家乡有条钱塘江，古称浙江、渐江、罗刹江或者之江，这是浙江省第一大河，也是东南名川，它发源于皖、浙、赣交界处，流入杭州湾，黄山以下干流屯溪至梅城段称新安江，梅城至浦阳江口叫富春江，浦阳江口至澉浦为钱塘江。钱塘江主要支流有兰江、浦阳江、曹娥江。

一个多世纪前，杭州江干到萧山西兴的江面宽达十余里。每逢春秋多雨季节，上游水流湍急，疾驰直下，如离弦之箭，加上海潮从鳖子门涌入，形成汹涌澎湃、气势磅礴的“钱江潮”。而急流与海潮相遇又使得钱塘江的水文异常复杂，江中流沙多变，历来为航旅畏途。晚清时，钱塘江两岸的人们靠渔舟过江，出门还得选个天气晴朗、风平浪静的好日子，有人要渡江，家中亲人都要祭祖求神，祈祷平安。不过，就是这样，也难保不出风险。

为了解除钱塘江两岸旅客渡江的困难，胡雪岩捐银十万两，主办钱塘江义渡，并说：“此事不做则已，做必一劳永逸，至少能受益五十至百年。”

其实据史料记载，当时地方官府和乡绅都有捐款，胡雪岩只是主要发起人，但当时他捐了很多钱却是一定的。

当时，杭州钱塘江上还没有一座桥梁，绍兴、金华等“上八府”一带的人进入杭城都要从西兴乘渡船，到望江门上岸。而当时的叶种德药店设在望江门直街上，所以生意非常兴隆。而胡庆余堂则设在河坊街大井巷，仅有杭嘉湖等“下三府”顾客光顾，很少有“上八府”一带的顾客上门。

对一家商号来说，要在竞争中站稳脚根，天时、地利、人和三方面的因素都要具备，但是，如何才能改变这地势上的劣势呢？胡雪岩曾亲自到码头调查了一下，并且又沿江实地考察，了解到从西兴上船过江，航程大，江上风浪大，容易出险。胡雪岩选择了三廊庙附近江道较窄之处，决定在这里投资兴建“义渡”，把船码头“搬过来”，让“上八府”人改道由鼓楼进城。其实，胡雪岩说做生意赚了钱要做好事，正显示出他那超出于一般人的见识和眼光。这种做法和现在一些赞助商是一个意思，但过去很少有这样做的，而胡雪岩却是做到了极致，不但修了桥，还为自己扩大了市场。

从做生意的角度看，生意人有了钱想着去做点助穷济困的好事，其实也是为自己更好地做生意创造条件，比如因为自己的帮穷济困，使一部分陷入饥寒、落入困顿的人得到某种必要的救助，起码能起到一定的安定社会、平静市面的作用，为自己商务活动的正常开展创造了一个较好的外部条件和环境。

所以凡事都有两面，义举看似舍，是一种失去，而结果却往往是得到，但这一点只有真正聪明的人才能明白。

义就是一种平等、一种义气，如果你答应了某人一件事，那无论如何也要做到，所以一个真正领会义之精神的人不会轻易向人许诺。而如果你是个商人，并且你能将自己这种义气让别人知道，那不就是一个很好的广告吗？胡雪岩修桥是在他已大大地发达，且有能力做这种义举时而为之的。而我们的现代商业神话李嘉诚的义举，更是让人了解了他的德行。我们总是把信义两个字放在一起说，那是因为重义之人一定守信。

1995年8月，中央电视台主持人称李嘉诚为香港首富。然而李嘉诚辩解道："所谓首富大家都明白，是一个错误。在香港比我有钱的人不少，我不可以讲他们的名字，然而香港人都明白。但是，致富要看你的做法，是怎样做的……照我现在的做法，我自己内心感到满足，这是肯定的。"从这段话中可以看出，李嘉诚并不在乎首富这顶桂冠，而更看重怎样做人。有人做人只求平安，但李嘉诚说过，钱到了现在对于他已不是很重要的了，他所以还在做生意，是因为人有了钱会有一种安全感。这句话说得很有哲理，安全感对人来讲是多么地重要。有些人说我不想大富贵，只要平安度一生，这个要求其实是很高的，只有那些有着高度荣誉感的人才会有这种生活，如果一个什么都不做的人想安全过一生是不可能的。荣誉感会让人去追求责任，只有把这种责任视为第一位的人，才可能过得平安。

有一件小事，最能说明李嘉诚负责的做人方式。20世纪50年代，李嘉诚初做塑胶生意的时候，皇后大道有间公爵行，他经常去那里接洽生意。在那里，李嘉诚总能看见一个四五十岁、很斯文的外省乞丐妇人，但她从不伸手要钱，然而李嘉诚每次去都会拿钱给她。有一次，天很冷，李嘉诚看见人们都快步走过，并不理会她，便和她交谈起来，问她会不会卖报纸，她说有同乡干这行。于是，李嘉诚便让她带同乡一起来见自己，想帮她做这份小生意。

时间约在第三天的同一地点。然而不凑巧的是一位客户偏偏在那一天去李嘉诚的工厂参观，客户至上，他也没有办法。然而在交谈的中途，李嘉诚突然离开，驱车赶到与妇人约定的地点，途中连超速危险驾驶的事他都做了，但好在没有失约。李嘉诚给了她们一笔钱，希望她们勤奋工作，不要再乞讨，然后便匆忙驾车回工厂，继续接待前来参观的客户。不知当时李嘉诚是不是和胡雪岩有一样的想法，想做个小广告。但即使是这样也见出了他的不凡之处，毕竟他只是去帮一个乞丐，而且还要丢下客户。这在他来讲是一个为人理念问题，无论对方是国王还是乞丐。

只有平等对待一株草，才会欣然接受一朵花。我们可以看见所有成大业者，他们在对信义遵守上对任何人都是一样的。他们平等对待所有人，那所有人的心也都平等地回报给他，这可以说是举万人心为一心了，而一个商人如果一旦拥有大多数信任，那他的财富将不可限量。

胡雪岩语录

财溺于人共爱，义取者希；利起于众所争，贪嗜者众。爱是以人多竞求强取，致有丧身失德，忘耻守辱，士当无悔。其知义安分，不事妄贪者，世之罕有。

积德施惠 雪中送炭

平民肯积德施惠，便是无位的公相；权贵贪权重利，便是有爵的乞人。也就是说一个普通的老百姓只要肯多积功德，广施恩惠帮助他人，就等于是一位没有实际爵禄的公卿宰相，因而会受到万人的景仰；反之，一个达官贵人假如一味贪恋权势，把官职当成一种生意买卖，欺下蒙上，这种人行径的卑鄙，就如同一个有爵禄的乞丐那样可怜。

胡雪岩一向认为：无论为官为商，都要有一种社会责任感，既要为自己的利益着想，也要为天下的黎民着想。要急天下黎民之所急，才是“义”的本意。否则，为官的便是贪官，为商的便是奸商，这两种人都是没什么好下场的。

自古以来商人总是为了利益奔波，为利者当然免不了使手段、耍聪明。因为利之为物，往往不在己，而在他人，或隐匿于物中，尚需发掘。因此商人们就要运用自己敏锐的眼光，纵观万物万事，从中发现可乘之机，运筹帷幄，进而获利。而一旦被利益迷了眼，那就难免在事情上面分不清楚，于是整天想着歪门邪道，极尽投机钻营之能事。在中国传统观念里看不起商人，也许就是因为商人不知自重，只知钻营造成的。但是对商人的认知在胡雪岩这里却发生了改变，这种改变虽然并不足以改变整个商人群体的地位，但是至少换来了人们对胡雪岩的一致交口称赞。

胡雪岩深深地知道，在别人最需要的时候送出你的善意，不仅自己能得到精神的愉悦，别人也能在困窘中得到解脱。“由慈善心，肯施惠于人，以仁取众”，是胡雪岩为人处世的座右铭，也是他成功的又一重要因素。既要为自己的利益着想，又不能处处只为自己想，也要替天下黎民着想，用他的话来说就是“慈能致福”。

浙江地处长江沿岸，水分充足，气候温和，一年四季风景宜人，自然环境十分优越，是我国药材的一个重要产地。浙贝母、元胡、白术、芍药、麦冬、浙玄参、温郁金和杭白菊号称“浙八味”，在杭州城乡都有广泛种植，这些药材以其品质优良而为历代皇家御医所采用。由于这个得天独厚的优势，早在南宋时，浙江的中医药业就很发达，当地出产的药材达一百多种，药店更是遍布大街小巷。

胡雪岩身处药店星罗棋布的浙江，当然不可能不分点利润，但他得利可和别人不同，不仅要自得，还要众得。当时晚清时局动荡，战事频繁，军队行军打仗，转战奔波，一定需要行军药；且每打完一仗必定会尸积如山，饿殍遍野，瘟疫流行，这时还需要辟瘟药。胡雪岩看在眼里，心里就有了个“达则兼济天下”的想法。

早在清军镇压太平军和出关西征“捻军”时，胡雪岩就邀集江浙名医研制了“胡氏辟瘟丹”、“诸葛行军散”等药品，送给左宗棠军营及陕甘豫晋各灾区。战乱结束后，为了“广救于人”，胡雪岩决定开办胡庆余堂，可见之前他的一切捐赠是一种善心，也是一种商业行为。

但无论如何，胡雪岩在乱世之中开办药店都是善举。因乱世之中常有瘟疫蔓延，百姓流离失所，但又有几个人身上有求医问药的银两呢？胡雪岩对天下黎民的艰辛体味深切，他下令自己在各地所设的药铺，接待顾客时要根据情况，有钱的少收，无钱的白看病、白送药。而且胡雪岩还同湘军、绿营军达成协议，军队只要出本钱，就可以由他本人派人去购买原材料，召集名医配成金疮药等军队急需的药物送到营中。曾国藩知道后，曾对人言："胡氏为国之忠，不下于我。"

太平天国运动被镇压下去后，朝廷决定广招天下贤才，这就又要科举，一时间天下士子齐集于京进行科举考试，但由于时处夏季，又加上许多士子几年来被战争所扰，而且也都不是青年了，过度的操劳导致他们身心俱疲，所以很多人到京没多久就都病倒了。胡雪岩得知这一消息后，马上派人将各种药品、补品运至京城，并免费送给这些患病的士子们。这种做法受到考官、士子及百姓的交口称赞，胡氏义赠士子们药品的事很快传遍天下，使天下人都知道了浙江有个"胡大善人"，而朝廷也因他这一行为而赏了他一个三品官衔。

光绪元年，胡雪岩雇人身穿印有"胡庆余堂药店"字样的衣服，在水陆码头上向上下车船的客商免费赠送辟瘟丹等居家必备的药品，宣传胡庆余堂药品的药效，一时之间胡庆余堂的名字传遍江南诸省。三年多的时间里，胡雪岩光施送药品一项就花去了十多万两银子，但这些银子在他经营胡庆余堂不久后就收回来了，这又应了那句"送人玫瑰，手有余香"的话了。这种事情如果发生在现在，人们马上会意识到是广告效应，但在过去那样的单纯社会环境中，人们只是简单地认为这是善举。

不可否认，胡雪岩的这些善举有塑造形象的目的，而且也确实收到了这样的效果。但是世界上有很多事都是义利不分的，你可以认为胡雪岩是出于功利的目的才这样做的，也可以认为他是做了这些善举才得到了这些功利。但有一点是可以肯定的，作为一个有战略眼光的商人，胡雪岩巧妙地将两者结合起来，而不是只取一端，正是这种做法，使得他得到了与其他同时期大商人更多的回报。

商业发展到了今天，竞争更是残酷的，生意上的利润还有方式几乎是透明的了，如果还要从这种竞争环境下得到发展，那就一定要有过人的智力和德行才行。有时善心就能转为利益，当然这是指商家。另外再提一点，当今一些电影名星为了招揽人气，也装模作样地去做善事，如果他只是求点乐善好施的快乐是没问题的，但若想以此来振兴自己的事业是根本不可能的。因为电影是文化产业，如果电影明星本身没有能力，那他就是修座庙也不会有什么成效。但靠产品生存的商人就可以在施恩的过程中有所收获，我们不能说他只是为利益才这样做的，只能说这是一种双赢的结果。

比如美国休斯可公司创建人比尔，以350美元起家，在短短10年内发展成拥有1000万美元资产的美国最大的皮鞋制造商。他之所以能站住脚，靠的就是以慈善之心待人，深知投桃报李之道。

在创业初期他知道自己势单力薄，不可能单凭个人的实力与同行的大厂家竞争，必须要联合外界的人力、物力、财力。而要想做到这一点，就必须以心换心。一次，休斯可公司生产的白鞋带、白扣的软皮鞋，在辛辛那提州遭遇滑铁卢，零售商天天打电话要求退货，急坏了负责这一地区的批发商古佳伦，他连夜赶来找比尔商量对策。如果把货收回来积压在家里，批发商将受到巨大的经济损失。比尔说："你的困难就是我的困难，不管什么原因造成的这种局面，我绝不会让你受损失，你把白鞋带、白扣的皮鞋统统收回，送到我这里调换别的式样的鞋吧。"

古佳仑感动地说："但也不能让你一个人吃亏呀。"比尔亲切地说："我们都是一家人，谁受损失都一样，这事理应由我来处理。"

这件事传出以后，全国各地的批发商感动于休斯可为他人着想的做法，以实际行动进行报答。他们不仅全力推销休斯可公司生产的各式皮鞋，而且在比尔遭受灭顶之灾时，自愿组织起来帮助比尔渡过难关。

那年，河水决堤把比尔用贷款刚刚建成的现代化皮鞋厂的设备、材料、产品冲得一干二净，这对比尔来说犹如晴天霹雳，他欲哭无泪，曾想到了死。但在他万念俱灰的时候，比尔销售网中几个较大的批发商登门拜访，鼓励他重振旗鼓。

可是，比尔连还债的钱都没有，哪还有资金兴建工厂？一位批发商爽快地说："你放心，只要你想继续干下去，钱的事包在我们身上了。"

另一位说："过去我们困难的时候，你帮助了我们，现在我们也绝不能袖手旁观。"

5天后，那几位大批发商召开了来自全国各地几百个批发商的集资大会，仅仅两个小时，就凑齐了比尔重建新厂的资金。一星期后，比尔就恢复了生产。

人非草木，孰能无情，比尔在别人困难的时候舍己为人，伸出援助之手，当他遭受灭顶之灾时，自然也就得到了回报。

吐哺归心 助人如自助

胡雪岩语录

要得到真正的杰出之士，只凭借钱财是不能成事的。关键在于“情”、“义”二字，要用情来打动他们。

洞明世事之人一定是“遇故旧之交，意气要愈新；处隐微之事，心迹宜愈显；待衰朽之人，恩礼当愈隆。”这是一句很容易理解的话，但是想要照做则非常地不容易。见到多年的老友情义要真诚，可多年之后相见的情形却是谁也无法预料的，富了的要想保持这种待人的情怀是很不容易的，即使还有当年的情义，穷的一方也不见得会相信。这就要求富者要真心帮弱者，使弱者真正地受益，让他明白你的心，要收住他的心，这等于无形当中为自己找了个卖命的人。所以说没有任何一种施舍是浪费。

西方有语：“爱人者，人恒爱之”，而中国有“投我以木桃，报以之琼瑶”的话，这就有点因果报应的意思在里面了。中国佛教的教义里更强调“怕因不怕果” 的“现世报”。它告诫世人要相信现实的因果，正如“种瓜得瓜，种豆得豆” 的道理一样，人也应该学会播种“善因”。所以，我们在这里把佛家关于人格修炼智慧的第四个法则，概括为“敬畏因果”。

作为一个商人，胡雪岩对于“人情投资，因果报应”有着很深刻的认识。无论是在他发迹前还是在发迹后，他都会竭力帮助那些心怀大志却暂时怀才不遇的人，他在帮助那些人的同时也使自己获益匪浅。

周少棠和胡雪岩是贫贱之交，二人从儿时起就经常一起玩耍。此人精明干练不在胡雪岩之下，但因时运不济，一直没有显露头角，只是靠做小生意来养家糊口。一次，周少棠不慎中了别人的“套”，生意亏了本，不但生意做不成，就连一家大小的生计都成了问题，这时他身边的人都劝他去找自己的儿时密友、现已飞黄腾达的胡雪岩。可是周少棠是个很有骨气的人，不希望低头去求别人，即使是自己的密友也不可以；二是他和胡雪岩已经有好长时间没有见面，所谓“此一时，彼一时”，现今的胡雪岩已非当年贫困时的那个人了，万一去碰个钉子那多没面子啊。

后来胡雪岩从其他朋友那里得知周少棠的处境，由于两人从小一起长大，胡雪岩对他非常了解，知道他是一个很有抱负也很要面子的人，而且精明强干。其实胡雪岩很早就想扶他一把，无奈怕伤了他的自尊心，因而一直没有为他做什么。帮助别人的最高境界是不要让人家感到是被救济。这次得知周少棠近况不佳后，胡雪岩立刻把他请来一起喝酒，二人边喝边聊，说起了儿时的趣事，同时，胡雪岩侧面向周少棠说出了自己的心迹，让他知道自己并未因发达而忘却前事，而周少棠也觉着胡雪岩还是以前那个重情重义的好朋友。

三天后，周少棠接到一张任书，让他出任“粮书”一职。这“粮书”其实是藩司衙门中包办上下钱粮的书办，公文上往往称此辈为“蠹吏”。所谓“钱粮”指的就是田赋，为政府的主要税收，但在当时那种内忧外患的情况下，钱粮开征制度弊端百出，即使是最能干的大臣亦无法彻底整顿，所以称之为“粮糊涂”。但是这些“粮糊涂”却另有一本记得极清楚的底账，这本底账便是一股极大的财源。“粮书”的职务是世袭的，父死子承，但也可以顶名转让，周少棠接到的委任状就是胡雪岩花了 6 万多两银子买下来的。

自此，周少棠坐上了“粮书”的位置，专管钱粮，他只有在上下忙着开征钱粮的时候，才到藩司衙门帮忙，平时则在杭州城里专事交结，为胡雪岩处理一些社交场合上的事，这使得胡雪岩有更多时间去处理其他的事情。

人的一生中有时会有一些奇妙的怪圈相随，“善有善报，恶有恶报”是这些怪圈的体现之一。胡雪岩帮助了暂时处于困境之中的周少棠，很多年后周少棠则帮他缓解了一场重大危机。

在胡雪岩事业的后期，他在上海的钱庄因被李鸿章派系人马非难而倒闭了，并且很快波及到杭州，这时胡雪岩尚在回杭州的路上，而杭州的阜康钱庄门前却发生了挤兑风波，大大小小的存户们听到钱庄停业三天的消息后，纷纷涌到钱庄门前要求提款，情势十分危急。这个钱庄是胡雪岩事业中最大、最牢固的堡垒，如果它也崩溃了，那么胡雪岩的生意也就到了终结的时候了。

这时，周少棠挺身而出，他舌战带头闹事的王二麻子，一番言语，不但让王二麻子无功而返，而且打消了众人心中的疑虑，使阜康钱庄渡过了最大的一次危机，这真是助人如自助。从帮助周少棠的事例中，看得出胡雪岩对援助他人的基本态度和做法，那就是若此人虽处逆境，却还是个积极上进的人，那么他就是值得援助的人。

胡雪岩语录

世间事从来都是在失去中得到，握紧一捧沙，失掉的是整个世界。

以德取众 名利双收

古人云："天薄我以福，吾厚吾德以迓之；天劳我以形，吾逸吾心以补之；天厄我以遇，吾亨吾道以通之。天且奈我何哉？"这是劝人向善的古训，当然并不是所有人都能识破这一点，因为每个人都不想把自己得到的再失去，然而也正是因为不舍所以才得不到。世间之所以有些人总是可以得到好处，这和他们的行事方式是大有关系的。有些人总是帮助别人，但也没见他比别人穷，反而是越发地富有。原来这些聪明的人知道在他们付出的同时，有一种暗隐的力量在使他们得到更多。

胡雪岩的发财史细究起来就是部捐助史，当然他的捐助全部是有目的的。不是所有人都具有他这种气魄，他在当学徒时就把数目不小的钱给了王有龄，他的行为在王有龄看来就是一个大大的善举，而不会想到这是胡雪岩的一笔投资，而就像王有龄一样，当穷人在得到富人的捐赠时，有谁会想到这是一笔投资呢？当然也不能因此就说这些捐赠人心机太重，因为这种行为毕竟让很多人得到了益处。只有把钱捐出去而又收到最大的益处，这才是最重要的。

胡雪岩作为一代官商，他非常清楚自己做生意都与时局有关，这是他的切身体会。纵观胡雪岩在清末的个人成功，离不开时势。但“英雄”也决不是时势的被动产物，在胡雪岩的心中，善于明察时势，看准时局，维持市面是保证其事业成功的重要条件。

正因为如此，胡雪岩也总是把帮助维持市面的平静和安定放在一个重要的地位，即使由此自己要付出一些代价，他也在所不惜。比如杭州的战后赈济。杭州被清军收复的消息一传到上海，胡雪岩就立即动身赶赴杭州，参加杭州战后繁忙的赈济工作。

中国古代有一句很流行的商人戒语，叫作“功自诚心，利从义来”。从胡雪岩的所作所为和成功来看，可以说这种说法决非虚妄，它比那些只谈生意经的人更符合世道人心，也实在是高明许多。更为重要的是，胡雪岩给杭州捐米的举措，无论从主观上还是从客观上来看，都有尽快安定杭州市面、振兴杭州市场的作用。胡雪岩知道，杭州战后的当务之急就是振兴市面，而市面要振兴、要兴旺，关键在于人心安定。人心稳定了，才有生意可做。民以食为天，杭州战后粮食缺乏，因此只要粮食不走，人心就容易安定。人心安定，市面平静，人们才能放心大胆地出来做生意。作为一个商人，能为安定市面尽一些力，于公于私都有好处。所以，对于胡雪岩来说，献出这一万石大米，“这是救地方，也是救自己”的大好事。

这也就是胡雪岩不同于一般人做生意的眼光独到之处，正因为有这样不同于一般人的眼光，胡雪岩总是十分热心公益，比如他定下的药店送药的规矩；他把典当行办成穷人的钱庄，他要求“档手”刘庆生，只要是能帮助朝廷平息战乱的事情都要做。胡雪岩就是要通过自己的努力，帮助维持局势的安定，保持市面的平静，以便于他从稳定的局势和市面中，利用自己的关系赚钱。

比如胡雪岩在湖州的大经丝行开张不久，他就吩咐他的丝行“档手”黄仪做了一件能够给人以实惠的好事，“做生意第一要市面平静，平静才会兴旺，我们做好事就是求市面平静。现在正是‘秋老虎’肆虐的时节，施茶、施药都是很实惠的好事。”

黄仪知道胡雪岩的脾气，做事要求又快又好，至于钱上面花多花少不在乎，于是当天就在大经丝行门前摆出了一座木架子，木架子上放了两口可装一担水的大茶缸，装在茶缸里的茶水还特意加上清火败毒的药料，茶缸旁边放上几个安了柄的竹筒当茶杯，路人可以随便饮用。

此外，丝行门上还贴了一张崭新的红笺广告，上写“本行敬送辟瘟丹、诸葛行军散，请内洽索取。”

如此一来，大经丝行门前一下子就热闹起来，一上午就送出去两百多瓶诸葛行军散，一百多包辟瘟丹。负责丝行经营的黄仪深以为患，晚上专门来找胡雪岩商议，怕如此下来花费太多，难以为继。再者前来讨药的人太多，也恐影响丝行生意。

但胡雪岩却仍然坚持照此办理不辍。他认为施茶送药是件实惠的好事，既已开头，就要坚持做下去，再说“丝已收得差不多了，生意不会受太大影响，前来讨药的人虽多，实际也花不了多少钱。”

在那以后，胡雪岩的丝行在收丝时节施茶送药成为了必有的节目，并且后来还扩大到药店。不仅如此，他还做了许多其他好事，比如他出资修建码头就是一大善举，当然他自己也从中获利颇丰。

胡雪岩所说的做生意赚了钱要做好事，显示出了他超出于一般人的见识和眼光。他做好事，无疑有借行善求名、以名得利的功利目的，他自己也说过：“好事不会白做，我是要借此扬名。”从做生意的角度来看，生意人有了钱，去做点助穷济困的好事，其实也是为自己更好地做生意创造条件，比如因为自己的帮穷济困，使一部分陷入饥寒、落入困顿的人得到某种必要的救助，起码能起到一定的安定社会、平静市面的作用，为自己商务活动的正常开展创造了一个较好的外部环境。

只要是商人，就都会明白施出去的回报是多少。

亚蒙·哈默是西方石油公司的创立者，在进入石油行业前，他做过很多生意，以积累资本。哈默独特的眼光，使他发现了许多别人不注意的市场机会，他的贸易点子被人称为“点石成金”。

他在创业过程中的第一次大成功，就是他与“十月革命”之后正处在国际经济封锁中的苏联进行的贸易。

1921 年，年轻的哈默受父亲指派到莫斯科去取药款，并和当地人做生意。这在当时被认为是“最疯狂的行为”，是去“地狱”做生意。当时的苏联刚刚经历过 “十月革命”等一系列的动荡，正处于内战时期；而且，外国的武装干涉、经济封锁、长期的战乱和灾荒，使刚刚诞生的苏维埃政权面临着崩溃的局面。

哈默一踏上苏联的土地，就被眼前的情景震惊了。苏联全国各地都出现了粮食短缺，伤寒、霍乱流行，饿殍遍地的景象，乍一看这真是一片毫无生机的土地。但所有受过高等教育的人都会明白一个战后的国家需要什么，哈默一下就从这些表象当中，看到了苏联广阔的土地上所蕴藏着的巨大潜力，这里的矿区有着丰富的矿藏，毛皮、宝石等资源也很丰富。

这时的苏联，在哈默的眼里就像一个病人，虽然目前情况很糟，但它有一个强有力的头脑，苏维埃的灵魂——列宁，而且又有丰富的资源，此时他们所需要的仅是一点点帮助而已。于是，哈默决定帮助苏联和列宁渡过难关。

当时美国国内粮食丰收，农场主都对一跌再跌的粮价痛心万分，他们宁可将粮食烧掉或扔进大海也不愿以低价出售。哈默将美、苏两国的现状结合起来，觉得让双方交换正是一举多得的妙计。

于是，哈默给列宁的办公室发了一封电报，将自己的意图告知了列宁，列宁对哈默此举当然十分支持，很快发来了回电："很感谢您，我将指示外贸部门确认这笔贸易。"

不久后，列宁亲自会见哈默并送给了他一张用英文题词的照片："赠亚蒙·哈默同志，弗拉基米尔·列宁于1921年11月10日。"就这样，一个商人得到了一个伟大政治家的友谊。哈默为苏联运去了100万吨的小麦，同时把裘皮和市场上多年不见的俄罗斯鱼子酱运往美国。对于苏联饥饿的人们来说，黄金是没有用的，他们需要的只是粮食，哈默对于当时的苏联等于是救世主。

哈默的粮食缓解了苏联的饥荒，巩固了新生的苏维埃政权，哈默由此也成为了苏联政商两界耀眼的人物。列宁为了表示对他的感谢，给了他贸易特许权，他是持有苏联人民银行存折的第一个外国人，也是在苏联承租企业的第一个美国人。

哈默也因这一次的商业救助而让他拥有了大量的赚钱机会。因为他在苏联的特殊地位，哈默先后成为30多家美国公司在苏联的总代理，哈默的事业因此得到了惊人的发展。我们可以想见，哈默因为那些粮食几乎可以在苏联呼风唤雨了，他等于是发了这个国家的国难财。但我们却不能因为他赚钱就说他不好，毕竟他救了太多人的命。

阴沉消极的人是不值得去扶助的，而突然落水的人是值得援助的。不懂得谋算，不作长远计划、没有志向的人，即便是继承了祖上留下来的资产，也会一点一点坐吃山空，这样的人绝对不值得扶助。假若平常有能力、有才干，突然遭遇无法预料的祸事，丧失本钱，倾家荡产，这样的人以后还会再度发达，所以要帮助他。

德才兼备 帮人利己

所谓“一个篱笆三个桩，一个好汉三个帮”，人活一世，要成就大事，一双手的力量很小，只有众人相助，事业才可能做大。你今天帮了别人，明天你有困难别人自然会帮你，这是亘古不变的道理。

也许有人会说，名是虚的，利是实的，放下商业的利益原则去做仗义疏财的事，是不是有点舍本逐末？但是，就如同捕鱼必须有渔网一样，随时随地播撒一些爱心的种子，就是结扎经营之网，结的网越大，捕到的鱼就越多。我们常说的“临渊羡鱼，不如退而结网”，就是这个道理。

与人为善，就是为己积恩，这将使那些受到恩惠或善意的人记住你，并且记挂着有一天回报你。也许你并没有为别人做什么，或许只是一个微笑、一个令人愉快的回答、一句亲切的问候，但是对别人来说，你能够设身处地地为他着想，就会让他非常感激，给他的力量也是巨大的。当你日复一日坚持这样做时，你就在不经意中为自己结成了一张和谐的人际关系网，你会从中受益无穷。

中国有句俗语："孤掌难鸣"，本义是指靠匹夫之勇很难成就大事，这也从侧面反映出了"人多力量大"这句话的重要性。天时、地利、人和这三者是生意人必需的，要在商场站稳脚跟，必须广结人缘。胡雪岩深深懂得这个道理，他不仅懂得，而且发挥得淋漓尽致。

"花花轿儿人抬人"，这是一句常挂在胡雪岩嘴边的话。这本是杭州一句俗语，指的是人与人之间离不开相互扶持、相互帮衬。人抬人，人帮人，事才会办得顺利，事业才会发达。道理谁都明白，但真正按这句话去做的人却并不多。只有那些真正了解世界之大，决不是一人可以完全掌控得了的人，才能真正领悟并践行这句话。而一些穷人可能他们也想帮别人，但因为手里没有余钱，心有余而力不足。要知道，并不是所有的人都能碰到王有龄，最重要的并不是每个穷人都有胡雪岩的那种气魄。这当然是和一个人的理想有关，胡雪岩想开个钱庄，想当个有钱人，而大多数人不过只是想解决温饱问题。假如王有龄带着几百两银子一去不返，在胡雪岩来说不过是又回到了最初的起点，再从头来就可以了。可一个只为生存而忙碌的人又怎么会舍得出几百两银子呢？这就出现了一个怪圈，那些总是帮助别人，资人以钱财的人不但没有变穷，反倒是越发富有了。这从胡雪岩的身上得到了最好的证明。

当年，胡雪岩在开办钱庄之初，就有让自己钱庄代理府库公款的打算，故而积极运作王有龄做了湖州知府，并在王有龄还没有到湖州接任之前，就派人给湖州府送去时下正需要的钱粮。不过他是以王有龄的名义送的，这府里两位师爷自然要感激王有龄的好意。

等到他们来拜谢王有龄时，王有龄却说这本是胡雪岩的意思。这一来，师爷不仅领了胡雪岩的情分，自然也知道了王有龄的意思。好事只做了一件，情分却落了两处。

一帮一衬不过言辞之间，却使用得极其巧妙。事实上这出也并不是胡雪岩与王有龄事先商量好的，而他们却不约而同地如此做了，可见胡雪岩和王有龄两人都深谙这“花花轿儿人抬人”的相互帮衬之道。所以你想帮人也必须要有识人之眼光。

相互帮衬往往不在于你帮的忙是不是够仔细，出的力是大是小，有时候甚至不过是些惠而不费的小节，比如王有龄所做的，不过就是一句话的事。然而知道其中的道理，心思用得巧，往往能够事半功倍。这种做法不仅让胡王二人迅速了解相互的心思，从此他们更是成了至交。就这样，胡雪岩和王有龄两人之间一帮一衬，一下子就收服了历来被人视为头难剃、人难缠的两位师爷。

事情如果说穿了，似乎人人都明白，所谓“花花轿儿人抬人”，无非是在于己无害、于人有利的情况下，帮助一下别人。然而，也正是因为人人都明白，反而常常为人所忽视。

人人不以为然的事情，在杭州却成了一句俗语，可见杭州人的智慧和精明了。而从现今一些浙江商人的相互协作中，依然可以看出他们这种地方经营特征。胡雪岩常把这句俗语挂在口头，也可见胡雪岩的智慧和精明。

“人抬人”是做人的一个诀窍，也是现代商战中重要的经营策略。商场中并非总是刀光剑影，也有温情相待之时，彼此互相捧场，才能利益均沾，市场才能活起来。如果互相拆台，恐怕只会彼此垮台，大家都只能喝西北风了。

在国外，弗罗曼被誉为“戏剧界的拿破仑”，他的成功并不是偶然的，而与他一贯的为人处事方式密切相关。他对同伴们充满着发自内心的关爱，因此，在重要时刻就能得到同伴们齐心协力的帮助，情感是他们合作的真正基础。

下面有一个弗罗曼第一次当上经理的故事。“我们要弗罗曼！我们要弗罗曼！”哈维利街头组合总是这样唱道。这并不是他们故意哗众取宠，也不是谁让他们这样做，而是他们内心的呼声。他们想让弗罗曼做他们的经理，他们发自内心地呼喊，他们想方设法去达到这一目的。那时弗罗曼还只有 21 岁，年轻的他同这支歌唱组合一起四处游行出演了三年之久，每个同伴都非常喜欢这个快乐、待人热心的小伙子。别人对他的这种友爱，并不是他故意讨他们欢心的结果。弗罗曼爱他的同伴们，可不像政客们一样有一种自私的目的，想得到选票或捞些什么好处，他只是真心地喜欢他们，真心地希望自己成为他们的一个好友，一个可以信任的朋友，一个每人都可向他倾诉的对象。他不知不觉地明白了，要想驾驭别人，首先要得到他们的心，得到他们的感情。在生活和工作当中，只要别人需要帮助，他便会全心全意地去帮助他们，并且没有想过要去获得什么报酬。他之所以如此，是因为他喜欢他们，他愿意这样做。虽然他在帮助别人时并没有想到要得到什么回报，但上天往往是公平的，天道酬“善”，现在他自然而然地得到了。从前的经理皮尔辞职了，于是有许多人想争夺这个位置，但是当这支歌唱组合听说要由一个外来的人担任这个职位时，他们觉得非常愤怒，因为弗罗曼才是他们心中的最佳人选。他们在布鲁克林的舞台上开了一个会议，然后都在一份请愿书上签字，交给他们的老板哈维利，坚持要弗罗曼做他们的经理。

他们的请求产生了效力，在他们的一再坚持下，弗罗曼被提升为经理。有一天晚上，乐队演奏完之后，他走到后台轻轻地对他们说：“伙计们，现在我是你们的新经理了。”当时大家一阵欢呼，他们之中的五六个人把这个喜欢脸红，甚至有点孩子气的弗罗曼（因为当时他才刚过 20 岁的光景）扛在肩上，唱着激动人心的歌曲，在台上绕了好几个圈子。大家对他的这种热情，即使在他后来获得了更大的荣誉时，也没有使他那样深深感动过。

所以，从现在开始尽量去帮助那些你能帮助的人，需要帮助的人，也许当时谁也看不到能在这种帮助中得到什么回报，就像不知一粒种子会结出什么果一样。但如果你不去浇灌，那就什么果也不会有。当初胡雪岩帮助王有龄时，他不知自己能否收回自己的投资，弗罗曼去爱他的同伴时也没有想到利用他们去谋取一个经理的位子。我们只要记住传播爱就是了。因为恶而走到一起的人，在最后收到的一定是恶果。因为他们没有善心，一旦同伙有难时他们只会迅速地开溜，更不要指望什么两肋插刀之类的了。

胡雪岩语录

利益总是从损失中来的。一个人如果没有遭遇过流离失所的境遇，就不会懂得生活的艰辛；没有经历过挫折与屈辱，那么遇事时就不会懂得退一步进行反思。一个人懂得了退让和反思，对事情就会仔细考虑后再动手执行，那么所遇到的问题就会得到妥善解决。

真诚为人 必有善果

古人说：为善不见其益，如草里冬瓜，自应暗长；为恶不见其损，如庭前春雪，当必潜消。也就是说一个做好事的人，虽然表面上看不出益处，但是善就像草丛中的冬瓜，会自然地在暗中一天天长大；而一个做坏事的人，即使表面上看不出坏处，但是恶就像春天院子里的积雪，阳光一照也就消失了。这就像和人交往一样，如果你拿出真心结交别人，并急朋友之所急，想朋友之所想，那你收获的又怎会是一点点呢？

胡雪岩深知江湖险恶，惟有多方交结才能履险如夷，生意四通八达。靠山都是假的，只有本事和朋友才是真的，有本事、有朋友自然寻得着靠山。所以他经常叹道："商人不是在商场中走，而是在江湖中走。"虽然为商与行走江湖不同，但亦有相似之处，其最为相通的一点就在于"为人"二字。能为大商贾者必是能为他人着想之人，能在江湖称霸一方者，也必定是朋友众多之人。所以，胡雪岩才深有感触地说："人在江湖走，全靠互相支撑，钱财乃是小事。"对于胡雪岩来说他要的是利益共享的朋友，他当然不会考虑什么政治因素，而且那些跟朝廷作对的人因为他的义气反倒都跟他交好，有情有义。在生意往来中，他经常替对方设身处地地着想，对方见胡雪岩如此讲义气，也都以诚相待，视为知己，乐意与他做生意。正因为他广结江湖朋友，所以才能在生意上屡屡成功。他不仅是王有龄的智囊知己，而且还与松江漕帮老大尤五相交甚笃，尤五对胡雪岩是“惟命是从”，只要是胡雪岩的货，漕帮绝对是优先办理。所以，胡雪岩的货运向来畅通无阻，来往迅速，这一点在兵荒马乱的年代尤其不易。不仅如此，尤五还将利用漕帮的江湖关系收集到的情报及时提供给胡雪岩，胡雪岩有此商业“密探”，自然在生意运作中抢占了不少商机。而在长期的生意交往中，胡雪岩发现江湖中固然有许多豪爽汉子、真性情的人，但追名逐利、忘情无义的小人也很多，关键在于自己如何去识别。而且江湖是个大染缸，近朱者赤，近墨者黑，如果不能洁身自好，很可能就会被同化，染上一些江湖恶习，那就不能做个正正经经的商人了。

为商与行走江湖最为相似之处，就在于“信用”二字。能为大商贾者必是守信用之人，能在黑道称霸一方者，也必定是有信用的人。不要以为那些黑道中人都是无义之人，他们在他们的圈子可是极守规矩的。而胡雪岩无论是在黑白道都能畅通无阻，当然也是因为他为人守信，为人解难的品质。无论是在江湖上，还是在商场中，他对朋友从来都是有一说一，有二说二，绝不阳奉阴违。这使得他无论是在生意场中，还是在江湖朋友之间，总是大得人缘，所有的人都信任他，对他无话不谈。这甚至使得胡雪岩的对手都感到大为不解，他们知道胡雪岩在生意手法上与他们并没有什么差异，不外乎是低价买进，高价卖出，但胡雪岩却似乎有一种神奇的魔力，总能使他的生意大盛。其实，这都是江湖朋友对胡雪岩真诚为人的必然回报。

胡雪岩深知人在江湖、身不由己的道理，也知道江湖险恶，人心叵测。当一个人不能逃脱某种束缚时，就只有面对它，并想尽一切办法来减轻甚至利用这种束缚。因此，对于就连朝廷都拿他们没什么办法的江湖势力，胡雪岩只有采取各种手法进行拉拢，利用自己官场方面的势力为他们谋得方便，从而使自己在江湖上得到利益。

他知道应该从利益上去诱惑他人，而不能用义气、帮规之类的东西来约束他人。他是一个温和的商人，希望一切都能在和平的气氛中完满解决，而不想见到或使用暴力与流血的方式。

基于此，胡雪岩宁可出任各帮各派的“帮外小爷”，却不想被推为盟主。其实以他的经济实力，如果真的想在自己的手中聚集一批江湖人士是非常容易的。但他不愿这么做，他宁愿多花钱，表示对江湖朋友们的敬意，表示出对他们帮规、人格等的景仰，维系好现在的关系。胡雪岩为晚清的大名人，向江湖中人表示自己的敬意，对那些被朝廷视为眼中钉、肉中刺，或被剿杀得东躲西藏的江湖好汉们来说，无疑会使他们感到受宠若惊，对胡雪岩感激不已。当有胡雪岩的商队从门前经过，按照这些江湖好汉的脾气，以往肯定是要狠狠干他一票的，可如今想到胡先生的抬举，也只好涎着口水看着商队远去了。不但见着胡雪岩的生意不抢，有时碍着胡雪岩的面子，江湖朋友还会仗义地站出来替胡雪岩排忧解难。

之所以会有这种情况，是因为胡雪岩在与江湖朋友打交道的时候非常豪爽和大气，决不缩手缩脚让人瞧不起，经常出钱帮他们解决困难，而且还总是站在对方的立场上考虑问题，以至于那些心肠极硬的江湖人士都感动不已，不时感慨万分地对胡雪岩说：“难得胡先生一片仁厚之心，只是如此这般先生便少赚钱了，于心实在不安！”胡雪岩总是真诚地对他们说：“人在江湖走，全靠互相支撑，钱财乃是小事，不要放在心上。”试想，如此行事，怎能不令他在江湖中混得风生水起呢？胡雪岩就是凭借着为人着想，利益均沾的思想，成了晚清时期纵横黑白两道的大赢家。

中国人对待生意场上的合作伙伴，不仅有一笔“钱财账”，往往还要有一笔“人情账”。而在这两者之间，胡雪岩总是舍财而保情，他认为只要有情在，钱还是可以再赚的，但如果情义没了，那就是什么都没了。传统文化中的“见利思义”的思想，在胡雪岩身上得到了很好的印证。从功利的角度来看，人的确有很多利益追求，但是中国文化特别是儒家文化历来认为，利益之上还有一个更高的东西，它叫道义。宋代大儒朱熹在解释道义之意时说：“义者，宜也。”“宜”就是应该的意思。可见，义利之辩中的“义”从语义学的角度来看，讲的就是一个“应该”。其言外之意也就是说，人有很多的利益追求是不应该的，比如说损人利己的利益就是不应该的。所以，中国传统文化在义利问题上面，向来反对见利忘义、唯利是图。

与我国隔海相望的日本深受中国文化的影响，一些高明的日本商人都懂得“见利思义”这一经商为人的根本道理。

1958 年 9 月，日本东部遭到太平洋台风的袭击，这是一次令当地居民损失惨重的自然灾害。这场台风给当地的农业及交通造成了巨大的损失，蔬菜水果的供应一时紧张起来。许多商店按照“市场规律”把价格上调 5~10 倍，一时间获得了巨额利润。热海市八百伴百货商店老板和田却向公众允诺，即使在货源紧缺的情况下，八百伴百货商店也会维持与正常时期一样的定价。在发生这样严重自然灾害的特殊时期，商店从外地运来的蔬菜食物，如果以 5 倍的高价出售，确实可以获得一笔可观的利润，但是八百伴依然履行诺言，高价买进的货物，仍按往日的市价出售。

消息传出没有几个小时，热海市妇孺皆知，临近乡镇的家庭主妇也闻讯赶来采购蔬菜食物。八百伴百货商店的做法成为热海市轰动一时的新闻，同行们认为这是自杀性的做法。一星期后，风暴过去了，受灾害影响的公路及农户都恢复了正常的运作，蔬菜、水果、肉类的供应也逐渐恢复正常，不再短缺了，热海市内的各家商店也将商品价格恢复到了以前的正常水平。

但是，一个奇怪的现象发生了。因为物价上涨期间来八百伴百货商店采购物品，许多人继而成为八百伴百货商店的长期顾客，那些短视的商家因为一点暴利就损失了那些长期的客户。

自然灾害导致货物短缺，同行都在涨价，这种情况对八百伴百货商店来说，同样是个赚钱的机会。但八百伴没有趁“天”之危，它坚持遵守商店诺言，不趁机涨价——不赚眼前钱，而是要维护长期的信义。尽管在此期间，八百伴的商品高进低出，损失了一定的钱财，但这只是暂时的，毕竟自然灾害属于突发事件，是短期的，等到灾害平息之后，八百伴以真诚换来的口碑就将大大发挥作用了，顾客将以长期的光顾来回报它。

所以商人一定要记住一点，那就是天灾不是国难，天灾是暂时的。如果你因为天灾而让你的衣食父母吃亏，那他们就一定会让你在天灾过后失利，你失去的是他们的心。

第十篇／以人为镜　可知得失

胡雪岩语录

人才为最：己欲达而达人

以财买才，以财揽才。

孔子说："己欲立而立人，己欲达而达人。"人们最初可能都觉得这是一种博爱情怀，其实如果细推究起来更是惠己的一个策略，只是因为孔圣人的仁名而没人会这样想。中国思想最妙的就是这一个"达"字，不是扶，不是攀，是达，一种顺水人情的感觉，施恩的最高境界就是让人感受不到受恩于人。

叔本华在他的书中这样写道："在康德道德原理的诸种形式中，最流行的就是'人的尊严'。对这一学说的荒谬性，在《道德基础》一文中对其进行了揭露。所以，在此我只想说：'如果有人问，所谓人的尊严的基础是什么，那么答案是，它是基于人的道德。'

尊严这个观念，只能在一种讽刺意义下，用在一种像人类这样具有罪恶意志、有限智力而体质柔弱的东西身上。倘使人的观念是一种罪行，人的诞生是一种惩罚，人的生命是一种苦役，人的死亡是一种必然的话，人又有什么地方值得骄傲呢！

因此，当你与别人接触时，不论这个人是谁，都不要根据他的价值和尊严对他作出主观的评价，既不要考虑他邪恶的意志，也不要考虑他偏狭的理智和荒谬的观念。因为前者容易使你对他产生憎恨，后者则容易使你轻视他。因此，你应当去关注他的遭遇、他的需要、他的焦虑和他的苦痛。如此，你就会感到和他息息相关，你的恻隐之心也会油然而生。”

做事总要为人着想，这一直是胡雪岩用人的高明之处。在他成功的同时，他也帮助了很多人。

清政府的日常开支及军饷多靠富庶的江、浙支撑，江、浙每年征收的粮食主要靠漕帮经运河送到北京。可运河年久失修，加之干旱，运河沿路关卡甚多，漕运不畅，因而浙江的粮食运不出，朝廷催促甚严。浙江海运局坐办王有龄急得团团转，刚当上官时那分春风得意也变成了千斤重担。漕粮运出困难，即使运出也还是误期，难免受上司斥责，还会使来年的漕粮相应推迟。但他有胡雪岩，他是胡雪岩的一笔投资，胡雪岩怎么可能让他为难呢？胡雪岩一个妙招即将他的焦虑化为乌有：改海运，直接到上海买粮，转海运进京。这样就免去了漕运中的一系列困难和麻烦，速度要快得多。

可是具体操作起来就没有说的那样简单了：首先要有钱庄肯垫钱，在上海买米需要十万两白银，其次还要有粮商肯卖粮。肯垫钱的钱庄是信和钱庄，由于胡雪岩善于诱之以利（许下今后海运局钱款往来只找信和钱庄的诺言），且以海运局作保，因而信和钱庄敢于冒这个险。倒是兼做粮商的松江漕帮尤五颇为踌躇：松江漕帮在上海的通裕米行虽有粮可垫，但松江漕帮本身由于这几年来朝廷上下层层盘剥，自身并不景气，原本打算以这批粮食脱货求现，以解帮内燃眉之急；而且由于太平天国已起，南方兵荒马乱，北方震动惊惶，粮食本已紧张；加之不久即是青黄不接之际，粮价眼看要上涨，因而对这件卖粮给朝廷之事，不能不盘算自己的利害得失。

在酒席上胡雪岩已看出松江漕帮尤五的心事，因而替对方着想，他让信和钱庄放一笔款子给漕帮，将来卖掉了米再还。由于胡雪岩此前已将信和钱庄的张胖子收服，因而张胖子不假思索就爽快答应了贷款的条件。也许是事情太容易了让人不敢相信，张胖子的爽快反使尤五心生疑虑。这时张胖子显出了自己的精明之处，说出自己敢于冒险垫钱的原因：第一是松江漕帮的信用，第二是浙江海运局的招牌（即担保），第三是米还在那里，因而不怕钱庄受损。尤五这才一块石头落地，三方皆有利可图的一笔大生意就此谈成。

胡雪岩刚一出道，就显示出过人的经商头脑，他人情练达，处事周到，善于察言观色，更擅长揣摩对方心理，因而与人交往中不仅能礼节周到，足以满足对方的心理需要，更以从物质上满足对方的需要为其根本。

为他人着想是胡雪岩待人接物的原则，也是他招揽人才，使跟着他做事的人都能心甘情愿为他拼命的秘诀 之一。他总能很好地做到角色调换，站在别人的立场上体会对方的利害得失与困难，这样做既利于自己的决策，并做适时的调整，又便于对方接受，使自己的决策不至于在运作中有悖于对方利益而遭到拒绝。为别人着想，并且善于为别人着想，这会使对方知道你的情分，知道跟着你做事决不会吃亏，那对方就会很放心地跟着你走，即使在实际物质利益上稍有缺欠，他也不会在乎，因为人是有感情的动物，只要你能在心理上征服他，他就会实心实意为你做事。

真正的智者都知道拥有人心比拥有财富更重要，因为这等于是拥有了大多数人的智慧。孔子拥有他那些弟子而为圣人，他不必聚集财富，因为他的弟子非官即商，他拥有他们爱自己的心。而现世的许多商人就不懂得这个道理，只是一味地把钱放在自己的腰包，可这些人就如同昙花一样，揣着他们有数的金钱慢慢就消失了。

决定企业经营成败的根本因素是人，这里所指的人，并不是个人，而是一个集体。如果一个企业内部群体有良好的人际关系，它的智慧和能力就会增强，员工的活动效率即会产生“群体效应”，给公司带来长足的发展。

纵观宝洁公司的发展历史，绝大部分时间里它都是通过广泛地运用和灌输核心思想、严格的适应制度和优越感思想来实现公司的整体价值的。这样它可以使员工树立统一的价值观，将员工和公司紧紧地绑在一起，上为下想，下为上谋，上下同欲，这就使宝洁公司一直处在日化产品的领先地位。

宝洁公司长期精心筛选有潜力的雇员，雇佣那些达到公司标准的年轻人，对他们进行大力培养，使其适应公司的思想和行为习惯，同时剔除那些不适应的人。公司只提拔那些在公司内部成长起来的忠于公司的雇员，让他们担任中级和高级管理工作，为这些人提供良好的发展生存空间。

宝洁公司通过举办适应性培训班，使新雇员适应公司情况，让他们感受到公司是一个团结的大家庭。鼓励他们阅读公司的传记《着眼明天》，书中把公司描述为“国家历史的一个有机部分”，“具有传统精神，又有不变的特性”，这些传统和特性的牢固基础仍然是公司所提倡的原则和伦理道德，这正是公司的创办者们一再强调的东西，而且已经变成了一个传统。公司内部的出版物、经理们的谈话和正式的介绍材料都在强调宝洁的历史、传统和价值观。

宝洁公司的严格适应制度适用于公司在各国、各地和全球所有文化背景中的各个部分。一位从商学院毕业后直接到宝洁公司在欧洲和亚洲的部门工作的前雇员如此评说：“宝洁的文化延伸到全球的各个角落。到海外，有人明确告诉我，我必须首先适应宝洁公司的文化，其次才是适应这个国家的文化。属于了宝洁公司也就等于属于了国家本身。”这不禁让人想起易卜生的一句话：“我最期望于你的是一种真实纯粹的为我主义，要使你有时觉得天下只有关于你的事最要紧，其余的都算不得什么，你要想有益于社会，最好的法子莫如把你自己这块材料铸造成器，有时候我真觉得假如全世界都像在海上沉了船，最要紧的还是要救出你自己。”培养优秀的个体，为自己、为他人。

宝洁公司总裁约翰·斯梅尔曾经说过：“宝洁公司遍布全球的人员都休戚与共。尽管存在着文化和个性差异，但我们说的是同一种语言。

当我们遇到宝洁公司的人时，不论他们是在波士顿搞销售，还是在艾佛里戴尔技术中心搞产品开发，还是在罗马的管理委员会供职，我觉得我是在同同一类人说话，同我认识的人、我所信任的人、宝洁公司的人在谈话。”

宝洁公司正是这样把员工与公司紧紧捆绑在一起，公司为他们谋最大的福利，他们又为公司尽最大的忠心，在这二者结合下，一次又一次平安度过市场竞争的大潮，最终取得了成功。

从不同的事例中我们就可以发现，自私永远不可能获得最大的利益，只有那些为他人着想，急他人所急的人才有自己广阔的发展空间，而且，就幸福感受来说施比受要快乐很多。

工欲善其事 必先利其器

人才像其他东西一样，也是一分钱一分货。这话虽然糙了点儿，理却不糙。想找能干之人，在银钱上斤斤计较怎么能行？须要舍得银子，多给工钱，一下子解除他们的后顾之忧，才可得到真正的干才。我的秘诀就是：以财买才，以财揽才。眼光要好，人要靠得住，薪水不妨多送。然而，要得到真正的杰出之士，只凭给钱是不能成事的，关键在于“情”、“义”二字，要用情来打动他们。

“工欲善其事，必先利其器”，在《论语》中是求仁之语，但这一句又是如此地有实用性。这句话是孔子的财神弟子子贡问的，孔子回答他说：“工欲善其事，必先利其器。居是邦也，事其大夫之贤者，友其士之仁者。”可能是圣人弟子要去哪里做官了，为师的才给了他这样一番教诲。这句话要是别人问可能我们就没那样大的兴趣，可这是子贡问的，要知道子贡首先是个商人，然后才是孔子的学生，那我们就要用辩证的思想来看他的问仁了。

人要想立足社会就一定要有人帮，无论是身居官场还是人在江湖。那些达到人生巅峰的人对人才的渴求总是那样迫切，就像曾国藩之所以在为政生涯中功勋卓绝，就因为他那为人称道的求才方式。他曾说：“求人之道，须如白圭之治生，如鹰隼之击物，不得不休。又如蚨之有母，雉之有媒，以类相求，以气相引，庶几得一而可及其余。”这句话的意思是说求人才，要像白圭治理他的生意那样，像老鹰袭击食物那样，不得到决不罢休。又要以类相求，以气相引，这样才会通过一个人才得到另外许多人才。

曾国藩从来都是以志趣相求人才，他是政客，他知道酒肉朋友是不可能出生入死为自己卖命的，他要以德感人，以德化人。不是每个人都可以成为曾国藩，但几乎所有的人都想在人生中有所成就，因而，他们都会学习曾国藩。

胡雪岩也学习先人的智慧，他学习曾国藩的为人，学习吕不韦的气魄。吕不韦的生意是中国历史上最大的，他谋取了一个国家。他在投资上可是敢下本钱的，他倾尽家产来帮那个被国家遗忘的王子，这实在是要拿出点气魄的，因为谁也不知道这个王子将来会不会有机会回到他的国家，会不会登上王位。如果不能登上王位，那他还不如在别国流亡呢；如果回去，也极有可能被自己的兄弟们杀死，但吕不韦就敢下这样的赌注。

胡雪岩没有碰到做人质的王子，但他碰到了谋官职的四处碰壁的王有龄。从这点我们可以看出他的魄力比吕不韦更是有过之而无不及。因为一个王子必竟还是个王子，而一个求职无门的破落子弟谁晓得会有什么结局呢？天下这样的寒士可多的是，但胡雪岩就硬是冒着自己没饭吃的危险在王有龄身上做了投资，他的冒险成功了。这种重金出击招揽人才的方式，不仅中国有，国外一些大企业家更是用得驾轻就熟。我们都知道汽车是因为有了福特才进入到了寻常百姓家的，而福特二世在用人上就非常敢于重磅出击。

福特公司取得长足发展是从福特二世从通用公司挖来了高级财务专家欧内斯特·布里奇，以及以他为首的一套完整的管理班子开始的。后来通用公司有些人认为福特得到的以布里奇为首的管理班子，比通用汽车公司现有的那套班子更能干。

欧内斯特·布里奇是个保守的、地地道道的会计，当他 1946 年来到福特汽车公司时，已经在汽车行业干了 20 多年。

从事会计是布里奇的特长，他对当时人们了解不多的成本分析这门科学有过专门的研究。

通用汽车公司在20世纪30年代早期大规模地进行吞并，这使布里奇的才能得到了最大的发挥并取得极大的成绩。他是公司的摇钱树，他被请到弗里吉达勒公司清理财务。

当本迪克航空公司——一家飞机制造公司在1937年陷入困境时，通用汽车公司派遣布里奇出马。到1939年，布里奇改变了本迪克航空公司的面貌，使它从每月亏损25000美元变成每年盈利500万美元以上。当战争显而易见地将为飞机制造业带来好运时，通用汽车公司要他确保公司能从中获得大笔利润。

在本迪克公司取得成功之后，布里奇这位铁匠的儿子，理所应当地认为自己应该担任通用汽车公司的总经理，但是这一职位早已决定给了查尔斯·E.威尔逊。威尔逊在参议院军事委员会为通用汽车公司立下了汗马功劳。

威尔逊被提升为通用汽车公司总经理这件事深深地伤害了布里奇，他在结束了战争生产任务回到公司时，希望受到热烈欢迎和进一步的重用，但是他所得到的仅仅是一个普通经理的职位，雄心勃勃的布里奇第一次感到壮志未遂。

然而，就在布里奇宏志受挫的48小时后，布里奇就接到了福特二世的电话，邀请他来福特公司工作。对于福特二世来说，他一直在密切关注着布里奇，得到这一杰出的财务专家和管理专家是他一个很大的心愿。

为了能得到布里奇这位杰出人才，亨利·福特二世采取了一个大胆而冒险的策略：给布里奇和其他高级雇员们一种“股票特权制”。

这是一个大胆的举动，意味着福特二世要冒着破坏家族传统的极大风险，福特公司的股票近30年来在北美一直是最受审慎保护的私有股票。自从买下库曾斯和道奇兄弟的股票后，福特家族以外的任何人都不持有福特汽车公司的股票。为了解决这一矛盾，亨利·福特二世在1946年专门成立了两个新的子公司，即专门销售福特牌大轿车的米歇根汽车公司和垄断拖拉机销售的迪尔本汽车公司。亨利·福特二世让公司的高级雇员们在这两个新公司中拥有股票，这样就解决了上述矛盾。在这两个子公司中，欧内斯特·布里奇在拖拉机公司拥有的股票份额最多，占20%。1946年至1956年，福特汽车公司复兴时期，由于这种股票特权而成为百万富翁的高级经理不少于67人，而欧内斯特·布里奇是第一个成为百万富翁的。

当欧内斯特·布里奇1946年中期来到福特汽车公司时，他发现问题比他最初想象的更加严重。他后来回忆道："主要工程师对汽车设计茫然不知，就像一头猪不知道圣诞节一样，他们的财政报告如同一家乡村杂货店。"

为了迅速改变这种混乱局面，福特二世给予了布里奇充分的权力。"我对通用汽车公司一直怀有很深的敬意"，亨利·福特二世说，"我想，布里奇在通用汽车公司工作而获得了经验，他对问题的洞察能力、他的知识和经营方法正是我们所没有的。"布里奇获得了常务副总经理的职位，成为地位仅在福特二世之下的第二号人物。

布里奇没有使福特二世失望，他对福特公司那些最混乱的环节进行了整顿。简单地说，他和他的同事将当时美国管理最差的大公司打理得井井有条。布里奇对公司进行了彻底整顿，团结了公司所有想干一番事业的人。这和曾国藩的以气相引之用人之法是相通的。

布里奇还从通用汽车公司带来了几个高级管理人员，他们是克鲁索、杨格和哈德。他们把在通用汽车公司使用的一套经营管理方法搬进了福特汽车公司，如权力下放、绘制组织机构图表以及布里奇的绝招——“利润中心”。

“利润中心”的作用是能够确切地计算出一个驾驶盘会给汽车增加多少价值，用3个轮辐是否比4个轮辐省钱等。

这样，在布里奇领导下，福特公司第一次能随时知道它的经营状况，随时掌握花了多少钱，赚了多少钱，能计算成本和盈利，能找出问题出在什么地方，并且能够深入分析亏损部门的原因所在。

布里奇上任伊始，就果断决定开发新产品。在他的大力推动下，福特公司战后第一代新车“福特49”问世了。这种车矮小而典雅，没有登车板，外形像飞机流线型，拥有几乎全新的机械性能，还额外安装了超进档，这在汽车设计中还是第一次使用。

1947年和1948年，福特车在北美地区销售了50万辆，1949年便超过80万辆，加上墨丘利和林肯车当年的销售量，福特汽车销售量突破百万辆大关。

1946年，福特汽车公司的利润仅2000万美元。一年之后，利润上升到6480万美元，而1949年的利润又上升为1.2亿多美元，几乎增加了两倍。

是布里奇让福特公司成为今天的福特公司。福特二世的用人智慧有点儿像刘备，他大胆地放权，我们读《三国》时知道，刘备除了他那点自封的汉室宗族的血统之外什么都没有，但他最大的优点是把权力放给了诸葛亮。而福特给布里奇以重金和权利，使他全身心地为福特服务。

中国还有一句话放在这里最合适：舍不得孩子套不住狼。如果一个人想成大事却又不舍得付出，那结局是可想而知的。我们都知道项羽，他可谓是一代豪杰，他之所以最后失败，完全是他的不放权、不重赏的原因导致的。他对战士不可谓不关心，对朋友不可谓不义气，但他最大的缺点就是当要封人官职时却犹豫再三，这就让在他手下效命的人看不到荣华，就都跑到市井之徒刘邦那里去了。这是必然的结局，当优秀的人都跑到敌人那里去时，那你想结果会如何呢？没有了帝国，只剩下王冠还有什么用呢？因此无论是为官为商，都要想到，从没有一个人的独角戏能够唱得精彩。

胡雪岩语录

财富是为有胆识者准备的，人手不够是顶苦恼的事。从今天起，你也要留意，多找好帮手。像现在这样，好比有饭吃不下，你想可惜不可惜。

察其所能 量才而用

人无完人，各人有各人的优劣。战国时期孟尝君的门客鲁仲连就说过这样的话："让猿猴离开树木跳到水中，当然就不如鱼鳖；要论钻墙跳房，老虎不如狐狸；让勇士抛掉宝剑去拿锄头，必不如农夫。"如果你想成大业而又不能发现良才，那只能说明你不够聪明。世间没有绝对的废物，关键是看用在什么位置上。

用人之所长，是胡雪岩用人的一条重要原则。在他看来，用人不是按他有多杰出来看的，而是要充分利用他们的特长。世间没有完人，但也没有一无是处的人。会用人的人只是让有一定特长的人做好他分内的工作，这才是能识人之人呢！

能识人比会做什么都重要，谁都知道项羽是盖世的英雄，但他为什么没有打赢市井无赖刘邦呢？因为刘邦会识人，而且也能用那些能识人之人，他得到的就是坐享江山。

胡雪岩也是这样，他开钱庄、开当铺、开药店，所用之人皆是个中高手。有时我们想如果胡雪岩不是一门心思赚钱，而是用心搞政治，那他的前途肯定不会比左宗棠、李鸿章差！

太平天国运动期间，杭州城曾被太平军占领，后来清军很快又收复，真是沧海桑田。胡雪岩寒夜里不能入眠，听着远处传来“笃、笃、当……”的打更之声，更是涌起万千感慨，杭州城在这兵荒马乱的年代都变过，惟有这个更夫没有变过，夜夜打更，年复一年从未间断过，感受着世间万物沧海桑田，但时间还在那笃笃依然啊！他突然灵光一现，发现这个更夫是个很了不起的人，能在乱世还守着自己那种责任，觉得这个更夫是个可用之人。这样一件无趣之事他都能一本正经地坚持做下来，并且兢兢业业，从某种角度来说他确实是个难得的、了不起的人。如果雇佣他去巡守仓库，一定会做得非常好。第二天，胡雪岩就去把他找来，让他做胡氏仓库的总巡视，这个更夫果然尽职尽责，从没让胡雪岩的仓库出什么差错。一个更夫可以说是最没本事的人了，他只是给大家通知时间，如果说他的用处，那他则和我们现在的钟表大针一样，可能连小针都不是。可这是一个守责的人，他知道自己是做什么的，这是最难得的品质。一个人的用处就像一块砖，他可以不被重视，只要他始终能做到是一块合格的砖就可以，接下来的只是等待用砖的人而已。而一个识才之人就是要在众多的杂物中发现这块砖，使它变得有用，让它发挥作用。

说起来，胡雪岩的身边有很多优秀的人才，但如果他自己不能正确使用这些人才，处置不当，不能做到“随才量力”的话，这些人不但对他的事业无益，恐怕还会有所妨碍。但他就是能根据个人能力和专长给他们安排合适的位置，这样一来使得人尽其力，最大限度地发挥了这些人的作用。

如陈世龙年轻、悟性高，胡雪岩就安排他做自己丝生意方面的帮手，还要求他学外语，以便将来和洋人打交道；老张为人本分，胡雪岩就让他当丝行老板；古应春懂外语，了解洋人的一些习俗和洋行的规矩，善于和洋商打交道，胡雪岩就让他打理外事，如贩卖军火、买卖生丝等；尤五掌控漕帮，熟悉黑道规矩，胡雪岩就让他主持杭州经松江到上海一路的丝、粮水运；朱福年对典当行业非常熟悉，胡雪岩就让他全权代理典当行；黄仪是丝行的“档手”，为人精明，文字功底好，胡雪岩就把他安排在自己身旁做文书。这些人都在他们的专业和专长上得到了最大的发挥。

胡雪岩在飞腾的起点上就显出其独到的识人才能，在王有龄身上的投资可不是每个人都做得到的，不仅在王的身上，就在他发达以后，只要能帮助人并能为自己所用，就提供给别人一份机会，别人的每一种专长则成就了他的全能。而这种全能使他处处为人，结果又使自己在生意上处处得人相助，终于成就了一番伟业。

摩托罗拉创始人高尔文更是一个重视人才的人，他的辉煌竟是始于启用一个看上去有点不灵光的书呆子，当时很多人反对，但高尔文力排众议，委之以重任，所以才有了我们现在看到的摩托罗拉。

1940年初，高尔文在一个技术杂志上读到了康涅狄格大学教授丹尼尔·诺布尔的著作。丹尼尔·诺布尔是建立FM系统的第一人，他为康涅狄格州警察局开发了FM汽车通讯系统，这一系统能够适应警察部门的特殊需要。同时他又为康涅狄格州哈特福德的WRDC设计了FM广播系统，并指导该系统的建造，为了这一计划的顺利实施，他被任命为顾问。

诺布尔这一成就给高尔文留下了深刻的印象，他认为诺布尔会对摩托罗拉的发展起到重要作用。在无线电这一行业，没有先进的技术是不可能取得成功的，而先进的技术必须先要有更高素质的专业人才，而诺布尔就是这样的一个人才。因此，高尔文决定聘用诺布尔。几经接触与会谈后，高尔文最终以高薪聘到了这位杰出的无线电人才。

开始时，诺布尔被少数摩托罗拉雇员看成是一个爱幻想的傻瓜，他不是以赢利为目的，而是一个搞科研的学者。他们觉得“书呆子”是靠不住的，因为他不是个生意人，他只会用公司的钱鼓捣他那些让人不明白的东西。

其实摩托罗拉早期的成就，就是由没有上过大学又非正统的工程技术人员取得的，他们用的是简陋的工具和设备。这些中的一部分人把诺布尔看成是闯入者，是个异类，对他百般刁难。有一次，当高尔文外出办事的时候，一位工头随意找了个借口，竟然把诺布尔给开除了。这件事令高尔文非常生气，他把工头狠批了一顿，又马上找回了诺布尔。高尔文非常钦佩诺布尔的才能，对他信任有加。在后来的工作与研究中，诺布尔充分发挥了自己的才能，为摩托罗拉的发展立下了汗马功劳。

不能因为自己的无知就不任用那些有才之士，一个真正聪明的人会尽力结交那些比自己更有能有力的人，只有这样才能让自己有所提高，所谓“三人行，必有我师”，说的就是这个道理。如果你的朋友们都不如你，那你的人生可能也就到此为止，不会再有大的起色了。如果真是群居终日，而言不及义，那样的生活既无趣也无成功的可能。

胡雪岩语录

一个人最大的本事是能用人，用人首先要识人，眼光、手腕两俱到家，才智之士乐于为己所用，此人的成就便不得了了。

用人不疑，让手下各展所长

疑人不用，用人不疑，这是用人的最高原则。怀疑他的品格或能力，就不必用他，一旦经过考验证明他的品格和才能没有问题，那就不应再怀疑，如果一味地怀疑就会让自己的事业没办法进行下去。

胡雪岩在用人上与众不同，除了自己敢于开拓，敢于出奇招，做常人不敢想、不敢做的生意之外，还特别善于培养手下人独当一面、敢于负责的能力。即使是看上去不会做生意的人，如果用他了，就放手让他去干。

阿珠的父亲老张在妻子和儿女的鼓动之下，接受了胡雪岩的聘请，回到湖州开丝行。老张本来就是一个老实本分只看自家屋檐的人，回到湖州既不知道怎么打开局面，更不敢拉开架式大干，胡雪岩要他赶紧寻找一间气派宽敞而临街的房子搬家，但他就是守着破旧老屋不搬。老张不肯搬家，一是考虑搬家是一件麻烦事，需要时日；二来是怕搬家之后，架式拉大了，弄得轰轰烈烈，而自己却照应不过来，以后难以收场，因而他下不了决心。胡雪岩开导老张说："只要丝行开张，咱们就有进账，要尽快干才可能赚钱。"

胡雪岩总是这样相信别人，如果不是他这种性格，他也就没有今天了。

胡雪岩是个善于把握大局、掌握大方向的人，在他看来，只要大的方向对了，即使在个别环节和小的细节上出了问题，也不会影响全局。这是他在用人上一直奉行的一个重要原则，即放手使用、用而不疑，除非是那些重大决策。在一些具体的运作上，胡雪岩总是放手让手下人去做，决不随意干预，即使在阜康钱庄开办之初，当他认定自己聘请的钱庄档手刘庆生可以独自料理生意事务之后，也几乎是完全放手让他去做。他放权到什么程度呢，看看刘庆生做的一件事就可知道了。

钱庄刚开业不久，朝廷就分配官票，这当然让钱庄烦躁，谁都知道这也许是肉包子打狗。别的钱庄还在观望时，刘庆生因为胡雪岩曾说过只要对朝廷有利的事就去做，只有朝廷高兴了，钱庄才有生意做，于是刘庆生就大胆认购了几万两官票。正如胡雪岩所料，上面高兴，给他发了个光荣匾，这让他的钱庄名声大振，老百姓纷纷来他这里存钱。

这就是老板大方，伙计也不小气，这才使胡雪岩的事业愈加发达。胡雪岩的这种性格让人快乐，让人为他很卖力地工作。如果他只是一味地干预，不舍得放权，像项羽一样拿着印玺不舍得分封下去，最终也只能落个失败的结局。

成功从来都不是一个人的事，虽然最后英名可能会被一个人占尽，但这英名的左右一定会有很多人的名字。

当今巴西最负盛名的企业集团——塞氏工业集团，创造出旨在最大限度发挥员工积极性、创造性的全新管理模式，这样的方式胡雪岩早就是用过了的，这种管理模式的最大特点就是让下属知道自己是在为谁工作：不是在为老板工作，而是在为自己，使自己在这个平台上实现自身的价值。

这家企业是个生产多种机械设备的大型集团。几年前，理查德·塞姆勒从父亲手上接管塞氏集团时，它还是个传统的集权模式的大型企业。塞姆勒知道高压管理能创造收益，但塞姆勒也很清醒地意识到，这种管理模式正在逐渐丧失优势，这种集权管理束缚了员工们的创造力，也扼杀了他们的能动性，因此他决定进行变革。

塞姆勒采取的第一项措施就是取消公司内部一些历史规矩，他认为这些规矩只会使员工感到被动，从而阻碍他们主动性的发挥。

改革后的制度增强了员工的独立性和自主性，工人可以自订生产目标，不需烦劳管理人员督促。主管们都享有相当大的自主权，自行决定经营策略，不必担心上级的干预。

其次是管理自主性。在做一些事关重大的决定时，例如是否要兼并某公司，塞氏一律进行全公司的投票表决。公司与工会设计了专门的课程，教会全体员工如何看各种财务报表。其中最特别的是，员工可以自由地决定自己的薪水，因为塞氏主动提供全国薪水调查表，让员工比较其他公司拥有相当技术和责任的人拿多少薪水，塞姆勒毫不担心有人会提出无理的要求。事实证明，要某些人提高自己的薪水，还得花上一番功夫呢。

塞姆勒不像其他公司老板那样事必躬亲。早上他一般是在家里办公，因为他认为那样比较容易集中精力，他经常鼓励其他经理到家里工作。他还有一个更让员工发挥能动性的习惯，他每年至少外出旅行两个月，每次旅行决不留下任何联络的电话号码，也不打电话回公司，他希望塞氏的每一个人都可以独立工作。他的这种信任让所有人都充满了活力。

而他的另一招更是可怕，他让相互合作的部门可以独立运作。如某个部门不想利用另一部门的服务，可以自由向外界购买，这种竞争的压力使每个人都不敢掉以轻心。塞氏还鼓励员工自行创业，以优惠的价格出租公司的机器设备给创业的员工，然后塞氏再向这些员工开设的公司采购。当然，这些创业的员工也可以把产品卖给别人，甚至是卖给塞氏的竞争对手。

就在这种放权的情况下，员工们不但没有为自己谋私利，而且通过能实现自己理想的平台，为这个公司谋得了最大利益。

塞氏公司取得的成就让所有人吃惊，在巴西乃至全球经济不景气的情况下，塞氏近十几年来增长率高达100%以上，生产力提高了近10倍，利润上升了7倍。

在放权的基础上进行有效的协调与管理，让下属有自主权，但却使他们明白一个目标，只是为公司、为企业服务，这就如同放风筝，无论飞多远，总会有根绳在主导者的手中。

胡雪岩语录

他到我们这里来做生意，我们也可以到他那里去做生意。在眼前来说，中国人的生意应该由中国人做，中国人的钱也要中国人来赚。只要便宜不落对方，不必一定要我发达。

求仁而得仁：成就大业的人本思想

中国文化的核心思想就是一个“仁”字，认为仁即是人。在儒家思想上以人最为重，义也是为“仁”服务的。如果一个人想要为人所重，就一定要有仁爱之心。所谓“物以类聚，人以群分”，君子之风就会引来贤才，就能成就仁者之志向。

只要有着以人为本的思想，就不会失掉人才，经商和治国一样更是需要大量的人才，而只有那些有人格魅力的人才会让人拥护。胡雪岩就是这样一个有着巨大人格魅力的人，他在穷困时也在帮助别人，当然他的思想也许和吕不韦一样，想的是一种投资，但这也是一种气魄。因为他的这种气魄，让他的身边聚集了太多的能人，他知道只有人才才是真正的财富。

胡雪岩在用人上就是舍得投资，舍得大把花钱。说起来胡雪岩用人的技巧也并不神秘，除了以诚相待、信则不疑、用人不拘小节之外，其中一个很重要的手段就是以财“买”人，以财驭人。对于那些可用之才，胡雪岩从来都是不惜重金。准备要开阜康钱庄时，经过多方考察，胡雪岩决定让大源钱庄的普通伙计刘庆生来担当此任，他给出了一年二百两银子的高薪，胡雪岩慷慨得有些让人难以相信。胡雪岩看刘庆生惊讶的神情，一下子就猜到了他的心思，马上取了二百两银子预付给刘庆生一年薪水，要知道当时养一个八口之家过上小康生活也只需一百两而已。

胡雪岩的慷慨行为一下子打动了刘庆生的心，刘庆生被胡雪岩待人的诚意深深打动，一下子便激动不已，他极其真诚地对胡雪岩说："胡先生，铜钱银子用得完，大家是一颗心。胡先生你吩咐好了，怎么说怎么好！"

胡雪岩为刘庆生的一家做了很好的安排，有了这一年二百两银子，就可以买下一套宅院，将留在家乡的高堂妻儿接来杭州，上可孝敬于父母，下可尽责于妻儿。这样刘庆生也就再无后顾之忧，也就会把心用在钱庄上。胡雪岩后来几乎是不管钱庄业务的，他把所有的事情都交给刘庆生管理，自己只管当老爷了。

生意场上我们常常看到有些商人在开辟一项新的业务，或做一项新的投资时，可以毫不犹豫极其痛快地拿出大把的钱来，但对用人却不舍得花钱，以为人不是很重要，反倒是把事看得重，不知道事在人为的道理。他们认为雇员最终获得多少报酬应当以经营效益的好坏来定，所谓个人收益与经营效益挂钩，企业效益好雇员可以多得，企业效益不好雇员自然不该多得。

这些想法看似有着十分充足的理由，实际运作中也确实会有所成效，但这会失去很多优秀的人才，要知道人出来工作都是为了吃饭，最重要的是薪金的多少是体现一个人价值的。生意场上有不同于其他地方的价值标准和交往原则，商场搏战之中聘用人才就是用人给自己挣钱，别人给你挣来巨大的利润，你却不肯付以重酬，你的诚意又从何显示？而以经营效益为付酬多寡的依据，则更是一种无法体现以仁待人的做法。

胡雪岩选聘人才从来都是不惜付以重金。在他认为，用人就如以钱买货，

“一分价钱，一分货”，货好价格自然就高，值得重金相聘的人也必是忠心得力能为企业创造巨大财富的人。胡雪岩从不以自己生意的赚赔来决定给自己手下人报酬的多寡，无论自己生意有无利润，即使自己所剩无几甚至亏本，该给朋友分红、给员工开支也绝对是一分不少。正因为胡雪岩向来不惜重金聘用人才，不以自己盈亏而决定员工的薪水以及合作伙伴的花红，所以胡雪岩在生意场上有极响亮的“够交情”的名声。无论黑道白道都把他看作是场面上的人物，都十分地敬重他，愿意帮他做事或与他合作。

更难能可贵的是，胡雪岩在使用人才的问题上从来不吝惜钱财，充分地显示出了他对人才的一种真正的尊重。

这种用人策略不仅是在中国，就是在外国也为人所看重，而往往是那些懂得重金聘人的企业才得到极大的发展。

美国华人企业家、国际联合电脑公司主席兼行政总监王嘉廉，是一个深受广大雇员尊敬和信任的人物。他所主持的电脑公司，于 1976 年初创时，连同职员在内只有 4 个人，然而仅仅过了十几年，该公司已成为在全世界 27 个国家拥有近 8000 名雇员的跨国公司，跃居世界电脑软件市场销售排行榜的第 2 位，成了赫赫有名的大企业。

王嘉廉的成功，除了他本人是个电脑设计专家，工作极其负责外，最重要的就是十分关心和体贴下属，为公司职员创造出最佳的环境和条件，使他们在毫无压力的愉快心境中工作。

国际联合电脑公司在职员的福利待遇方面提供了优厚条件，不但免费供应早餐、饮料，还在公司内提供免费的室内、室外运动场，里边的健身设备均属一流。此外还包括家庭医疗保险和托儿费津贴。在美国所有的私人企业中，王嘉廉先生创办的国际联合电脑公司的职员福利是最好的。

他说，联合电脑公司是一个全球性的商业服务机构，其各地的职员要直接与客户接触交易，只有他们最了解市场信息，最了解客户需要。客户是企业的衣食父母，而这些员工是和这些财神打交道的人，只有对待他们好，他们才会创造利润。

王嘉廉经营企业成功的秘诀就是善待下属，以他们的利益为重，反过来他也得到了他们的真心回报。

成功就像播种，如果没有春天的播种，就别想有秋天的收获，一粒种子会结出很多的果实，报酬也是一样的，你给的多，也会收获更大的报酬。

胡雪岩语录

就像筑堤防水一样，多少日子，多少人工，辛辛苦苦到了“合拢”的那一刻，非要眼疾手快，把握时机不可。河官到了合拢的时候，如果情况紧急，往往就纵身一跳，跳在缺口里，身挡洪流，别人看他如此奋不顾身，深受感动，自然一起用力，得收全功。

青出于蓝：一定要选对人才

青出于蓝，胜于蓝。就是说明徒弟一定会比师傅强，而且在事业的经营上，并不局限于师徒的关系。如果是下属的意见对，那就一定要听下属的，根本不应有尊卑之念。一个王者可以不是个实干家，但必须是个谋略家，他不需要去干，但他必须选出一个能干的人来。诸葛亮是刘备选对的，萧何是刘邦选对的，因此，有时成功不仅是对事物的判断，更是对人的判断。

前面我们提到了抉择的重要性，你选择什么样的道路，就是选择什么样的人生，你选择什么样的朋友，就是选择什么样的情趣。如果你是一个经营者，并且想成为一个成功的经营者，那么你选择什么样的人才，就是在选择什么样的结局。

在通往成功的路上没有人不需要助手，如果谁刚愎自用，那等待他的只有死亡。看看世界各大财团中的那些精英，他们被老板像宝贝一样宠着，这就说明如果你是一个平庸的人，只要有一处优点就可以让你受益匪浅，那就是爱那些比你高明的人。犹太人之所以创造了人类财富的神话，就是因为他们很是看重那些助手的作用，这在他们的教义中都有体现。

在犹太教的传说中，记录了阿玛雷克战役的情形：尤西亚遵照摩西的指示与阿玛雷克作战，摩西和亚伦、赫鲁则登上山顶，当摩西举起手时，就表示以色列战胜；如果他放下手，就表示阿玛雷克战胜。所以摩西的手一直高举着，时间太长了，双手已经僵硬到几乎无法伸直，这时亚伦与赫鲁就搬运石头放在摩西的脚边，摩西则坐在石头上，然后他们分站在摩西的两侧，摇动着摩西的手。直到日落时分，摩西的手仍旧没有放下来，因为这个缘故，尤西亚打败了阿玛雷克。摩西是上帝耶和华全力支持的一个人，他具有卓越的才能，他的实力也是无可置疑的，尽管如此，摩西还是带上亚伦和赫鲁两人上山，为了不使以色列人失败，让他们二人辅助他挥动手臂。摩西的手臂就像一面旗帜，他鼓舞着以色列人的士气。

摩西若放下手臂，就会使军心产生动摇，而一旦军心动摇，就会降低士兵们的士气。尽管摩西有如钢铁般的体格，但他毕竟是人，终究也有疲惫的时候。因此，为避免任务失败，他带着亚伦、赫鲁上山辅助自己的工作。

因为即使是摩西也不得不承认，自己需要助手的辅助，单靠一个人是不能胜任领导责任的，因此，摩西也有助手。

在领导决策中，犹太人是最早意识到领导人的重要性的，并且是最早实行领导配备助手的民族，这是他们较其他民族在管理学上的最大的成就，也是其杰出智慧的体现。

中国近些年才认识到管理学的重要性，逐渐明白选对助手对一个企业领导者是多么地重要，这得归功于中国的企业私有制。当人是在为自己工作时，他当然会选好的人才来帮助自己。

胡雪岩的成就之一就是他在用人上的不拘一格，他让在别人看来是无用之人的人，在他这里得到了最大能量的发挥，更别说那些真有能力者了。胡雪岩用人最大的成功之处就是只要鉴定出这是一个人才，他就最大程度发挥出人才的能量，放权给人家，信任人家，这在他对刘庆生、古应春身上，我们可略见一斑。

由于钱庄档手每天在“钱眼里翻跟斗”，动不动就是几万或者数十万银子，所以档手除了具备才干之外，还必须操守好，这样才能真正让人放心。

胡雪岩为了考察刘庆生的才干和操守，在没有事先通知他的情况下，突然从湖州赶回杭州的阜康钱庄，他是故意叫刘庆生猝不及防，想看看在刘庆生管理下的阜康究竟是怎么个样子？进了大堂，胡雪岩一边轻松地和刘庆生谈着路上和湖州的事，一边很自然地把视线扫来扫去，店堂里的情形大致都看清楚了，他对刘庆生觉得还满意。

进到内堂，胡雪岩问道，“账上应该结存的现银有多少？”“总账在这里”刘庆生翻看着账簿，说结存的现银，包括立刻可以兑现的票子，一共是七万五千多两银子。

“三天以内要付出去的有多少？”

“三万两不到。”

“明天呢？”胡雪岩又问。

“明天没有要付的。”

“那好！”胡雪岩说，“我提七万两银子，只要用一天就好了。”说着拿笔写了一张提银七万两的条子递给刘庆生。

其实这是胡雪岩进行的一种试探，他要看看刘庆生的账目与结存是不是相符，但又不好直说拿库存现银出来看一下。

等刘庆生毫不迟疑地打开保险箱，点齐七万两的银票送到胡雪岩的手里时，胡雪岩对刘庆生是彻底地放心了。

之后，他把阜康钱庄的事就全权交给了刘庆生。除了对刘庆生放手使用外，生丝“销洋庄”的生意，胡雪岩也差不多将找买主、谈价钱、签协约等一揽子事务都交给了古应春，而自己则把精力投入到刚刚开始的军火生意上。

从商务运作的角度看，放手让自己的助手做主办事，其实是十分必要的。商场如战场，竞争激烈且瞬间万变，所有的机遇几乎都是稍纵即逝，因此，搏战于商场之上，就必须牢牢把握一个又一个的机遇。如不能及时抓住机遇，要想获得成功几乎是不可能的。不用说，要抓住机遇，既要有敏锐的眼光和准确的判断能力，更要有果断的决策和迅速的行动，而要做到果断决策、迅速行动也并非易事，它不仅要求决策者具有良好的素质，许多时候更需要那些手下人有敢于担当、创造性地开拓具体事务运作的能力。有时不仅是下属要具有这种能力，更重要的是上司要敢用，而后者比前者更重要。

如何发现人才那就要看用人者的智慧了，一个真正高明的用人者一定是让下属自由飞翔的。让我们看看百事的用人策略和成功之路。

百事公司内部期刊只介绍那些对公司有贡献的人，把他们的事迹登出来让大家了解，却少有文字介绍公司当月的经营业绩或是产品的推广消息。期刊的封底是一个“新人快递”栏目，上面印着当月加盟百事食品的新人照片和生日日期，还有一些没有署名的心灵随笔，字里行间让人感觉到丝丝暖意。

其实很多大公司的薪水在整个人才市场上往往不是最高的，所以它们能留住人才靠的不是薪水，而是公司文化和发展机会。百事认为激励和保留人才的最好礼物是要不断地给他们学习的机会，让他们获得新的东西。而公司领导人最终的责任，一方面是要激发他们的工作热情，另一方面则是要像导师一样去引导他们，给他们实现梦想的机会。

在百事食品的词典里，年轻就意味着思变，而且百事食品的市场定位是年轻人，所以百事食品是乐于启用思想活跃的员工的，尤其青睐更加年轻的员工。因为年轻人最了解现在市场上年轻消费者的想法，所以百事食品公司的员工都是年轻人，即使是经理以上的高层管理人员，平均年龄也只有30岁。

百事食品在中国发展已经有几年了，但和在上海的其他外资企业一样，百事食品公司还是觉得缺乏有经验的管理者和专业技术人员。在人才竞争很激烈的上海，百事食品又是如何正确使用和留住人才的呢？

百事食品公司除了提供给他们很好的职业发展机会和给予有吸引力的待遇，从各大中专院校、国外MBA中吸纳年轻人才外，还注重内部培养人才。

提供有针对性的培训和广阔的发展空间，是百事饮料国际集团中国区组织能力总监彭海涛引以为豪的百事人才策略之一。百事在这方面的投入量和覆盖面都是非常大的，每个百事员工都有机会接受培训，而选择培训项目的标准则因人而异。

百事的培训不限于专业和管理技能，还鼓励员工主动把握自己的职业发展，公司则为员工提供发展平台。2001年，百事在全球推出了员工职业发展旅程计划，每个百事员工都接受了入门阶段的培训。这个培训主要是帮助员工了解目前自己的能力现状，明确职业发展的兴趣和方向，设定在百事的职业发展目标，制订实现这个目标的行动计划。

同时，百事在全球推出了内部网站，为员工提供职业发展管理工具和信息。

百事为员工提供了一个360度的空间，使员工自己有充分的自主性规划。现在百事员工每年都会为自己设置年度职业发展目标，然后在主管的辅助下制订实施计划，并定期进行阶段总结和反馈。

百事认为单纯地给人才以发展空间还是不够的。在百事，每一级主管都要承担起培养下属的责任。公司为主管们提供培训，以帮助他们更新观念，提高他们辅导下属发展的技巧和能力，同时把员工发展作为他们业绩考核的一项重要指标。只有使员工保持与公司的同步发展，才能获得双赢的结果，也才能真正留住人才。

我们可以发现很多国际性大企业都有其独到的文化理念，而这种理念无疑是以人为本的，就如犹太人所说的，没有一无是处的人，只是你没有发现他们才能的眼睛。

胡雪岩语录

识人用人 以人为本

世俗都知道的一个“缘”字，其实有因才有缘。

中国有一句古话：“得人者昌，失人者亡。”古往今来，尽管人们对人才众说纷纭，对人才的使用目的各不相同，但他们对人才的共同认识是相同的：凡是有志于建功立业的杰出人物，无不爱才、惜才，悉心讲求选才、用才、育才之道。这几点是成功人士的基本素质。商场中个人的发展从来不是一个人的事，一个人最后会成为一个小团体，小团体最后成为一个财团。到了财团这个程度时，那么他的核心任务就是要能识人用人，以人为本。

当胡雪岩的生意有了相当规模以后，他的生财目光很快就盯上了军火、生丝和粮食等生意。当时的中国，无论是工业还是正规的商业几乎都没有，商业活动大多都与官家有关，而且行业也很少，能赢得大利的更是屈指可数。开放海禁以后，中外贸易的开展才给商务活动注入一些活力，而大宗的生意主要是生丝、军火、茶叶等。胡雪岩敏锐地觉察到这些生意有着丰厚的利润，可想做这些生意就必须和洋人打交道，军火是洋人的军火，生丝也是售给洋人在口岸开设的工厂或者销往海外的，而自己并无与洋人接触的经验，而且语言不通。因此，当务之急是要找一个可以接触洋人，甚至可以代理自己与洋人全面交往的人，于是，古应春出场了。

古应春，汇丰银行通事（翻译），因进入洋人银行较早，故在外国银行界很有影响，他长期在银行供职，对洋商的经营活动多有了解，较为熟悉国内外市场状况，尤其对中外贸易十分了解。古应春虽是为洋人办事，但心中颇不顺气，为人也很有气节，对国人谄媚洋人的嘴脸十分讨厌，对一些商人不计国家利益，相互倾轧，致使洋人坐收渔利的行为更是痛恨。

胡雪岩找朋友引见，见了古应春，双方寒暄交待过场面话之后，胡雪岩有意提到洋人进入中国市场，而国内从事洋务活动的人或抗拒洋人或讨好洋人，甚至内部相互倾轧，导致洋人大获其利的话题，这就引起了古应春的共鸣。

古应春在此之前经营过一桩军火买卖，本已找好买主，将要成交时，洋人忽然变卦，一打听，才知国内另有人又出了更高的价码，致使这笔生意失败，而胡雪岩的此番话正触到他的痛处。古应春混迹洋场多年，对洋人的性格、商业目的都很了解，知道要同洋人做贸易取得收益，就需国内的同行齐心协力，心往一处想，劲往一处使，只有这样才可以有所成就。像现在这种相互拆台，不仅让洋人得利，而且国内商人自己也受到伤害，但自己的职业和所处的环境不允许自己多说话，更谈不上提出具体的解决办法，因而，“恨铁不成钢”，只能干着急。

胡雪岩投其所好，自然双方一拍即合。

古应春平时很以自己在洋场多年依然有气节而自豪，对自己丰富的经验更是很自负，因此也遭到不少人的妒忌。胡雪岩与他的谈话，分寸可谓恰到好处，所以，在听了胡雪岩详细地分析江浙等地的生丝生产、产品来源、钱庄实力及他们经营的方式和目标之后，古应春大为赞赏，就兴奋而详细地介绍了洋场的情况。

此时的胡雪岩非常清楚，古应春在洋场有着较高的地位，也有稳定的收入，此人又颇为自负，用银两安顿他的做法将是最愚蠢的。胡雪岩知道古应春尚有气节，却又屈居洋场，当然希望通过做点事向别人证明自己不是谄媚洋人的人。他需要有东西来证明自己，再说他的才华也不能仅限于知道洋人怎样，还有更大的发挥作用的潜力。

于是，胡雪岩就逐渐地将谈话内容的重点从对古应春的赞赏转为暗示自己正需要他的帮助。古应春在了解了胡雪岩的计划和目的后，就已有了合作的意思。如上所述，他希望能扬眉吐气，再说谁不希望自己能干一番事业呢。在洋行纵然干得再好也是给洋人干事，谈不上有自己的事业，现在机会来了，而且胡雪岩所从事的也不是小事，这怎能不令古应春心动呢？

就这样胡雪岩向古应春发出了明确的邀请，并且在与古应春的第一笔合作有了赢利以后，胡雪岩立即拿出多于古应春应得的三万两银子给古应春。古应春没有接受银子，他说："做生意的人要心怀天下，把生意和眼光做到天下和未来去。如果仅图眼前获利，有所赢利就各人取而分之，那怎么能扩大经营呢？将来不仅要在生丝业上发展，还要在其他行业上开拓，没有资本怎么行呢？今日全分了，以后要的时候还会有吗？"

这正是胡雪岩所等的话，胡雪岩曾说过："场面要越做越大，做大场面的人不仅要有大眼光，还得有大手腕，应该是眼光、手腕两样俱全。"如果古应春接受了银子，而没有一个做大生意的长远打算，那么胡雪岩就不会很放心地把自己的一部分生意交给古应春去经营。

综观胡雪岩与古应春的交往过程，胡雪岩很有"知己知彼"的战略思想。他先了解了古应春其人的性格，确信自己的经营目标对他会产生强烈的吸引力，接触中他直奔古应春平时所关心的问题，激起他的义愤，取得古应春对他的信任，明确表示将委之以重任，使古应春有被赏识重用之感，最后明白地示之以利，从而达到自己赚钱的目的。

一个领导者要把手下人的大脑全部开动起来，让他们用智慧为自己服务，这就要求领导者要具有较强的识人眼光、用人手腕以及管理水平，而员工则要具备高超的业务能力。这直接关系到一个团队的命运和前途。

韩国三星集团的前身是创立于1938年的三星商社，这家商社是一家做进出口贸易的小公司。虽然原先惨淡经营，但从20世纪50年代开始扭转局面，进而进行多元化经营业务，从而进入迅速发展的时期。如今，三星已成为韩国屈指可数的大财团了，拥有20多个企业、8万多名员工，年营业额超300亿美元，是排在世界前30名的著名大企业。三星集团为什么会取得如此迅速的发展呢？

三星集团自创办以来，始终坚持把它五分之四的时间用来吸收和培训人才。他们坚信人才的重要性，坚信企业的成败在于员工和属下领导者的素质。

早在1957年，三星就成为韩国第一个通过公开考试来选拔人才的企业，这种制度一直持续到今天。三星集团是韩国第一个设有培训中心的企业，企业严格执行员工必须经过培训后才能上岗的规则。员工每隔数月或在企业投入新产品生产之前，都要重新培训，以利更新知识和技术，适应不断发展的科学技术新形势。

三星集团把人才培训当作关系到自己生存发展的头等大事来抓。它的培养办法之一，是不惜代价购进先进的教育设施，面向所有员工开放，从董事长到员工，每年都要到培训中心接受3次以上的进修。通过不断的进修，培养大批适应新的竞争状况的优秀人才。

识人和培养人的目的是用人，是人才的话就必须使用。三星集团通过公正的评价，把一些有干劲和有才智的人放到重要的岗位，对他们加以奖励和提拔。

正因为三星集团在用人方面的方略得当，很快使企业在家用电器、计算机的生产等方面迈入世界先进行列，企业的竞争力及效益不断得到提升。

一个成功者要有一个开放的头脑，还要有开放的胸怀。要根据自身的发展情况，将尽可能多的人才吸纳在自己的周围。你的人才容量越大，那么你取得成功的概率就越高。

与人为善 审慎用人

人无完人，一个人是不是人才，只看怎么用罢了。在这方面，我的奇计也很多，大小由之，大才大用，小才小用，只看对方自己怎么样。不要老讲这种人、那种人有用没用，要我看，篾片有篾片的用途，只看你用在什么地方罢了。

罗素在其《幸福之路》中曾经说道：“我们一切独立的嗜好和欲望，都得和人生一般的组织配合，假如要使那些嗜好和欲望成为幸福之源，就该使它们和健康，和我们所爱的人的感情，和我们社会的关系并存不悖。”或许是因为外国人和我们生存的哲学体系不同的缘故吧，他们的话听起来更符合人性，虽然我们永远说不出那样的话，但这样的话会让我们情不自禁地产生一种清明的感觉。这句话用我们中国话来说就是要与人为善，得己方便。

几乎所有的中国人都信奉着中庸之道，这种处事方法是骨子里的，不用谁去教，中国的小孩子们从小就能在他周围人的言行中学会。当然并不是所有人都能很好地把握这一处世原则，只有那些不凡之人才能参透个中滋味，他们也必然会有不凡的人生轨迹。一个人“会做人”，那就意味着他已经掌握了中庸的道理，并能够运用中庸的方法，其做事待人总是恰如其分，不过火，符合大家心目中的所想，更符合事情本身的要求。一个人如果真正地“会做人”，那他处世之时就会如同庄子的“庖丁解牛”一般，游刃有余矣。你与人的交往其实反映的是你与自己心中的另一个你交往的过程，你自身的高下决定了你与其他人交往时的层次。你的认识、学识、思考等是什么层次，你也就会在与人交往时作出什么层次的事情，达到什么层次的要求。只有勇于正视自己的人，只有了解自己的人，才能够真正地不被击败。李鸿章曾说“凡事必留有余，后来乃可措手”，意思是无论做什么事都要留有余地，这样以后才可以有回旋的机会。李鸿章是曾国藩的得意门生，他的很多为官之道，都来自于老师曾国藩的言传身教。俗话说“当官要学曾国藩，经商要学胡雪岩”。老师为后世楷模，弟子自然当仁不让地深知中庸之道的个中真味。所以在李鸿章的官场生涯中，在与他人关系的处理上，他从不把事情做绝。

其实无论是做官还是经商，首先都要把人做好，只有人事处对了，其他的才有可能。有句话叫“话到嘴边留半句”，这是告诫人们祸从口出。要做到能为他人着想，绝不是仅凭处事圆融就能做到的，必须要有一颗包容之心，而这种包容就是一种善。

胡雪岩在一生行事中都以与人为善为原则。正因为他遇事总是为他人着想，才让他在商场赢得了美名，也为自己网罗了人才。在下属的使用方面他也坚持这一原则，从不求全责备，而是尽量容人之短，使得手下的人才越聚越多。

有一年，胡庆余堂负责进货的协理（俗称“阿二”）千里迢迢到东北采购大批药材，可当他风尘仆仆地回到杭州后，药号经理（俗称“阿大”）见人参质量不如往年，价格却比过去高，就埋怨他不会办事。阿二以质次价高是因为边境有战事之故而据理力争，两人一直吵到胡雪岩处。胡了解情况后留他们吃饭，并特意向阿二敬酒，感谢他万里奔波，在货源短缺的困难时期为胡庆余堂采购到大量紧俏药品。饭后，胡雪岩吩咐阿大：“古人云‘将在外，军令有所不受’，商事如同战事，应当用人不疑。以后凡采购的价格、数量和质量，就由阿二负责。”阿大怕这样做有了两个阿大会坏了店规，胡雪岩说：“我们就叫阿二为‘进货阿大’。”从此，两位阿大各司其职把生意做得更红火了。这种容人之量让手下人对胡自是感激不尽，哪有不尽心之理？胡雪岩这种充分信任手下，积极寻找矛盾平衡点的做法，无疑是非常高明的。有一句很有哲理的话：“握紧拳头什么也没有，伸开手就拥有了世界。”胡雪岩只是损失了一些银子，却得到了人心，而从来是得人心者得天下啊。

还有一次，胡庆余堂的一个采购人员不小心把豹骨误作虎骨买了进来，而且数量还不少，进货阿大了解这个采购人员平日做事很牢靠，加上自己手头正忙，也未加详察就把豹骨入库备用。有个新提拔的副档手（副经理）得知此事，以为又有晋升机会了，就直接找胡雪岩打“小报告”，胡雪岩当即亲自带人到药库查看了这批药材，发现确实是把豹骨误作虎骨了，就命药工全部销毁。眼看由于自己工作失误带来巨大的经济损失，进货阿大羞愧地递了辞呈。不料胡雪岩却温言相劝，说：“忙中出错，在所难免，以后小心就是。”胡雪岩的这种与人为善，哪有让人不为之卖命的，有时一种宽容就是一种“高利贷”。

“人非圣贤，孰能无过”，往往那些具有特殊才华的人同时也是具有明显缺点的人，因此要用人之长就必须能容人之短。当我们欣赏胡雪岩一生在商场创下的无数业绩时，更要注意到他手中的济济人才，而这些人才之中，许多能干的人员往往是别人眼中的“败家子”。胡氏的高明在于他能“用人之长，容人之短，不求完人，但求能人”。所有真正明了这一道理的人，都会宽容地对待世间的一切，而这种宽容有着春风化雨的魔力。

房龙在他的《宽容》一书中认为，只有那些无知的人才会对宽容的概念一无所知。他说的最精彩的一句是：“有时我们所看到的宽容，其原因更多的是无知造成的漠不关心。”他认为一个不真正懂得宽容的人是无知的人，这也就见出中国人的那种包容是多么地博大精深。虽然我们从没想过用我们的智慧来包容别人，但我们确是在这种包容中得到了好处。这就见出宅心仁厚的重要。

有一句话说得好，“芬芳留在踩过花朵的脚上”。凡事能做到最好当然是好的，但谁见过完美的事物呢？你见过毫无瑕疵的玉吗？你见过完美得没缺点的人吗？没有，所谓月有阴晴圆缺，我们不是正从这种变化中得到乐趣的吗？所以，一个团队中总有一些人会有一定能力，但也会有缺点，而一些成功学大师会说那些从不犯错误的人是平庸之辈。过度追求完美的人，是不知宽容的人，那他一定会走向孤独。若是过度追求完美，则一定会适得其反。

李汉生，这个被人们赋予“金牌”光环的职业经理人，其与方正集团的恩怨纠葛，在一定程度上就起源于他的“完美主义”。其实所有完美主义者都是苛刻的人。

方正请来了这个管家，为了支持他的改革，方正给了他很大的权力。李汉生迅速开始大刀阔斧的改革，但同时也展现了他独裁的一面。而这种自以为是的行为很是让人不舒服，而且也没法得到别人的心。

李汉生的有些做法和要求表面看来容易理解，李汉生也以为别人能够理解，但实际上却有些操之过急，不近人情。几个副总裁是干了很多年才升到这个位置的，但李汉生认为从管理架构上看，设这些副总裁没有必要，会造成管理混乱，于是就将他们统统免职，结果造成颇为严重的人才流失，使员工对企业慢慢失去了归属感。因为没了这种归属感，也就使员工离心离德，心不在，德不行，一个企业还有什么前途？

李汉生曾说过，在他看来，方正什么都有，缺的只是管理——只要在根本上改变方正民主有余、集中不足以及经常上演“办公室政治”的企业文化，就能妙手回春，让方正重新焕发活力。

李汉生在走进方正之前，是国际知名企业惠普的中国副总裁，惠普特有的个性与环境造就了李汉生的成功业绩。当他来到方正集团后，也自然而然地按照惯性的思维改造方正这样的企业，他全力想将方正改造成惠普。虽然他也知道这有些不可能，但是一进入执行层面，他还是不由自主地把方正当作了惠普，并按原有的方式行事。

于是，习惯按照惠普程序办事的李汉生，按照外企的套路对方正进行了根本性的制度改造，他总认为方正一定会像惠普一样执行他的“完美”计划。

当方正无法达到他的要求后，他便开始对员工严加斥责，大肆批评。最终，使自己走向孤立，使方正走向亏损。没有宽容心的人，他们习惯于忽略别人的长处，只看到短处，纠缠于细节，这就会让一些有一定长处的人才流失掉。

这样做对企业的结果是，员工终日在提心吊胆的心理状态中工作，对企业缺乏足够的信任，操作的灵活性丧失，想象力和创造力被扼杀，最终对企业的经营带来消极的影响。

管理大师彼得·杜拉克说：“用人不是为了克服人的弱点，而是为了发挥人的长处。”胡雪岩就深谙此中真义，他虽没写出管理的书，但他的行动确是一本真正的教科书。

胡雪岩语录

一个人再能干，就是有三头六臂，到底也有分不开身的时候，这时就需要有得力的帮手来替自己处理一些事务。选人是件大事，选好了省力省事；选错了反倒增添麻烦，甚至使事业走上灭亡路。

慧眼识人 知人善任

胡雪岩做生意的本事一半在于他嘴上的功夫，之所以别人办不成的事他能办成，就是因为不管面对什么样的人，他说的话总是那样恰如其分。在这方面，胡雪岩的诀窍就是摸清对方脾气秉性，绝不说废话。胡氏识人不是求全责备，而是人尽其长。正如胡雪岩所说，对于每个人的性格、脾气他都了然于心。如何发挥部下的才能，他是有选择的。胡雪岩识人最重要的是一个“忠”字。他认为：无才之人最多使事业发展不起来，而不忠之人却能使事业走上灭亡之路。生意是一件实实在在的、操作性很强的事情，是智力才识的高度运用，没有良好的才识，在商业活动中是难以立足的。可以说，做生意既是才识的发挥，也是智力的竞争。对于经营者来说，重要的是能拥有为己所有、所用的一批各方面专长的人才。

胡雪岩以其天才般的眼光，认识到人才在商业经营中的重要性，因而不惜代价地挖掘、笼络人才。他眼里的人才，首先是要眼光好，所谓眼光好，就是能运用丰富的经验和知识，敏锐地观察、捕捉信息，抓住机遇，大胆迅速地做出恰当的判断。只有如此，才能在充满风险、复杂多变的生意场中占据主动地位。但眼光、手腕两俱佳的人才是很难得的，正如“千军易得，一将难求”，这种人才除了要有高智商的良好素质外，还要久经沙场、见过世面，在商场的搏击中积累了经验，磨练出良好的心理素质和不凡身手，能处变不惊，反应敏捷，举重若轻，有运筹帷幄的本事。他一旦发现这样的人就会不惜代价地去笼络，但是他的笼络是非常具有迷惑性的，会使被笼络的对象感激涕零、身不由已地为胡氏贡献出全部的忠心。现在人们做生意都明白感情投资的分量，殊不知胡雪岩早已将这个手段运用得出神入化。

当今社会对人才的认识都是无比深刻的。日本企业界有“人就是一切”、“不要忘掉人才投资”、“不培养人的企业必将失败”等座右铭。美国有“人、人、人”、“博士 + 汽车库 = 公司”、“人才 + 资本 + 知识 = 财富”等座右铭。重视人才，重用人才，已成为中外商界的共识。但是怎样识别人才、选拔人才、使用人才，答案却不尽相同。这一课题，正在被众多企业家以及研究者们认真思索并实践着。

要用人才，管理者首先必须破除头脑中的桎梏，倘若是“武大郎开店”，那你只能眼睁睁地看着人才拂袖而去。要敢于用比自己强的人，在这方面，刘邦就是一个很好的榜样。汉高祖刘邦不谙兵法，带兵打仗肯定是打一仗败一仗，但他敢于任用大将韩信，韩信用兵如神，攻城掠地无往不克。商场也是如此，你只要当好刘邦这个角色，商战竞争之事就一并委托给“韩信”去干就可以了。

今日的世界是一个瞬息万变的世界，今日的世界是一个突飞猛进的世界。贯穿在这种划时代的大变革之中的世界经济，也呈现出愈来愈激烈的商业竞争态势，而这种激烈的商业竞争，实是企业之间的人才和智慧的竞争。

李嘉诚正是其中主宰和操纵这些竞争的高手，他以他高明的管理方式调动一切可用之才，汇聚出手下人才的最大力量，保证自己的企业高速前进。

早在20世纪50年代初期，上海人盛颂声和潮州人周千和就跟随李嘉诚南征北战开拓创业，他们是李嘉诚创业兴家的将相之才。

1980年，被李嘉诚提升为副总经理的盛颂声，在回答记者关于“长江实业在强敌环视的情况下，终能脱颖而出，原因何在”的问题时说：“靠李嘉诚先生的决策和长江实业上下齐心的苦干，李嘉诚先生决策快速而准确，这么多年来从没看错过人，未做过错误的决定……”

其实不是李嘉诚没有作出过错误的决定，而是他很少去做决定，因为他总是听取别人的意见，他只是分析判断谁的意见是正确的，然后再加以采纳。以诚感人，人亦以诚感之。李嘉诚真诚地善待下属，令下属对他也忠心耿耿。

在长江实业发展具有一定规模之后，李嘉诚便开始着手选拔人才和发掘人才。他打破东方家族式管理企业的传统格局，构架了一个拥有一流专业水准和超前意识且组织严密的现代化“内阁”，来配合他苦心经营起来的庞大的李氏王国。

正如一家评论杂志所称道的：“李嘉诚这个内阁，既结合了老、中、青的优点，又兼备中西方色彩，是一个行之有效的合作模式。”

在总结自己的用人心得时，李嘉诚曾经生动地说：“知人善任，大多数人都会有一定的长处或短处，好像大象食量以斗计，蚁一小勺便足够。各尽所能，各取所需，以量材而用为原则。又像一部机器，假如主要的机件需要用五百匹马力去发动，而其中的一个部件则只需半匹马力去发动，虽然半匹马力与五百匹马力相比小很多，但也能发挥其作用。”

“就如在战场上，每个战斗单位都有其作用，而主帅未必对每一种武器的操作都比士兵纯熟，但最重要的是主帅十分清楚每种武器的配备以及每支部队所能发挥的作用。主帅只有明白整个局面，才能出色地统帅和指挥下属，使他们发挥最大的长处以取得最好的效果。”

李嘉诚的成功，也是他知人善用的成功。

这也正是：人才带来钱财，要想拥有人才，首先要有洞明人心的慧眼才行。李嘉诚与胡雪岩这两个商业奇才跨越时空相视而笑了，他们把他们的微笑送给了别人，而别人则把财富送到他们的手中。